KB244627

이런 CEO 벤치마킹하라

이런 CEO 벤치마킹하라

초판 1쇄 인쇄_ 2008년 8월 20일 | **초판 1쇄 발행_** 2008년 8월 25일
지은이_박창수 | **펴낸이_**진성옥 · 오광수 | **펴낸곳_**꿈과희망
디자인 · 편집_김창숙, 박희진 | **마케팅_**이창원, 고우성 | **인쇄_**보련각
주소_서울특별시 용산구 원효로 1가 112-4 디아뜨센트럴 312호
전화_02)2681-2832 | **팩스_**02)943-0935 | **출판등록_**제1-3077호
http://www.dreamnhope.com| e-mail_ jinsungok@empal.com
ISBN_978-89-90790-80-4 03320 | **값** 12,000원
ⓒPrinted in Korea.
※ 잘못된 책은 바꾸어 드립니다.

전문기자 박창수가 찾아낸
성공한 CEO들의 비밀수첩

이런 CEO 벤/치/마/킹 하라

CEO Benchmarking

오늘보다 내일이 더 큰 그들을 말하고 싶었다.

박창수 지음

꿈과 희망

색깔 있는 CEO,
맛이 다른 성장 노트

01

100년을 내다보는
기업은 향기가 난다

| 들어가는 글 |

오늘보다 내일이 더 큰
그들을 말하고 싶었다

꼭 하고 싶은 일이었지만 반드시 해야 할 일이기도 했다. 몇 해를 아쉬움만 뒤로 한 채 지나갔다. 그로 인해 늘 채무감 같은 것에 시달려야 한다는 것은 옳지 않은 일이었다. 드디어 일을 저질렀다. 생각 이상으로 많은 이들이 힘을 실어 주었다.

이 책이 출간되기까지 그랬다.

소설을 쓰겠다던 문학청년이 '우선 먹고 살고 보자' 라는 그럴 듯한 핑계를 대며 매체의 기자가 된 지 어느새 18년이 지났다. 수많은 사람들을 만났다. 그 중에서도 1998년부터 시작된 아주 특별한 인연(?)을 말하지 않을 수 없다. 중소기업진흥공단이다.

그 후로 지금까지 중진공이 발행하는 잡지 '기업나라' 와 '테크타임즈'의 전문기자로 활동하면서 우리 시대 생산 현장의 주역이자 수출의 일등공신인 중소기업과 기업을 이끄는 CEO들을 만났다. 제주도는 물론이고 일본의 창업 시장도 취재했고, 터키의 231년 된 로쿰 가게를 찾아가 성공스토리를 찾아오기도 했다. 때로는 성공가도를 달리는 기업에게 박수를 쳐주기도 하고, 또 때로는 인력난이나 돈가뭄에 힘들어하는 CEO들의 하소연을 가슴으로 들었다. 그리고 언제부터인가 중진공에서는 저자

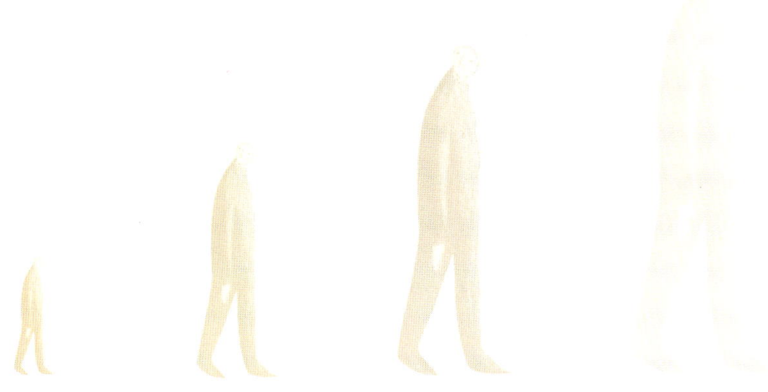

에게 '전문기자' 라는 이름을 달아 주었다. 중소기업과 CEO 그들을 만나기 시작한 지 어언 11년째다.

적지 않은 사람들이 아직도 중소기업에 대한 편견을 갖고 있다.

"중소기업은 규모가 작은 만큼 대부분 영세하고 매출도 적을 것이다." 라고.

그럴 때마다 내 입에서는 거침없는 언어 폭력(?)이 시작된다.

"당신이 중소기업에 대해 그렇게 많이 알아.", "내가 전문기자야. 함부로 말하지 마.", "○○전자보다 임금 더 많이 주는 중소기업도 있다.", "시설이 너무 좋아 호텔 부럽지 않은 기업도 있다.", "중소기업 보기를 우습게 보았다가는 망신 당한다.", "그러니 입조심해라." 등등.

그룹이나 대기업 계열사이거나 아주 특별한 기술력으로 초고속 성장을 한 기업 아니고서는 모든 기업이 CEO의 열정에서 시작된 작은 기업으로 출발한다. 그리고 짧게는 4~5년, 길게는 20여 년간 CEO와 종업원들의 피눈물나는 노력과 땀으로 기업은 연간 매출 60억대, 80억대, 100억대 기업으로 성장해 나간다. 주식시장에 개미군단이 있다면 대한민국 경제에는 중소기업이 있다.

어느 CEO가 말했다.

"수출이 늘어나면서 나도 이젠 애국자라는 생각이 들었다."고.

정부는 물론이고 온 국민이 갈채를 보내 주어야 한다. 마케팅비로 포장된 그룹 대기업 제품만 선호할 일이 아니라 눈물과 땀으로 만들어낸 중소기업 제품을 더 사랑해야 한다. 중소기업이 없다면 우리 경제는 멈추게 된다.

중소기업의 곁에서 늘 지켜보고 응원하고 또 때로는 안타까워하기도 하면서 11년이란 시간이 흘렀다. 몇 년 전부터 이제는 그들의 얘기를 책으로 써야겠다고 생각했고, 몇몇 설득의 과정(?)을 거쳐 이렇게 책으로 출간하게 되었다.

이 책에 실린 12개의 기업들은 전국을 대표하는 우수 중소기업들이라고 해도 과언이 아니다. 전국 각지에 포진되어 있고 아이템도 제각각 다르다. 이들의 공통점은 '대기업도 배울 만한 게 있는 우수 중소기업, 오늘보다 내일이 더 클 것으로 확신되는 기술력 강한 기업'이라는 것이다. 창업을 꿈꾸는 예비 기업인들, 도약을 꿈꾸는 기업인들, 그리고 중소기업을 향해 응원을 해야 하는 우리 국민들에게 이 책이 중소기업 성장의 주춧

돌이자 대한민국 중소기업의 희망 메시지가 되었으면 하는 바람이다.

어려운 출판환경 하에서도 선뜻 출간을 지원해 준 '꿈과 희망' 출판사 임직원께 감사드리며, '더 열심히 뛰라' 며 늘 등을 두드려 주는 중소기업 진흥공단 김진우 부장님과 직원 여러분들에게 감사의 뜻을 전하고 싶다. 또 더운 여름날 다른 일을 제쳐두고 출간에 힘을 합해 준 후배 전은선 기자에게도 고맙다는 말을 전한다. 물론 이 책의 주인공으로서 장시간의 마라톤 인터뷰와 기업 취재에 기꺼이 응해 주신 12인의 기업 대표님들께 진심으로 감사드리며 이렇게 외쳐 본다.

'중소기업, 파이팅!'

2008년 8월 12일

저자 박창수

색깔 있는 CEO 맛이 다른 성장 노트

그들을 말하고 싶었다.
그들은 창업부터 성공까지 스스로 창조하고 일구었다.
그들은 아이디어와 기술력이 강하다.
그들은 정도(正道)를 걸으며 상생(相生)을 추구한다.
대한민국 경제의 알찬 성장과 아름다운 변화.
바로 이런 CEO들이 주도한다는
사실을 말하고 싶었다.

(주)아신

김홍규 회장

성공가도를 달리는 CEO 12인의 풀스토리

"우린
相生의 길을 간다"

국가 대표급 제3자물류 전문기업

따사로운 햇살이 내리쬐는 청명한 초가을 하늘 아래
넓게 펼쳐진 평야에는 곡식들이 노랗게 익어간다.
그 길 한 가운데로 이순(耳順)의 농부가 걸어가고 있다.
그는 말한다.
"그래 잘 참고 견디었으니 이렇게 잘 영글어가는 거야.
제대로 익으려면 조금 더 너희 스스로를 지킬 줄 알아야 해."
'물류'라는 단어가 생소하게 들리던 시절 1990년 초. 新유통업체들의 등장과 발맞
추어 대한민국 땅에 제3자 물류 서비스를 시작한 (주)아신 김홍규 회장을 풍경화로
담는다면 바로 이런 모습일 것이다.
10여 년 전에 물류업계 현황을 파악하여 기사를 쓰고자 처음 만났던 김홍규 회장의
당시 모습을 그리면서 몇 달 전 다시 찾아갔을 때 저자는 두 번 놀랐다.
60의 나이에도 변함없이 건장하고 여유있는 모습에 놀랐고, 직원 수 60여 명에 40
여 대의 물류 차량을 보유하던 기업이 어느새 300여 명의 직원과 200여 대의 차량
으로 늘어나 하루 4400톤의 물동량을 처리하고 있어서 깜짝 놀랐다.
우리가 먹는 쌀은 볍씨를 뿌려서 쌀로 수확을 하기까지 무려 88번이나 사람의 손이
간다고 한다. (주)아신의 오늘이 있기까지 20여 년간 김홍규 회장은 어땠을까? 성공
스토리로서 부족함이 없는 그 역사를 되짚어보는 일은 참으로 의미있고 감동적인
한 편의 드라마 같았다.

경부 고속도로 추풍령 고개 위에 쏟아진 6톤의 우유

"거기 주식회사 아신이지요?"

"네, 그런데요. 어디시죠?"

"여기 추풍령 고개인데요. 아신 냉동차가 전복되었습니다."

"여, 여보세요. 우리 기사는요?"

"사람은 괜찮은데 길바닥에 우유가 다 쏟아져서 난리가 났습니다. 차가 못 다닙니다."

"예, 알겠습니다. 참 우리 기사 병원으로 갔나요?"

"예. 그건 걱정 마시고 우선 저 우유 먼저 어떻게 처리해야죠."

고속도로 순찰대 전화를 받고 추풍령 고개를 향해 페달을 밟았다. 사업 시작한 지 6개월 만이었다. 기사가 괜찮다니 천만다행인데, 11톤 차량에 실려 있던 우유가 다 쏟아졌다니 김홍규 회장은 생각만 해도 머리카락이 거꾸로 서는 것 같았다. 그가 현장에 달려갔을 때는 현지에서 즉석 투입된 인부들이 우유팩을 한 곳으로 밀어내 그나마 차량 소통이 가능해진 상태였다. 물론 100여 미터 넘는 길이의 고속도로 바닥 한쪽으로 눈 치우듯 치워진 우유팩들을 보는 순간 아찔하기만 했다.

불행 중 다행인 걸까. 탑차가 짐칸과 운전석 부분이 잘라놓은 듯 분리되어 나뒹굴었는데도 기사가 심하게 다치지 않았고, 우유도 절반은 터지고 절반은 터지지 않은 상태였다. 얼마나 쇼킹한 일이었는지 그날 저녁 TV뉴스에 생생하게 보도까지 되었다. 사실 기사는 옆에서 갑자기 뛰어 들어오는 승용차를 피하다가 예기치 못한 사고를 내게 된 것이었다. 그런데 당장 급한 것은 터지지 않은 우유 절반이라도 제조 회사에 갖다 주는 것이 급선무였다. 문제는 그날 저녁 또 발생했다. 어렵게 회수한 우유를 싣고 제조 회사에 갔으나 담당자의 말은 분위기를 더욱 썰렁하게 만들었다. 찌그러진 팩은 다시 사용할 수 없으므로 반품이 불가능하다는 것이었다. 하늘이 캄캄해진다는 말은 이런 경우를 두고 하는 것일까? 창업한 지 불과 6개월 만의 일이었다.

"공장장님! 이게 반품이 안 되면 저희 회사 문을 닫아야 합니다. 이게 한두 푼이 아니잖습니까. 제발 받아 주십시오."

공장장도 사정이 딱했던지 한 가지 수습책을 내놓았다.

"정 그러시다면 방법은 하나 밖에 없습니다. 팩을 뜯어서 우유만 다른 통에 분리시키십시요. 그걸 해낼 수 있겠습니까?"

"당연히 해야지요, 그렇게 하겠습니다."

관리직 직원이라곤 단 두 명, 그 중 한 명은 미혼 여성이니 김 사장과 남자 직원 둘이서 만 개가 넘는 우유팩을 뜯어 원유를 분리시켜야만 했다. 팔을 걷어붙이고 우유팩을 뜯기 시작했다. 저녁 8시부터 시작한 원유 분리 작업은 새벽까지 지속되었다. 두 사람 모두 손가락이 부어오르고 어깨를 움직일 수도 없었다. 김홍규 회장은 지금도 그때를 생각하면 가슴에서 울컥한다고 회고한다.

"새벽에 화장실에 갔다가 거울을 보는데 사람의 몰골이 아니야. 양복바지와 와이셔츠는 물론이고 온몸에 우유가 튀어서 머리까지 하얗게 돼 있어. 그 순간 가슴속에서 뭔가 뜨거운 게 치밀어오르면서 나도 모르게 눈물이 주루룩 흘러내리더라고. 그때 결심을 했지. 이 고비를 넘겨야 내가 사업을 제대로 이끌어갈 수 있다고."

직원 몰래 눈물을 쏟고 다시 작업을 시작했다. 새벽 네 시를 넘을 즈음 우유 회사 직원들이 왔다 갔다 하면서 김 회장을 안 되었다는 듯이 쳐다보고 지나갔고, 그럴 때마다 그는 자존심이 팍팍 무너지는 기분이었다.

새벽 다섯 시. 기사 5명 중 사고를 낸 사람 빼고 네 명이 작업장에 나타났다. 김 사장을 보는 순간 하나같이 무릎을 꿇었다.

"사장님, 저희가 잘못했습니다. 저희가 안전 운행을 안 해서 이렇게까지 되었습니다. 앞으로 최선을 다 할 것이니 용서해 주십시오."

그들이 회사로 들어올 때 우유 회사 측 직원이 "당신네 회사 사장 밤새 우때로는 냉정하고 차갑게 보일지라도 원칙을 잘 지키면 문제는 발생하지 않는다. (주)아신은 모든 것에서 원칙을 중시한다. 눈 앞의 큰 부를 쫓기 위해 지름길을 택하는 오류는 범하지 않는다. '콩 심은 데 콩 나고 팥 심은 데 팥 난다'는 원칙론을 지킨다.

유 뜯고 있네. 사장이 무슨 죄야. 당신들이 잘 했으면 이런 일 없잖아."라며 싫은 소리를 했던 것이다. 그때까지 기사들은 그런 사실도 모르고 그냥 차량을 운행하려고 온 것이었는데 말을 듣고 보니 사장 볼 면목이 없어진 거였다. 어떤 친구는 흐느끼기도 했다. 김 회장 역시 가슴이 뜨거워지면서 눈물이 나오려는데 억지로 참았다.

"그래. 자네들이 그렇게 생각했다면 돼. 앞으로가 중요한 거야. 빨리 일어나서 오늘 운송할 제품들 차에 실으라고."

김 회장은 직원들을 일으켜 세우고 등을 두드려 주었다. 그런데 이런 광경을 우유 회사 측 직원이 또 목격했고, 책임자들 귀에까지 들어갔다. 아침 일찍 출근을 한 우유 회사 공장장은 '설마' 했는데 여전히 작업을 하고 있는 김홍규 회장을 본 순간 손을 덥석 잡으면서 말했다.

"사장님, 그만하세요. 사실 다른 회사들은 몇 푼 안 된다고 작업하다가 마는데 저는 이렇게 밤까지 새우실 줄 몰랐습니다. 나머지는 저희 직원들이 도와 드릴 테니 그만하시고 저하고 해장국이나 드시러 가십시오. 정말 대단하십니다."

극구 사양하는데도 그 공장장은 김 회장과 직원을 데리고 회사 인근 해장국집으로 가 아침을 대접했다. 하지만 김 회장은 목이 막혀 밥이 넘어가지 않았다. 20여 년간 직장 생활 하면서 단 한 번도 느껴보지 못한 서러움, 그리고 새로운 다짐이 그의 가슴을 흔들어놓았던 것이다.

"당신이 하면 더 잘 할 거요."

인생이란 예측불허, 곳곳에 치명적인 함정과 예기치 않은 우연들을 숨겨놓는 게 삶이 아니던가. 1988년 말까지만 해도 김홍규 회장은 미래가 보장된 젊은 이사였다. 하지만 15년간 다니던 회사가 정치권에 연루돼 문을 닫게 되자 하루아침에 실업자 신세로 전락하는 일이 벌어졌다.

그런데 이건 또 무슨 운명의 장난인가? 사업은 꿈에도 생각해 본 적이 없던 그에게 우연한 기회에 알았던 운송 회사의 사장은 떠안기다시피 회사를 넘겼다. 그야말로 생각지도 못했던 상황이 잇달아 발생했다.

"김 이사, 다른 회사에 취직할 생각은 마시고 차라리 내 회사를 인수하시오."

"사장님, 전 창업 생각이 없습니다. 더구나 운송에 대해선 아무것도 모릅니다."

"밥 먹고 사는 데는 지장이 없는 사업이오. 난 나이가 들어서 은퇴를 해야 하는데 당신이라면 잘 할 수 있을 거요."

"당장 자금도 없는데요."

"어허 왜 이러십니까. 내가 김 이사를 믿는데 돈은 나중에 주세요. 계약서를 만들어 왔으니까 일단 여기에 도장부터 찍으시라니까."

알고 보니 그 회사는 냉동 탑차 5대로 제조 공장에서 대리점으로 물품을 수송하는 말 그대로의 운송 회사였다. 얼떨결에 회사를 인수한 김홍규 회장은 1989년 5월, 살고 있던 아파트를 담보로 은행 대출을 받아 창업 자금을 충당하고, 기사 5명에 남녀 직원 한 명씩, 모두 7명의 직원으로 주식회사 아신의 문을 연다. 당시 아신의 한 달 매출은 1,000만 원 정도. 그 돈으로 직원들 월급 주고 노후된 차량과 복잡한 운송상의 문제들을 뒤치다꺼리 하다 보면, 사장 월급은 챙길 수도 없는 형편이었다. 그러니 하루하루가 갈등이고 스트레스의 연속이었다. 김 회장은 당시를 기억하면 그때는 힘들었지만 어쩌면 물류업을 만나게끔 한 계기였고 나름대로 제3자 물류 전문업체로서 인정받고 있는 지금의 (주)아신이 자랑스러울 수밖에 없다고 한다.

이때 남자 관리직원으로 입사한 사람이 지금 기흥물류센터를 총괄하는 김인환 이사다. 25살에 입사하여 어느새 44살이 된 것이다. 김 이사를 볼 때마다 그는 세월이 유수 같다는 말을 실감한다.

SCENE 3

"이건 아냐." 새로운 아이템을 찾다

우유차의 고속도로 전복 사건은 김홍규 회장이 회사를 경영하는 데 도덕적 모티브가 된 동시에 직원들에게는 사장의 책임감과 끝까지 한다는 의지를 각인시킨 계기가 됐다. 우유 회사 역시 아신은 믿고 맡길 만한 회사라는 평가를 내리는 계기가 됐음은 물론이다.

그러나 그것으로 위안을 삼기에는 김 회장의 자존심이 허락하지 않았다. 항상 불안하고 위태로운 사업에서 한시바삐 벗어나야 한다는 일념이 갈수록 강해졌다. 사업을 계속 하려면 독자적이고도 생산적인 일을 하고 싶었다. 그런데 그 길이 보이지 않았다. 무슨 일이든 일에 대한 사랑과 그것이 동반한 열정으로 승부를 걸어왔던 김홍규 회장으로서는 열정없이 일을 한다는 건 직무 유기나 다름없이 고통스러운 일이었다. 창업한 지 7개월째 되던 시기에 김홍규 회장은 중대한 결정을 내린다.

"이건 아니다. 탈출구가 필요하다. 일본으로 가자! 안목을 키워오자!"

사업 아이템을 바꾸기로 한 것이다. 그는 일본을 떠올렸다. 우리보다 앞선 일본에서는 뭔가 새로운 사업 아이템을 찾을 수 있을 거라고 생각했다. 그는 일본에 대한 정보가 밝은 지인에게 부탁을 했다. 메시지는 바로 이거였다.

"일본에서 20여 년 전에 사업을 시작해서 지금까지 잘 유지되고 계속 유망 업종으로 번성할 만한 업종 10개만 조사해서 알려 주십시오."

상대는 발 빠르게 아이템을 찾아 주었다. 그때 거론된 아이템들은 '패스트 푸드점', '도시락점', '세탁소', '포토숍', '커피전문점', '물류 회사' 등이었다. 김 회장은 곧장 정보를 제공해 준 지인과 함께 일본행 비행기를 탔다. 김 회장은 전문 업체들을 일일이 찾아다니며 꼼꼼하게 견학을 했다. 그때 그의 관심을 끈 것이 바로 물류 전문회사였다. 편의점을 비롯한 유통업이 발달되어 있던 일본은 당시 이미 '물류'라는 용어가 일반화되어 있었고, '벤더'로 칭하는 제3자 물류 사업이 성장기를 거쳐 성숙한 단계였다. 체계화되고 현대화된 창고까지 일일이 살펴 보았다. 그는 물류 전문업체로 사업 아이템을 결정한 이유를 이렇게 설명한다.

"일단 우리가 운송업을 하고 있었기에 차량과 직원들을 활용할 수 있었고 사업을 하더라도 반짝 하고 끝날 사업이 아니라 몇 십 년이고 장기적으로 지속될 사업 아이템을 찾아야 한다. 김홍규 회장은 물류업을 시작하기 전에 20년 앞선 일본의 선진 아이템들을 조사 분석한 후 결정을 내렸다. 지금도 꾸준히 변화, 개혁을 추구하고 있다.

마침 편의점과 할인점이 곧 생겨날 것이며 유통 근대화라는 말이 나오기 시작하던 때였거든. 창고를 확보하고 시설을 현대화시키고 직원 교육만 시키면 장기적으로 비전이 있을 것 같더라고. 그런데 또 고민이 생겼어. 벤더사를 하더라도 잡화 주류 상온상품, 냉동 냉장 일배식품, 청과 야채 등 품목이 다양하잖아. 과연 어느 것을 전문으로 해야만 될까에 대해서 갈등이 생긴 거야. 그래서 생각한 조건이 세 가지야. '첫째, 누구나 쉽게 할 수 없는 분야, 둘째, 노하우가 있어야 한다. 셋째, 시간이 흘러 물류 사업이 유망 업종이 될 때 재벌, 대기업들이 손을 대지 않을 품목이어야 한다' 이거였지. 이 기준에 맞추다 보니 냉동 냉장 일배식품이더라고. 이 분야는 사람과 시간이 많이 투자되어야 되거든."

1년 여에 걸쳐 사업 전환 준비를 했다. 운송업에 새로운 사업 방법을 더하는 시스템이어서 기존의 운송대행을 하면서 진행한 것도 무리한 사업 확장이 아니라는 점에서 유리했다. 마침 1990년도에는 여러 개의 회사들이 편의점 사업을 준비하고 있었다. 하지만 초창기인데다 국내에서는 '물류'라는 용어 자체도 생소하던 시기였으니 편의점 사업을 준비하던 대기업 계열사 직원들도 물류에 대한 시스템을 확보하지 못해 우왕좌왕하던 때였다. 그러던 중 한 편의점 본사에서 제의가 들어왔다. 1991년 9월 국내 최초로 냉장, 냉동 일배식품, 편의점 물류 사업을 시작했다. 그 편의점은 지난 18년간 성장하여 지금은 전국에 3천500여 개 점으로 늘어났지만 초창기 아신이 시작할 당시는 점포 수 5개에 불과했다.

냉동 냉장 일배식품의 경우 편의점에서는 없어서는 안 될 제품이다. 하지

만 매일같이 배송을 해야 하므로 관리가 어려운 만큼 편의점 본사 담당자들도 고민을 하던 품목이었다. 이미 냉동 탑차를 갖추고 있던 아신으로서는 수월한 일이었다. 편의점 본사들과 납품 계약을 맺은 제조업체의 제품들이 아신의 물류 창고로 오면 그날 그날 각 편의점에서 요구하는 품목과 수량을 점포별로 분류하여 냉동 차량을 이용해 1년 365일 하루도 쉬지 않고 매일 통합 배송을 해주는 것이었다.

'안단테' 그 리듬을 타고 온 물류 혁신

김 회장은 말한다.

"편의점 물류 사업을 시작할 당시 당장 큰돈을 벌 것이라는 욕심은 갖지 않았다. 불류 사업이란 어찌 보면 아주 정직한 사업이고 대박(?)과는 거리가 먼, 답이 정확한 사업이다. 운송 비용으로 정해진 물류비(%)가 매출이 되므로 투명 경영이 저절로 되는 사업이다. 때문에 단 몇 년 만에 크게 성공할 것이라는 기대는 하지 않았다"

사업 초기 편의점 일배물류에서 시작하여 편의점 수가 늘어나는 만큼 배송 차량이 늘어났고 이어서 슈퍼마켓, 할인점, 수퍼체인 순으로 2년, 3년씩 간격을 두고 거래처가 늘어났다. 현재 (주)아신은 편의점, 슈퍼마켓, F마트, S익스프레스점포, H마트 등 다양한 유통 업체의 수천 개 점포에 냉장 냉동 일배식품, 상온식품 등을 배송해 주는 한편, 어가공품, 농수산물 가공품, 냉동 공산품, 아이스크림과 식자재를 일괄 구매, 개인 중소형 개인슈퍼 및 대형 유통점에도 공급해 주는 물류 및 컨설팅까지 행하는 토탈 물류 전문업체로 성장해 있다. 냉동 탑차만 200여 대이고, 직원 수는 정직원만도 300여 명에 달한다. 2007년 총물동량이 6천500억 원대에 달했다. 대기업 계열사가 아닌 다음에야 (주)아신은 제3자 물류 전문업체로서는 독보적인 지위를 굳혀 놓았다고 할 수 있다.

이는 대박 경영(?)이 아닌 정도 경영(?)의 결과다. 김홍규 회장을 비롯한 전 직원들의 '원칙 중시와 책임감'이라는 마인드로 인해 만들어진 것이다. 김 회장은 창업 초기부터 원칙과 책임감 이 두 가지를 강조했다. 경영학도 출신인데다 대기업에서 경영 시스템을 제대로 익힌 그는 직원 수 7명이던 시절부터 모든 것은 영수증을 기본으로 한 깨끗한 회계 처리로 일관했으며, 단 한 명의 친인척도 회사에 끌어들이지 않았다. 투명 경영을 실천한 셈이다.

게다가 직원들을 채용할 때는 반드시 (주)아신의 정신을 밝혔다.

"일복을 타고난 사람만이 아신의 직원이 될 수 있다. 짧고 화려하게 살려고 하는 사람은 어울리지 않는 회사다."

이는 바로 (주)아신의 인재상이다.

김 회장의 이같은 인재 채용 고집은 직원들에게 그대로 전해졌다. 사원으로 입사하여 이사까지 오른 김인환 이사 외에도 배송 매니저 이주홍 씨가 20여 년간 터줏대감으로 재직중이다. 그런가 하면 올해 56살 된 한홍선 배송 매니저는 창립 이래 늘 한결같은 자세로 근무해 오다가 최근 들어서 '이제는 쉬었으면' 하는 자녀들의 바람 때문에 퇴직을 하기도 했다.

회사가 아무리 오래되어도 장기 근속자들이 없으면 그 회사의 신뢰감이 느껴지지 않기 마련인데, 아신은 묵묵히 회사의 성장과 함께 10년 이상 걸어온 직원들이 각 부서에 포진되어 있는 편이다. 이에 대해 김홍규 회장은 "마음만큼 잘 해 주지 못했는데도 성실하게 따라 준 직원들에게 감사할 따름이다."고 말한다.

"훈장, 자네라면 받을 자격이 있다."

수출을 많이 하는 기업들은 중소기업, 대기업을 막론하고 수출 관련 포상을 자주 받는다. 하지만 물류 회사는 그런 기회가 쉽게 주어지지 않는다. 애써 일하고 유통 산업 발전에 지대한 공을 세우지만 당장 눈에 띄는 결과가 부각되기 힘들기 때문이다.

그런데 이변이 일어났다. 2003년 3월 어느 날 전화 한 통이 걸려왔다.

"김홍규 대표님이십니까?"

"네, 어디시죠?"

"산업 자원부입니다. 축하드립니다. 이번 제30회 상공인의 날 은탑산업훈장 수상자로 선정되었습니다."

"예? 제가 은탑산업훈장을 받는다고요?"

1998년 '98 물류대상 대통령 표창과 같은 해 제3회 유통대상 산업자원부장관 특별대상을 수상한 적은 있었지만 은탑산업훈장은 의외였다. 대기업도

(주)아신의 이념은 혼자서 잘 사는 것은 잘 사는 것이 아니다. 함께 잘 되고 잘 살아야 한다는 데 있다. 전문 벤더사로서 특히 중소 유통업체와 중소 제조업체들을 위해 많은 노력을 기울이고 있으며 앞으로는 더욱 강화할 방침이다.

수출 기업도 아닌 물류 회사의 사장이 훈장을 받게 되었으니 특별한 경사가 아닐 수 없었다. 그리고 며칠 후 시상식이 있었다. 그러자 이튿날부터 매스컴의 뉴스를 통해 소식을 접한 친구, 지인들의 축하 전화가 걸려왔다. 그중에서도 인상적인 한 통의 전화는 다름 아닌 가까운 지인의 전화였다.

"김 사장 축하해. 역시 대단해. 우리나라 물류 역사를 쓴 보람이 있어."

"별말씀을요. 제가 이런 훈장 받을 자격이 있는 건지."

"이 사람 무슨 말이야. 훈장, 자네라면 받을 자격이 있네. 나도 물류에 대해서 잘 모르긴 하지만 물류 현대화는 다 자네가 앞장서서 이끌었잖아. 이럴 때는 겸손하지 않아도 되네."

그날 김 회장은 전화를 끊고 지난 시절을 돌이켜 보았다.

1991년 9월 국내 최초 편의점 물류 사업자로 나서 냉장·냉동 일배식품 배송을 시작하면서 '물류'와 '벤더'라는 용어를 확산시켰고, 1994년도에는 정부 기관과 함께 해외 시찰을 다녀왔다. 그 후 '정부에서 물류 산업 발전을 위해 무엇을 해야 하는가'에 대한 질문을 받았고, 그에 대한 업계의 현실적인 어려움과 지원책을 밝혔다. 그로 인해 '유통 산업 근대화 촉진법'이 개정되어 물류 업체들은 물류 센터 시설 마련시 정부 정책 자금을 지원받을 수 있었다. 이는 물류 산업 발전의 초석이 되었고, 무반품 제도 도입, 온도 관리 시스템 정착, 낱개 물류 등 유통시장을 선진화시키는 등 업계의 선도적인 역할을 한 것도 사실이다.

김 회장은 도중에 다른 사업으로 전환하거나 포기하겠다는 생각은 추호도 해본 적이 없다. 대기업들이 계열사 형태로 제3자 물류 회사를 만들어 자사

유통업체의 물류를 독차지하고 이런 분위기가 (주)아신의 성장에 찬물을 끼얹기도 했지만 결코 무너지거나 후퇴하는 일은 없었다. 고객을 다변화시키고 물류 센터의 혁신과 배송 시스템의 혁신을 지속적으로 추구했다. 바로 이런 점에서 정부는 (주)아신의 공로를 인정한 것이었다.

"성수대교가 무너져도 우리는 갔다."

김 회장이 최근 몇 년 동안 취미삼아 즐기는 게 있다면 서예다. 붓과 화선지, 벼루만 있으면 사무실에서 틈틈이 시간을 내어 혼자서 조용히 즐길 수가 있는데다 특별히 돈 들어가는 일도 아니기 때문이다. 가르쳐 주는 스승도 없이 혼자서 쓰기 시작한 서예지만 이제는 가까운 지인들에게 소품용 액자에 넣을 만한 작품 한 점 정도는 선물할 수 있을 정도가 되있다. 이런 그가 기장 자주 쓰는 글씨가 있다. 다름 아닌 '愼思篤行(신사독행)'이다. '신중히 생각하고 충실하고 확실하게 행동한다'는 뜻이다. 김홍규 회장은 이 사자성어를 매우 중시 여긴다.

"각 제조사의 수천 개의 품목이 우리 창고에 입고되면 다시 우리는 그 제품들을 각 점포에서 주문한 수량을 분류해서 공급해 주어야 하거든. 분류 시 제품 수량을 잘못 분류하여 점포에 결품되면 우리의 배송 매니저들은 서로 매니저들끼리 연락하여 착오분을 찾아 어떻게 해서든지 해당 점포에 필요한 수량을 챙겨서 이상 없이 배송하는 게 원칙이야. 그리고 장마든 폭설이든 어

김홍규 회장은 창업 이래 지금까지 투명 경영을 추구해 왔다. 또 자신의 욕심을 한 가닥 접고 전문 경영인을 채용하여 경영 혁신을 거두고 있는 점이 돋보인다.

떤 상황이 벌어지더라도 우리는 점포가 영업할 수 있도록 주문한 상품을 배송해 준다고. 우리가 배송해 주지 못하면 편의점, 슈퍼마켓, 마트 등의 점포 고객들은 영업을 하지 못하잖아. 이것은 처음부터 우리 회사가 지킨 철칙이지. 이 같은 고객과의 철저한 약속 이행으로 고객들이 우리 회사를 100% 신뢰하고 감동하기 시작하더라고."

그는 제3자 물류야말로 고객으로 하여금 신뢰하게 만들지 못하면 버티기 어려운 분야라고 말한다. 제시간에 정확한 수량의 제품을 배송해 주지 못하면 고객은 만족은커녕 오히려 손실을 보게 되므로 정확하고 신속하게 그리고 성실하게 배송을 해야만 고객의 신뢰를 얻게 된다는 얘기다.

실제로 물류는 말로만 감동 경영이 아니라 실제로 열심히 노력하면 감동 경영이 가능한 분야이기도 하다. 특별한 행사시 매장에서 대박(?)날 제품이 있다고 치자. 그런데 제3자 물류업체인 벤더사가 폭우, 폭설 등을 이유로 적기에 제품을 배송해 주지 못했다면 이건 큰 문제다. 반대로 상황을 재빨리 파악하고 별도의 비용을 들이더라도 철도나 항공 운송을 이용해 적시에 이상 없이 매장에 배송을 했다면 얘기는 달라진다. 고객은 만족을 뛰어넘어 감동을 하기 마련인 것이다.

아신이 최초의 물류 센터를 건축하기 전, 임시로 냉장 냉동 창고를 임대해서 사용하던 시기의 일이다. 찜통더위가 보름 넘게 계속되면서 물류 센터의 실내 적정 온도도 좀체 아래로 내려가지 않는 이변이 일어났다. 냉장·냉동 시설을 총동원 가동했지만 기습적인 폭염을 감당하기에는 역부족이었다. 여름철 식품의 생명을 지켜 주는 것은 바로 온도다. 특히 그날 밤에는 열대야가 심해서 제품이 상할 위험이 컸다. '오늘밤에 온도를 떨어뜨리지 않으면 제품이 다 상한다'는 위기 의식이 사내 분위기를 다급하게 만들었다. 직원들이 기발한 아이디어를 짜냈다. 건물에 물을 뿌리자는 것.

그날 김홍규 회장을 비롯한 회사 전 직원들은 지하수를 퍼내서 건물에 물을 뿌리는 일에 돌입했다. 봉이 김선달식 처방이었지만 고객의 제품을 온전하게 유지하기 위해서라면 무슨 일이든 해야 했다. 마치 화재 현장에서 불을 끄듯 남자 직원들은 사다리를 타고 올라가 물을 뿌리고, 지하수를 퍼 올렸다. 밤새도록 물을 퍼 올리고 뿌리는 일이 계속됐고, 그리고 마침내 새벽녘 물류센터 온도계의 눈금이 적정 온도까지 떨어졌다. 고객이 맡긴 귀중한 제품을 온전하게 소비자에게까지 전달해야 한다는 아신의 책임감이 만들어낸 감동적인 드라마였다.

아신의 드라마는 여기에서 그치지 않는다. 아신은 10분 내에 패스트푸드를 배달하는 근거리 운송에서부터 가장 먼 거리인 강원도 강릉, 속초까지 전국 곳곳을 누빈다. 아신의 1일 처리 물동량이 하루 4400톤, 이동 거리는 총 20만 킬로미터에 이른다. 1년으로 치면 7300만 킬로미터, 지구를 두 바퀴 도는 셈이다.

1994년 10월 21일 아침 8시 무렵, 성수대교가 무너졌다. 바로 그 순간 아신의 배송 차량도 그 다리 위에 있었다. 천만다행으로 목숨은 건졌지만 그러나 아신의 배송 매니저는 안도의 한숨도 잠시, 초조함을 감추지 못하고 있었다. 강 건너 편의점에 제품을 배달해야 하는데 다리 붕괴로 오도 가도 못하는 상황이 됐기 때문이다.

언제 다리가 추가로 붕괴될지 모르는 위급한 상황에서 아신의 직원들은 차를 수배하고 배송 경로를 확보하느라 야단이었다. 그리고 1시간에 걸쳐 수배 작업을 편 끝에 어렵사리 인근에 있던 차를 확보해서 제품을 옮겨 싣는 데 성공하고, 강 건너 편의점에 무사히 제품을 공급해 줄 수 있었다. 그날 그 편의점은 다른 점포들이 배달을 못 받아서 발을 동동 구르는 것과는 달리 생명의 위협 속에서도 혼신을 다한 (주)아신의 책임감 덕분에 느긋하게 영업을 할 수 있었다.

사실 고객과의 약속을 지키기 위해 몸을 던지는 아신의 투혼은 업계에서도 유명하다. 2005년 강원도에 기록적인 폭설이 내려 전면적으로 교통이 두절됐을 때의 일이다. 단 한 대의 차도 한계령을 넘지 못하는 상황에서 유일하게 폭설을 뚫고 지나간 차가 있었으니 바로 아신의 물류 차량이었다. 그날 강원도 산골의 편의점 업주는 아신의 남다른 열정에 실상 배달받은 제품은 뒷전이고, 배송 매니저에게 따뜻한 커피를 주며 입을 떡 벌린 채 연신 고맙다고 하더란다.

아신의 물류 차량은 대체 어떤 비법, 어떤 기술로 2미터 가까운 폭설을 뚫고 갈 수 있었을까. 그 비밀은 무엇이었을까?

김홍규 회장은 그에 대한 답으로 이런 설명을 덧붙인다.

"천 개의 제품이 우리 창고에 입고되면 다시 우리는 그 천 개의 제품을 분류해서 배송해야 하는데, 한 개 한 개가 우리에겐 목숨과 같은 것이야. 고객과 한 번 약속했으면 그것은 신성불가침이지. 폭우든 폭설이든 어떤 상황에서도 마찬가지야. 우리는 반드시 한다! 이것은 처음부터 우리 회사가 지킨 원칙이거든.”

말 그대로 아신은 고객과의 철저한 약속 이행을 회사의 기본 모토로 삼고 있다. 제3자 물류는 고객이 신뢰하지 않으면 하루도 버티기 어려운 분야라는 게 김 회장이 현장에서 비싼 수업료를 내가며 배운 것이다. 제시간에 정확한 수량의 제품을 배송해 주지 못하면 고객은 불가피하게 손실을 보게 되는데, 그때 고객이 입을 손실을 내 것처럼 마음 아파하는 마음이 필요하다.

아신의 물류 차량들이 무너지는 다리 위에서, 폭설이 뒤덮인 강원도 산골에서 최선을 다한 것도 바로 고객들이 입을 피해를 걱정하고 아파하는 마음 때문이었을 것이다. 그리고 아신의 그런 마음은 이심전심으로 고객에게 전파돼서 고객을 감동시키고 자연스럽게 두툼한 신뢰를 형성하게 된 것이다.

이제는 좌우명이 된 김홍규 회장의 ‘愼思篤行’. 아마도 이 네 글자는 앞으로도 오랫동안 (주)아신의 고객 감동 실천을 위한 슬로건으로 남지 않을까 싶다.

SCENE 7
중소기업들과의
相生의 시대를 열다

혼자서 아무리 잘 나간들 무슨 의미가 있겠는가. 함께 사는 세상 같이 윈-윈(Win-Win) 하면 그보다 더 좋은 것은 없을 것이다. (주)아신이 바로 그런 기업이다.

이 회사를 아는 사람들은 회사가 예전에 비해 규모가 커져 외형상으로는 중견기업 수준에 올라섰지만 ‘중소기업에게 소중한 힘이 되어 주는 기업’이라는 말을 입버릇처럼 하곤 한다. 그래서 ‘아신’ 하면 인간적인 정이 끈적끈적 묻어나는 인상을 받는다는 것이다. 제3자 물류 전문업체로서 (주)아신은 대기업 계열 유통업체의 벤더사라는 입지를 굳힌 상황이지만 이에 못지 않게 중소기업 제품의 판로와 중소 개인 슈퍼마켓 물류 서비스에도 적극적인 기업으로 평가받고 있다.

현재 (주)아신은 편의점, 할인점, 대형마트 외에도 80여 개 점포의 개인 슈퍼마켓에 500여 종의 제품을 공급하고 있다. 이중 20%는 중소제조업체의 제품으로 구성되어 있다. 하지만 앞으로는 점포 수는 물론이고 우수 중소기업 제품 발굴에도 많은 힘을 쏟겠다는 입장이다. 중소기업과 함께 성장하는 벤더사 그것은 (주)아신이 꿈꾸는 미래의 마스터플랜 중 하나다.

김홍규 회장은 "개인이 운영하는 중소 슈퍼마켓의 경우 지속적으로 경쟁력이 떨어지고 있다. 이는 경쟁력 있는 상품 확보에 어려움이 있기 때문이다. 따라서 우리 회사는 벤더사로 영향력을 키워온터라 다양한 우수 제품을 개인 슈퍼마켓에 공급함으로써 그들의 경쟁력 확보에 도움을 주는 데 적격자인 셈이다. 진정한 제3자 물류업체란 제조 업체의 우수 제품을 발굴하여 점포에 신선하고 경쟁력 있는 상품을 공급해 주는 역할이다." 라고 말한다.

이에 따라 (주)아신은 개인 슈퍼마켓 거래점 수를 2009년에는 200개 점, 2010년에는 500여 개 점으로 계속 늘려나갈 예정이며, 중소기업 제품도 지금의 20%에서 40%까지 올려놓겠다는 각오다.

중소 제조업체의 성장과 중소 유통업체의 경쟁력 확보는 사실 정부 차원에서 적극적인 지원이 필요한 상황이다. 이런 관점에서 볼 때 (주)아신과 김홍규 회장의 역할은 단지 도매물류업(VENDOR) 의 선구자만이 아니라 중소기업인들을 돕는 진정한 중소기업 파수꾼인 셈이다.

[회사 개요]

대표 : 김홍규

창립일 : 1980년 1월

주력사업 : 제3자 물류 전문회사(냉장 냉동 일배식품, 상온식품)

직원수 : 300명

취급물동량 : 6,500억 원

주소 : 본사–서울시 강남구 논현동 84 송암빌딩 4층

　　　　기흥물류센터–경기도 용인시 기흥구 보라동 465 – 3

홈페이지 : www.aseen.co.kr

전화 : (본사) 02 – 544 – 8820 / 팩스 : 02 – 3446 – 1177

　　　　(기흥) 031 – 275 – 1193

회사 연혁

2008년	6월	종합물류 건평 1,200평 제3센터 개설
2007년	3월	식자자재 가공 처리장 및 물류 제2센타 준공(대지 : 3,000평, 건평 : 1,800평)
2005년	4월	삼성테스코 전국 익스프레스 점포 신선, 저온, 상온 전 제품 공급 계약체결
2003년	3월	제3회 상공인의 날 은탑산업훈장 수훈
2002년	11월	서울 종합 물류센타 완공(대지 : 2,100평, 건평 : 3,600평)
2001년	5월	산자부 지정 도매 배송업자 1호 지정
1998년	12월	1998 물류대상 대통령표창 수상
1998년	11월	제3회 유통대상 특별대상 수상(산업자원부 장관)
1996년	10월	농협 하나로마트 생활물자 물류 개시
1996년	4월	국내 최초 Digital Picking System 도입
1995년	10월	제1회 한국능률협회 유통 경영대상 수상
1992년	5월	도매물류사업(슈퍼마켓, 백화점) 개시
1991년	9월	국내 최초 편의점 물류사업(냉장, 냉동 일배식품) 개시
1980년	1월	법인 설립

NOAH화학(주
김대웅 대표

글로벌 마켓, 그곳에 우리는 기술을 판다

어느 봄날 오후 수원에서 서해 바다를 향해 한 시간 즈음 국도를 달려가자 농촌마을 뒷동산 여기저기에 회사 건물들이 모습을 드러냈다. 그 중 조용한 한 회사로 들어 갔다. 대형 건물이 3채나 되는 이 화학 회사는 냄새나 기계 소음이 들리지 않는다. 이 회사가 제조 업체인지 아니면 서비스전문 회사인지 의심이 들 정도다. 계단을 올라 2층 사장실로 들어서자 대학교수님 같은 김대웅 대표가 반갑게 맞아 준다. 심 플한 정장차림에 안경 낀 장년의 신사는 누가 보아도 강의실에 있으면 딱 어울리는 스타일이다. 알고 보니 대학 강단에서 강의 활동도 겸하는 CEO였다.

"인상이 조용하고 편해 보이십니다."

그런데 의외다. 김 대표가 말하기를,

"나 성격이 급한 편이오."라고 말힌다.

"전혀 그렇지 않아 보이시는데요."

중소기업을 운영하다 보니 마음도 바쁘고 일도 바쁘다 보니 성격도 좀 급해졌단다. 하기야 성질(?) 없이 회사 이끌어가기도 쉽지 않은 일 아닌가. 게다가 중요한 건 이 작은 회사가 기술을 수출하는 고부가가치 비즈니스의 주역이라는 것이다.

'고부가가치 비즈니스'라는 말을 들으면 누구든 귀가 솔깃해질 것이다. 그렇다면 2007년 한 매체에 저자가 취재하여 기사화한 이 회사의 내용 중 일부를 보면 그 비 밀을 알 수 있다.

"23명의 직원이 일하는 NOAH화학의 2008년 예상 매출 규모는 직원 1인이 3억 원 이상의 매출을 올릴 것으로 보인다. 그런데 이 회사의 매출에 관심이 집중되는 이 유는 총 매출 중에는 제품 판매 외에도 돈이 저절로 굴러 들어오는 기술 수출로 발 생하는 이익이 적지 않다는 것이다. 고부가가치 시장을 선도하는 기술 집약형 기업 의 힘이 얼마나 큰지 보여 주는 대표적인 사례다."

"We've changed our business item."

1997년 12월. 파리 드골공항의 화장실. 동양의 한 중년 남성이 화장실 안에서 복받쳐 오르는 눈물을 참지 못해 소리 내어 울고 있었다. 그는 좌변기에 앉아 고개를 숙인 채 끄억끄억 소리를 냈다. 손수건으로 눈을 가린 채 한참 동안을 울던 그는 손수건을 흥건히 적신 후에야 화장실에서 나왔다. 마치 아무 일도 없었던 것처럼 태연한 얼굴로 서울로 가는 비행기를 갈아타기 위해 게이트 넘버를 찾았다. 하지만 축 처진 어깨와 힘없이 내딛는 발걸음은 한없이 무겁게만 느껴졌다.

그가 바로 노아화학(주)의 김대웅 대표였다. 그의 머릿속에 다시 독일에서의 가슴 아픈 장면이 떠올랐다.

"We don't need that stuff anymore. I'm sorry for you being late. We've changed our business item."

("이제는 더 이상 그런 원료가 필요 없어졌습니다. 안타깝지만 너무 늦었군요. 우리는 사업 아이템을 돌렸어요.")

"네. 그게 무슨 말이지요? 지난번 샘플을 만들어 보냈는데."

"Yes, you did. But your company broke the promise. We hope that stuff had to be gotten to us at least 60 days ago, not 10 days."

("그랬지요. 하지만 당신네 회사는 약속을 어겼어요. 우리가 원했던 날은 60일 전이었는데 제품은 10일 전에 받았어요.")

"그―건 좀 더 좋은 원료를 만들려고 하다 보니 조금 늦어진 건데……."

"If you had sent that at an appropriate time, that quantity is far from what we want. We couldn't trust you."

("설령 이 제품이 우리가 원하던 날짜에 왔어도 우리가 원하는 품질의 제품은 아니었어요. 우리는 당신네 회사를 신뢰할 수가 없게 됐어요.")

김 대표는 프랑스 파리에 있는 에이전트로부터 독일의 한 회사가 노아화학(주)의 제품을 원한다고 해서 두 달 동안 열심히 개발해서 사전에 샘플을 보낸 후 고객을 찾아갔던 터였다.

언뜻 보기에는 회사가 그다지 크지도 않은데다 잘나가는 회사 같지도 않았다. 문제는 노아화학(주)으로서는 할 말이 없다는 것이다. 그들이 필요했던 시간은 이미 지났고 품질 또한 기대 이하라는 얘기만 듣게 됐으니 참으로 어이가 없는 일이었다.

IMF가 시작되어 비행기 티켓을 비롯해 체류 경비 또한 만만치 않았는데도 불구하고 제품을 팔고자 이코노미클래스에 앉아 10시간 넘게 그렇게 날아갔건만 돌아오는 답은 무 자르듯 한 냉정한 거절뿐이었다.

그때 그는 속상하고 서운한 감정도 있었지만 자존심에 상처를 받았다는 생각과 자책감이 컸다.

회사로 돌아온 후 이 일을 계기로 그는 스스로에게 3가지 약속을 했다.

첫째, 고객과 직접 소통해야 한다.

에이전트를 통해 전달받았기에 의사 소통이 제대로 되지 않은 것이 첫 번째 문제였던 것이다.

둘째, 시간 약속은 철저히 지키자.

아무리 밤새워가며 공을 들인다 해도 시장이 사라지면 모든 게 물거품이 된다는 것을 실감했다.

셋째, 고객의 요구 사항을 100% 이해해야 한다.

고객의 요구 사항을 대충 전화로 듣고 실행하면 문제는 당연히 발생한다. 고객의 니즈를 정확히 파악하여 만족시켜야 한다는 것을 알았던 것이다.

이같은 철칙을 바탕으로 김대웅 대표는 나름대로 기업 경영 철학을 생각했다고 한다.

'기업은 이윤 창출이 목적이다. 하지만 그 목적을 지속시키는 것은 고객이 신뢰하는 기업이어야만 가능하다. 따라서 나는 신뢰받는 기업이 아니면 하지 않겠다'

일반적으로 대다수의 기업들은 제품을 수출하지만 이 회사는 제품 외에도 기술을 수출한다. 이는 무형의 자산으로 기술 전수를 통해 로열티를 받고 있으며, 그 수입이 전체 매출의 20%를 차지할 만큼 적지 않다.

SCENE 2

초록의 밤, 별을 헤는 두 사람

인터뷰 도중에 그는 불쑥 이런 질문을 했다.

"박 작가는 언제 술이 제일 맛있어요?"

술을 많이 하는 편이 아닌 그가 왜 이런 질문을 할까 조금은 의문스럽기도 했다. 술 한 잔 마시면서 인터뷰 하자는 건 아닌가 싶기도 하고. 하지만 예상은 빗나갔다.

김 대표의 입에서는 아주 프로다운 여유라고나 할까 아니면 열정을 지닌 장년의 멋이라고 할까, 뭐 그런 느낌을 갖게 했다.

"겨울에 며칠 동안 연구 개발을 진행하다 보면 어느 날 0시 넘어서야 일이 막 끝나요. 그때 하필이면 눈까지 소복소복 쌓이면 더 좋지. 창 밖을 보면서 도수 높은 술 딱 한 잔을 마시고 깊은 수면에 들어가면 그때야말로 너무 행복합니다. 그 술이 마치 꿀맛 같다니까요."

회사가 지방의 농업 지역에 자리하고 있어 전원 풍경을 그대로 만끽할 수 있는 곳이니 김 대표의 이같은 감성적인 스토리가 하나의 풍경으로 다가온다.

올해로 60세를 맞이한 김대웅 대표는 창업 당시부터 지금까지 연구 개발에 직접 참여하고 있다.

연구원 수만 10여 명에 달하지만 고난도 기술을 요하는 개발 프로젝트는 직원들과 직접 해외 주문 업체를 찾아가 그들의 요구 사항에 대해 의견을 나누고 개발 시에도 직접 참여한다.

출장의 절반은 직원을 데리고 나가 트레이닝시키는 편이다. 또 한 달의 절반은 회사의 기숙사에서 머물면서 생활하며 해외 출장도 연 3~4개월로 잦은 편이다.

올해 이순(耳順)이 된 김 대표의 건강과 마음을 챙겨 주는 사람은 다름 아닌 아내(김영숙 여사)이다. 회사에서 연구 개발을 진행하는 동안 김영숙 여사는 이것저것 챙겨 주며 함께 머무른다. 아내가 챙겨 주는 식사를 하고 밤이면 함께 창문 밖으로 펼쳐진 아름다운 전원의 밤을 감상하는 이들 부부. 장년의 로맨스가 따로 없다는 생각이 든다. 게다가 '별 보고 달 보고 새소리 들으면 여기가 회사인지 별장인지 구분이 안 갈 정도다'는 김 대표의 말이 부럽게만 느껴진다.

물론 이런 오늘이 오기까지는 창업부터 애오라지 사업 하나에만 목숨 걸고 달려온 김대웅 대표의 끈질긴 인내력과 연구 개발에 대한 식지 않는 열정이 있었기 때문이라는 것을 인정하지 않으면 안 된다.

임원직 사표 내며 결정한 것 '변해야 산다'

남들은 부러워하는 직위에 올라 있지만 정작 당사자들은 그다지 즐거워하지 않는 경우도 흔하다.

더욱이 요즘처럼 명퇴, 조퇴가 보편화된 시대에는 자신의 직책이 한계에 달했다 싶으면 알아서 자진 사퇴하는 부서장들이 숱하다.

이 회사의 R&D 직원들은 영업 개발 설비 기술지도 등의 회사 주요 업무를 처음부터 끝까지 일괄 진행한다. 이것이 바로 21세기형 시스템 인재로 이 회사만의 독특한 전략이다.

그러나 1993년 김대웅 대표는 일찌감치 자신을 되돌아보았다. 44살의 나이에 그룹사 연구 개발팀 임원이었다. 그때는 조퇴, 명퇴란 말이 나오지도 않았던 시절이었으니 스스로 사퇴를 하겠다는 그를 지켜보는 사람들은 고개를 갸우뚱거릴 일이었다. 2녀 1남의 자녀들은 대학교, 고등학교에 다니고 있었다. 아내 입장에서는 이해하기 힘든 일이었다.

"아이들 교육은 어떻게 시키려고 그러세요."

"나 노인네 아니야. 일단 그만두고 생각할 작정이오."

"그동안 열심히 일했고 그래서 많이 지쳐 있을 거라는 것 나도 알아요. 하지만 대학생 두 명에 고등학생 한 명이에요. 우리가 돈을 쌓아 두고 사는 집도 아니잖아요."

"모든 일을 긍정적으로 생각하면 그만큼 잘 된다고 봐. 일단 나를 믿어 보라고요."

아내의 만류와 걱정에도 불구하고 그는 사표를 던지고 일단 1년간은 휴식을 취하기로 했다.

김 대표는 그 당시 상황을 이렇게 설명한다.

"그때 나는 '변해야 한다' 는 고민을 많이 했어요. 그래서인지 회사를 그만두자 그때까지 내 몸을 감고 있던 쇠사슬들을 다 풀고 완벽한 자유인이 된 듯하더라고요. 아이들에게는 정서적 흔들림이 있을까 우려되어 당분간 말을 안 했어요. 그리고 곧장 여행을 떠났습니다."

그의 생각은 '예술가처럼 끝까지 자기 일을 즐기며 하고 싶다' 는 것이었고 그에 부수적으로 생업이어야 하며, 전공을 살리는 것이어야 하고, 나아가서 사회에 공헌할 수 있는 일을 하자는 것이었다.

이런 생각을 하면서 여행지로 선택한 곳은 독일이었다. 독일에는 재직 시절 알고 지내던 화학 전문가가 있었는데, 그는 김 대표에게 의외의 선물을 했다.

자신의 회사가 화학 원료 제조를 하청을 주어왔는데 마침 마땅한 회사가 필요하니 한 번 해보지 않겠느냐는 것이었다. 포장용 필름 코팅제가 바로 그것이다.

김 대표로서는 여간 고마운 일이 아니었다. 재직 시절 화학 분야에 대한 조언을 자주 받았던 지인이었지만 이처럼 자신도 생각해 보지 못했던 사업 아이템을 제공했다는 점에서 감동적이었다.

귀국 후 준비 시간을 거쳐 1994년 'NOAH화학(주)'이라는 이름으로 회사 문을 열었다.

그러나 말이 기업이지 직원이라고는 김 대표 자신과 당시 출강 중이던 학교의 대학원생 제자 한 명뿐이었다. 사무실도 없이 학교 실험실에서 연구 개발을 했고, 생산은 시화공단에 있는 친구 회사의 공장 시설을 활용하기로 했다.

누구든 아무리 실력이 좋다하더라도 처음에는 실수를 하기 마련이다. 기업 운영이란 흉내 내는 것만으로도 쉽지 않은 일이기 때문이다. 그러니 이렇게 시작한 회사이다 보니 시행착오를 겪지 않을 수가 없었다. 고객사의 주문에 따라 연구 개발은 제대로 했는데 문제는 운송에서 터졌다. 화학 원료는 특성상 먼저 샘플을 보내 고객사로부터 합격점을 받아야 그때 대량 수출이 이루어진다. 때문에 독일의 거래처에게 샘플을 포장하여 우체국 배송으로 보냈다.

이 회사는 고객이 소문을 듣고 먼저 찾아온다. 그렇다고 거만하거나 홀대하는 법은 없다. 오히려 담당자가 다시 고객 회사를 방문하여 상대의 요구 사항을 듣고 프리젠테이션을 거쳐 연구 개발에 착수하며 단순히 원료 수출만이 아니라 활용 방법 지도 또는 플랜트 수출을 통해 생산까지 기술지도를 해 준다.

그런데 이게 웬 망신살인가?

"화학 원료 같은 것들은 본래 나무 상자를 만들어서 그 안에 내용물을 넣어야만 운송 과정에서 다른 제품과 부딪쳐 터지거나 쏟아질 염려가 없는데 우리는 경험이 없다 보니 그냥 내용물을 통에 넣어 포장한 후 보낸 겁니다. 김포공항에서 항공 화물로 싣기도 전에 운반 과정에서 터져 버렸다는 연락이 왔어요. 게다가 섬유 회사 제품에 피해를 준 겁니다. 그때 생각하면 창피스럽기도 하고 그래요."

경험은 반드시 필요한 법이다. 이 사건으로 인해 그 후로는 샘플을 보내거나 수출 시 나무 상자를 반드시 제작하는 습관이 길러진 것이다.

수출 물량이 조금씩 늘어나자 김 대표는 더 이상은 생산을 아웃소싱하는 것이 바람직하지 못하다는 판단을 내렸다.

이때가 1996년 겨울이었다. 마침 경매 물건으로 나온 제조 업체 공장을 구입하게 되었다. 공장까지 생겼으니 사실 크게 발전한 셈이다.

'무(無)에서 유(有)를 창조한다'는 것은 바로 이런 경우를 두고 하는 말이 아닐까.

문제는 아이가 어른이 되기까지는 다양한 실수와 다양한 경험을 거치듯이 노아화학 역시 시행 착오의 연속이었다. 오랫동안 연구 개발을 한 후 샘플까지 보내 주고 본격적인 수출 미팅을 위해 달려갔던 1997년 독일행의 경우 약속 시간 불이행, 의사 소통 부족 등의 문제로 결국 물거품이 되었던 사건도 그 대표적인 것 중 하나였다.

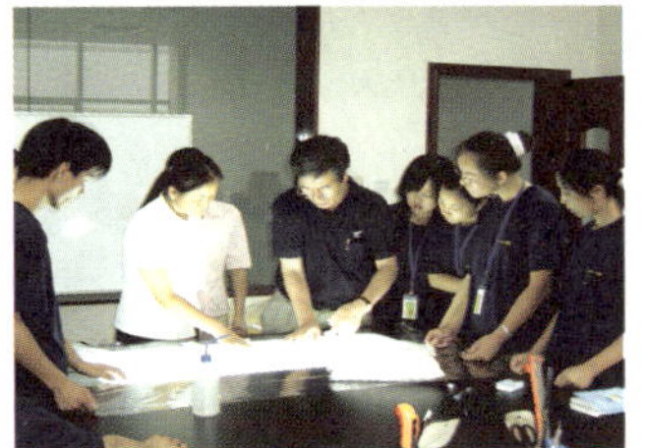

노동력 아닌 기술 노하우를 팔자

NOAH화학(주)은 현재 중국, 영국, 대만, 호주, 이탈리아, 프랑스, 독일, 미국 등 10여 개 국 20여 개 사에 자체 기술력으로 개발한 화학 원료를 수출한다.

전체 매출 중 수출이 차지하는 비중은 90%로, 이중 원료가 80%, 기술지도 (로열티 포함)가 20%를 차지한다. 여느 제조 업체들과는 좀 다른 구석이 있다. NOAH화학(주)의 화학 원료는 고급 화장품의 용기나 포장에 상품 표시를 할 때나 가죽 제품의 표면을 고급스럽게 처리하는 재료, ID카드나 신용카드에 쓰이는 홀로그램의 재료, 화폐나 상품권의 위조 방지용 재료 등으로 사용된다.

이 회사가 차별화된 것은 재료 개발 수출에서만 끝나는 게 아니라는 사실이다.

NOAH화학(주)은 재료 개발 후 재료와 기술을 동시에 수출한다. 화학 원료는 재료의 특성상 원료를 활용하여 필름에 코팅하는 기업의 경우 원료 합성에 대한 원천기술력 확보가 불가능하며, 아주 뛰어난 기술력을 갖고 있지 않는 한 원료를 활용하는 기술 또한 확보하기가 어렵다.

이런 이유 때문에 많은 거래처들이 원료 구입과 동시에 기술지도를 받는다.

또 일부 기업들은 원료외 기술외에도 코팅 설비까지 희망하고 있어 이런 경우 합자회사 형태(중국, 이탈리아, 인도네시아는 현재 진출, 인도는 준비중)로 진출하여 매년 일정 로열티를 받게 된다.

이것이 바로 이 회사만의 노하우이자 고부가가치 사업으로 이어지는 것이다. 물론 하루아침에 이루어지는 것은 결코 아니다.

2001년이었다. 창업 이래 7년 동안 외국의 기업에 원료와 기술 수출을 해 오다 보니 기존의 거래처의 추천으로 신규 거래처들이 제 발로 찾아와 주문을 하곤 했다.

중국의 한 회사로부터 독일의 기업으로부터 소개를 받았다며 전화가 걸려 왔다. 그리고 곧장 회사를 방문했다.

김대웅 대표도 조금은 놀라웠다. 더욱이 기업 측 회장이 직접 찾아와 먼저 합자회사를 제의해 왔다.

이에 따라 김 대표도 중국 현지 회사를 3박 4일 일정으로 방문 미팅을 가졌고, 결국 원료 사용과 기술지도 그리고 제품 생산시 'NOAH' 라는 브랜드 사용 등을 골자로 계약을 맺었다. 합자회사다 보니 원료 수출로 이익이 발생하고 로열티까지 받게 된 것이다.

NOAH화학(주)으로서는 매우 즐거운 일이었고 이로 인해 회사 분위기도 한결 고조되었다.

하지만 옛말 그른 게 하나도 없다. 잘 될 때일수록 겸손을 되찾고 행여 어디 한 구석 문제되는 곳은 없는지 점검을 해야 한다. NOAH화학(주)은 우선 당장 기분이 좋아지자 꼼꼼한 관리를 하지 않은 것이다.

"This ones are inferior" : 배신과 용서

합자회사 설립 이후 한동안 문제가 없었다. 그런데 어느 날 중국으로부터 전화가 걸려왔다. 의외였다. 합자회사 측 관계자가 아니라 합자회사가 코팅 서비스를 해 준 제3자였다.

"Having received a coating service with row material NOA Chemicals' d offered K company, we got some problems."

("우리는 노아화학이 K사에 제공한 원료로 코팅서비스를 받았는데 문제가 생겼 습니다.")

"무슨 문제지요?"

회사 설립 이후 원료를 사용하는 수출 거래 고객사가 아닌 최종 소비자가 클레임 전화를 걸어오긴 처음 있는 일이었다.

"The coating condition is different between the last products and this ones. This ones are inferior. We asked the chinese company, but they said there were nothing wrong in their progress of work. Then the reason of problems is NOA Chemical' s row material, isn' t it?"

("지난번 제품과 이번 제품의 코팅 상태가 다릅니다. 이번 작업 건은 불량입니다.

NOAH화학이 개발하는 화학 원료는 그 어느 회사도 흉내 내지 못한다. 그들은 그들만의 차별화된 기술로 신제품을 개발하거나 고객이 요구를 적극 수용하여 제품 개발에 들어간다.

그래서 중국 회사에 문의했더니 자신들의 작업 공정은 이상이 없다고 합니다. 그렇다면 노아화학의 원료가 문제가 아닙니까?")

"그럴리가요. 저희가 알아 본 후 연락드리겠습니다."

그날 김 대표는 직원을 데리고 곧장 중국 현지로 달려갔다. 먼저 계약을 맺은 K사 측 담당자를 찾아가 어찌 된 일인가를 물었더니 자신들은 예전처럼 NOAH화학(주) 원료를 알려 준 그대로 활용했다고 했다.

그런데 이상한 것은 NOAH화학(주)에서 수입한 원료는 줄어들었는데 생산 제품은 늘어난 거였다. 분명히 K사 측이 뭔가 감추고 있는 듯했지만 극구 부인하니 어쩔 수 없었다.

그래서 김 대표가 선택한 방법은 증명해 주는 것이었다. 문제를 제기해 온 회사의 제품을 가져다가 분석을 해보면 어디서 문제가 발생했는지 알아낼 수 있기 때문이었다.

문제의 제품을 한국으로 가져와 분석을 했다. 아니나 다를까. NOAH화학(주)에서 수입해 간 원료가 아니었다. 한 마디로 자신들이 흉내를 내어 만든 화학 원료를 사용한 결과 문제가 발생한 것이었다.

K사 측에 입증 자료를 제시하면서 진실 여부를 캐물었다. 그제야 K사 측 담당자가 이실직고했다. 담당자는 이익을 좀 더 많이 남겨 보려고 자신들이 임의적으로 만든 화학 원료를 사용했다는 거였다. 김대웅 대표는 한편으로 웃음이 나왔다고 한다.

"화학 원료가 그렇게 쉽게 만들어진다면 누군들 만들지 않겠습니까. '짝

46

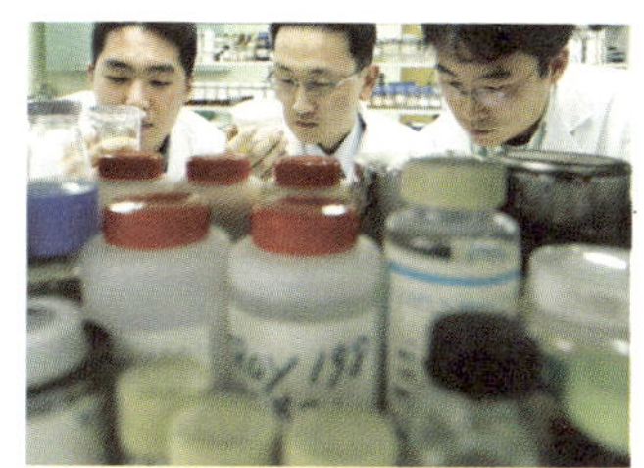

통'이라 불리는 모방제품 잘 만들어내는 중국이다 보니 화학 원료까지도 그런 방법을 쓴 겁니다. 하지만 최종 제품에 하자가 발생하니 이건 자칫하면 고객 다 떨어지게 만드는 일이잖아요. C사 측도 자신들이 일 저질러 놓고 많이 놀랐던 것 같아요. 그래도 용서해달라고 하며 반성을 하니 서로 더 잘 되기 위해서는 받아들여야 했지요."

배신당했다고 생각되었을 때 기분 그대로라면 더 이상의 관계 유지가 불가능하다. 또 누구든 한 번의 실수, 잘못은 할 수 있으니까 김 대표는 너그럽게 용서해 주었다고 한다. 그 후로 지금까지 중국 C사 측은 별 문제 없이 NOAH화학과 윈-윈(Win-Win) 관계를 유지하고 있다.

SCENE 6
호박이 넝쿨째 들어오다

기술 수출은 황금알이나 다름없는 외화를 벌어온다. 대기업도 풀지 못한 과제, 다른 나라에도 없는 신기술이 NOAH화학(주)에는 있기 때문이다.

기술과 관련하여 가장 주목할 만한 것은 영업 사원이 한 명도 없다는 것이다. 그런데 500만불 수출탑을 달성했다. 여느 회사로서는 도대체 이해가 안 되는 일이다.

어떻게 이런 일이 가능할까?

그 비밀은 시스템에 있다. 노아화학은 원료 합성을 통해 그때그때 필요한 제품별 화학 원료(필름코팅용)를 만들어낸다. 이 분야에서만큼은 세계 각지에서 인정받고 있는 만큼 먼저 외국 업체 측으로부터 연락이 온다. 그러면 김대웅 대표를 포함한 10여 명의 연구원들 중 적격자가 의뢰 업체를 직접 찾아가 어느 제품에 사용될 원료를 찾고 있는지 자세한 설명을 듣고 어떤 방식으로 진행할 것인가에 대한 프리젠테이션을 한다. 그 후 연구 개발 과정을 거쳐 고객이 필요로 하는 화학 원료를 납품한다. 그리고 제품에 적용하는 방식을 기술지도 해준다. 이를 테면 신규 거래처가 생기면 2, 3명의 연구원이 담당하여 상담-프리젠테이션-원료 개발-기술지도 순으로 직접 일괄 처리하게 된다.

바로 이런 독특한 시스템이 있기에 영업 사원을 별도로 필요로 하지 않는다.

또한 신규 거래처들은 이미 거래하고 있는 고객사들로부터 소문을 듣고 찾아오는 경우가 많다. 특히 이 회사는 단순히 기술만 가지고 일하지 않는다. 기술을 활용하여 고객이 저절로 다가오게끔 하는 능력을 지니고 있다,

이를 테면 A라는 회사가 이 회사가 개발한 원료를 수입해 가면 A라는 회사가 거래하는 B사는 A사에게 제품 서비스를 의뢰하기 전에 먼저 NOAH화학(주)에 전화를 걸어온다.

NOAH화학(주)이 개발한 화학 원료가 자신들의 회사 제품에 어떻게 응용되는지 자신들이 원하는 효과를 얻을 수 있는지를 의뢰한다. 원료를 수입하는 회사들은 최종 소비자인 필름 코팅 완제품 회사들의 욕구를 직접적으로 충족시켜 주지 못하기 때문이다.

따라서 기존에 거래하던 회사일지라도 새로운 거래선이 생기면 NOAH화학(주)을 다시 찾지 않을 수가 없다. 그들의 고객이 원하는 서비스에 맞는 원료를 찾아야 하며 또 제작 공정에 있어서 기술을 전수받아야 하기 때문이다.

그런가 하면 기술전수 과정에서 아예 플랜트를 희망하는 기업도 있는데, 이럴 경우 담당 직원들이 플랜트까지 직접 설계하여 설비해 주고 운영 및 활용 기술까지 전수하게 된다.

이같은 NOAH화학(주)의 특별한 기술력은 원료 수출에 이어 기술 투자까지 연결시켜 돈 한 푼 들이지 않고 합자회사를 성립하게 해 준다. 결국 외국의 기업에서 생산하는 제품에 대한 로열티 수익을 챙기는 것이다.

중국을 첫 번째 케이스로 시작된 합자회사는 이탈리아, 인도네시아로 이어졌으며, 현재 인도도 추진중이다. 최근에 진출한 나라 중 가장 주목할 만한 대상은 인도네시아다.

지난 2006년 2월 노아화학은 직원 수가 700명, 연매출 규모 1조 원이 넘는 인도네시아 포장 재료 기업 중 가장 큰 J회사로부터 기술투자 제의를 받았다. 이에 8%의 지분을 받으며 J사와 기술투자 합자회사가 되었고, 기술은 물론이고 재료 수출도 동시에 이루어지게 됐다. J사는 노아화학이 부자한 기술과 수출한 포장용 필름 코팅 재료로 2007년 7월부터 신제품 양산에 들어갔다.

NOAH화학(주)과 J사와의 기술투자 합작 계약 기간이 무려 15년이나 된다. 그러니 NOAH화학(주)의 이같은 해외 수출 및 진출은 우리 중소기업들에게 신선한 자극이 되는 모델 케이스다.

중소기업의 가장 큰 고민인 현지 설비 투자에 따른 자금 걱정을 하지 않아도 된다. 기술 투자를 통한 진출은 무엇보다도 고부가가치를 낳기 때문이다.

NOAH

NOAH-LAC
[Hologram Special Lacquer]
(For: Graphic Arts,Textiles,Plastics)
NOAH CHEMOMATERIAL CO.

NOAH TMP LACQUER
2015
Lot No. : 010318
[Hologram Lacquer]
NOAH CHEMOMATERIAL CO.

NOAH Ink-Jet Receptive
Snow White
Lot No. : 010525
NOAH CHEMOMATERIAL CO.

NOAH-LAC
[Anti-counterfeit Lacquer]
(For: Credit Card, ID Card, Passports)
NOAH CHEMOMATERIAL CO.

NOAH-LAC
[Hot Stamping Foil Lacquer]
(For: Graphic Arts,Textiles,Plastics)
NOAH CHEMOMATERIAL CO.

TTL

하루살이는 키우고 싶지 않다

중소기업을 운영하면서 김대웅 대표가 가장 힘들어했던 것은 자금력도 기술 개발도 아니다. 오직 한 가지 직원 관리다. 직원 수가 많아야만 되는 회사가 아니다. 소수 정예부대로 움직일 때 그 효과는 더욱 크게 나타난다. 때문에 그는 기술집약형 기업으로서 블루오션 제품을 지향하면서 고객 만족, 이익 창출, 직원들과의 나눔 이 세 가지를 중시해 왔고, 앞으로도 그렇게 이끌겠다는 입장이다. 장기 근속자에게는 중고등학교는 물론이고 대학까지 학자금을 지원해 주고 있으며, 주택자금융자 지원에도 더욱 적극적이겠다는 방침이다.

이런 그에게도 사람 때문에 가슴 아픈 시절들이 있었다. 최근에야 직원들이 입사하면 그만두는 인력이 드물다. 하지만 7년 전만 해도 아무것도 모르는 직원들을 채용해서 열심히 가르쳐놓으면 무심하게 떠나는 일이 되풀이되곤 했다.

그럴 때마다 마음의 상처를 받곤 했으며, 인재육성이라는 대의명분도 현실적으로 가슴에 와 닿지가 않았다. 이제는 다르다. 스스로 프로가 되겠다고 작정하고 7~8년 이상씩 경력을 쌓은 베테랑들이 늘어나고 있다. 김대웅 대표는 말한다.

"나는 하루살이는 키우고 싶지 않습니다. 그리고 식원 수 많이 늘리는 것도 그다지 원치 않습니다. 회사를 가정으로 생각하고 전직원을 한 식구처럼 존중하고 아끼면서 함께 걸어갈 사람만을 원합니다."

그런가 하면 김 대표는 창업 이래 지난 14년간 단 한 번도 성장이 정체된 적이 없다는 것과 NOAH화학(주)이라는 브랜드에 대한 자부심이 강하다. 그는 같은 김포쌀이라도 밥솥 메이커에 따라 다르듯이 똑같은 소재로 화학 원료를 만들어도 NOAH화학(주)의 기술력과 제품은 엄격히 차별화된다고 강조한다.

설령 김 대표의 말이 아닐지라도 NOAH화학(주)을 알게 되면 여느 기업과는 분명히 뭔가 다른 세 가지를 발견할 수가 있다.

한번 고객이면 영원한 고객으로 이어지는 회사, 이 세상에 '브랜드'가 없어질 때까지 유행이나 트랜드와 무관하게 갈 수 있는 아이템을 지닌 회사, 기술력에서 대기업이 부럽지 않은 회사 바로 이것이다.

[회사 개요]
대표 : 김대웅
창립일 : 1994년
주력사업 : 화학코팅재료생산 및 기술수출
직원수 : 23명
매출규모 : 70억 원(2008 예상)
소재지 : 경기도 화성시 장안면 장안리 679-3번지
홈페이지 : www.noahchem.com
전화 : 031-358-4115 / 팩스 : 031-358-4117

회사 연혁

연도	월	내용
1994년	1월	노아화학 설립
1994년	월	기능성 박막 도포제 수출시작 : 유럽, 중국, 미국, 호주
1998년	12월	잉크젯 잉크 수상도포제 개발 성공(경기도 신기술과제)
1999년	4월	기능성 광경화성 수지 개발 성공(산업자원부 첨단기술과제)
1999년	5월	광학적 기능성 고분자 합성수지 유럽, 중국, 미주, 호주 수출
1999년	6월	중국 양주시 기술투자 합자회사 설립
1999년	11월	ITO(Indium Tin Oxide) Sol습식합성 개발 성공(중소기업청 기술혁신과제)
2000년	7월	발명특허 등록(금속증착전사지 제조방법 : 특허 제0364120호)
2000년	9월	실용신안 등록(금속증착전사지:등록 제0205949호)
2000년	10월	벤처기업 선정(중소기업청 제20002162271-23685호)
2001년	6월	수출유망중소기업 지정(중소기업청 제2001-0280호)
2001년	7월	금속증착 전사지 제조기술 개발 성공(중소기업청 기술혁신과제)
2001년	7월	니시틸 잉크진사지 제조기술 개발 성공(중소기업청 부품소재과제)
2001년	11월	INNO-BIZ 기업 선정(중소기업청)
2002년	12월	이태리 MP S.R.L 기술투자합자회사 설립
2003년	2월	Solar Control Film 개발 성공(중소기업청 기술혁신과제)
2003년	7월	기업부설기술연구소 설립(한국산업기술진흥협회 인증번호 20031778)
2004년	11월	한국생산성본부 공정혁신사업 수행
2005년	1월	ISO 9001 획득(QEC KOREA)
2005년	3월	벤처기업 3차 선정(중소기업청)
2005년	4월	EC연포장용 인쇄잉크 부착강화조성물 개발 성공(중소기업청 기술혁신과제)
2005년	7월	발명특허 등록(투명홀로그램 전사인쇄물 및 그 제조방법 : 특허 제0502546호)
2005년	9월	인도네시아 PSD LESTARI 기술투자합자회사 설립
2007년	1월	발명특허등록(캔버스액상코팅조성물 및 이를 이용한 잉크젯프린터용 캔버스)
2007년	11월	INNO-BIZ 기업 3회 연속선정(중소기업청)
2008년	6월	수출유망중소기업 재지정(중소기업청 제08경기-55호)

넥스탑(주)
김승수 대표

연구원 출신 사장이 쓴 창업 후 3년 반의 성공 일지

"딱 1년 만이군요."

"저번보다는 얼굴이 좀 더 좋아진 것 같은데요. 인사동에서 소주 한 잔 하기로 해놓고 약속을 안 지킨 것에 대해 어쩌실 겁니까."

"조금만 기다려 주세요. 늘 기대를 안고 사는 것도 나쁘진 않잖아요. 올해 안에는 그런 날이 오겠지요."

"가끔씩은 여유도 있어야지, 너무 일에만 올인하는 것 아닙니까."

"그래야 하는데 빨리 안정된 회사를 만들고 싶은 욕심에 여기저기 벌려놓은 일이 많다보니 잘 안 되네요. 더욱이 신생 기업일수록 일인 다역을 해야 하잖아요."

한국생산기술연구원의 연구원으로 재직 중이던 김승수 공학박사가 한국생산기술연구원 겸직창업 1호로 낙점을 받아 출발한 회사 넥스탑(주)은 창업 3년 반인 7월 말 현재 연간 매출 80억 원 대를 내다보는 기업으로 우뚝 섰다. 천안시 입장면 가산리에 18480m² 부지에 공장동 사무동을 갖춘 소위 고속 성장의 대표적인 회사가 되었다. 늘 비전을 제시하며 조언을 아끼지 않은 박훈재 박사와 황인기 전무를 비롯한 임직원들의 열정이 만들어낸 작품이라고 말한다.

충남 지역 우수 기업 취재가 계기가 되어 1년 전 만났던 김승수 사장. 이제는 그가 낯설지 않은 지인(知人)이 되었다. 나이에 비해 동안인데다 높낮이 없는 말투가 천상 강의실 교단에 서면 딱 어울릴 스타일로 보인다. 그런 그가 강력한 추진력과 내면의 카리스마가 불 같은 사람이라고 하면 누구도 믿지 않을 것이다.

소중한 것은 사람! 사람! 사람!

"기술력이 아무리 좋다 한들 그건 눈에 보이는 게 아니잖습니까."

"그럼 담보를 말씀하시는 건가요?"

"8억 7천5백만 원에 대응할 수 있는 담보가 있다면 가능하겠지요."

"제가 가지고 있는 재산이라곤 소형 아파트 하나인데 그것도 사업한답시고 이미 담보 잡히고 대출받았는데……."

"그럼, 그 아파트로는 불가능한데요."

"지난해에 저희 매출이 8억이었는데 그 실적으로는 안 되나요?"

"네. 그 정도로는 안 됩니다."

"그럼, 다른 방법은 없나요?"

"보증인을 세워 보세요. 공신력 있는 사람들 여러 명이라면 될 것 같네요."

"보증인요. 그것도 한두 명이 아닌 여러 명이라구요."

"같이 근무하는 연구원들이라면 적격자겠네요."

"아~ 예. 그런데……."

2006년 12월 김승수 사장은 17억 5천만 원짜리 유압 프레스를 어렵게 수주했지만 제작을 앞두고 마음이 복잡했다. 2005년 창업 첫해 총 매출이 8억 원이었는데 한 번에 그 두 배가 넘는 주문을 받았으니 기쁘기도 했지만 걱정이 앞섰다. 17억 5천만 원짜리 프로젝트는 계약금을 50%를 받기로 했다. 문제는 보증서였다.

발주 회사로서는 첫 거래에 9억 원 가까이 되는 계약금으로 내놓게 되는 일이니 넥스탑에게 선급금이행 보증보험증권과 이에 상당하는 견질어음을 요구했다.

어찌 보면 요구는 당연한 것이나 기술력 하나로 창업한 회사로서는 매우 버거운 일이었다. 계약서를 들고 보증보험사를 찾아가 선급금이행 보증보험

증권을 발급해 줄 수 있느냐고 물었으나 어렵다는 답만 들었다. 다른 방법이 없느냐고 물으니 여러 명의 사람을 보증인으로 세우면 검토해 보겠다고 했다.

김 사장의 속이 타 들어가는 시간이었다. 기술력 하나를 무기로 수주를 받았지만 회사를 설립한 지도 얼마 안 됐고 자금력도 약하다 보니 보증서를 발급 받을 수 없어 일을 진행할 수 없게 된 것이다. 더욱이 그간 작은 용량의 프레스를 제작하다가 새로 개발한 새로운 형태의 대형 프레스를 제작하게 된 것은 회사로서는 대외 인지도와 기술력에서 한 단계 올라설 수 있는 계기나 다름없었다.

그러나 시간은 흘러 한 달여가 지나도록 동료 및 선후배 연구원들에게 보증을 서 달라고 하는 것밖에는 다른 방법은 찾을 수가 없었다.

그러나 그는 자신이 하기 싫은 건 남도 하기 싫은 것이고, 자신의 의지에 반하는 결과는 얼마든지 있을 수 있다는 생각뿐이었다. 때문에 그동안 젊음을 같이한 동료들에게 피해가 갈 수도 있다는 걱정에 입이 열리지 않았다. 거절당했을 때의 무안함도 더욱더 입을 무겁게 했다.

그러나 이미 넥스탑에는 생사고락을 같이하기로 한 직원들이 있었다. 같이 연구했던 동료 연구원들에겐 어떠한 피해도 돌아가지 않도록 직원 전체가 노력하고 그 노력은 또 같이 일하는 직원들의 미래가 되도록 하겠다고 마음먹고 조심스럽게 입을 열었다.

동료 연구원들은 그를 감동시켰다. '보증 시 주는 자식은 낳지도 밀라'는 냉혹한 말이 있는 게 현실이고 선의로 보증 서줬다가 피해를 보는 경우가 속출하는 현실에서 "우리가 김 박사 못 믿고 못 도와 주면 안 되지." 하며 사업 열심히 해서 꼭 좋은 결과 있기를 바란다고 했다. 쉽게 보증에 동의하는 그들을 보면서 역시 늘 얼굴 보며 함께 일하고 함께 기쁨과 슬픔을 나누었던 동료들만큼 좋은 사람들은 없다는 생각을 했다.

김승수 대표는 그들의 응원에 감동했다. 자신을 믿어 준 선후배 동료들을 생각하니 세상 더 이상 어려울 것도 무서울 것도 없다는 생각이 들었다. 그래서일까.

김 대표 그는 종종 말한다.

"손에 쥔 것 하나 없이 창업을 하여 오늘이 있기까지는 그들이 있어 가능했다."

국내 최고, 세계 4강에 등극하다

한 명의 우수한 인재가 천 명의 직원을 먹여 살릴 수 있다고 한다. 때문에 어떤 CEO는 우수 인재 확보를 위해서는 회사의 절반을 내주어도 좋다는 말을 할 정도다. 그만큼 기술력이 회사 성장을 좌우한다는 얘기다.

넥스탑(주)이 직원들과 김승수 사장에게는 창업 시부터 지금까지 또한 앞으로도 변하지 않은 초심이 있다.

그것은 '최고가 아니면 하지 않겠다' 는 것이다. 그래서 회사 이름도 '넥스탑' 이란다. Next Generation Top Process, 차세대 최고의 제조 공정을 추구하겠다는 각오란다.

부품을 생산하는 방식에는 크게 절삭가공과 성형가공으로 나뉘는데, 이중 넥스탑(주)이 생산하는 Wire Winding 방식에 의한 초대용량 유압프레스는 성형가공에 있어 가장 경제적인 제조 장비다.

조선산업, 풍력발전산업, 항공우주산업, 원자력발전산업 등에서 필요로 하는 수 천 톤 이상의 성형하중이 걸리는 초대용량 금속부품의 정밀성형에 필수적인 핵심 장비로 통한다.

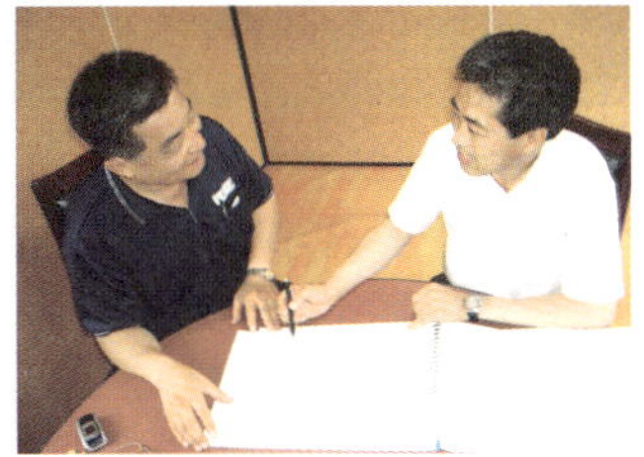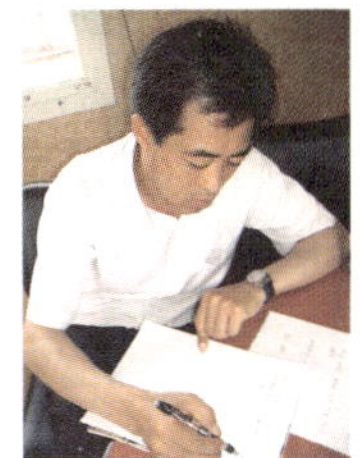

기존의 유압프레스는 Tie Rod 방식이나 용접 구조물 또는 일체형 주물 구조 프레임으로 되어 있어 몇 백 톤 규모의 프레스를 제조할 경우에는 큰 어려움 없이 제작 가능하나 수 천 톤 이상의 프레스를 요구할 경우에는 부품의 크기가 커지고 무거워 종래의 제조 방법으로는 불가능한 상황에 이르게 된다.

예를 들면 50,000톤급 프레스를 기존의 제조 방법으로 제작할 경우 작업 중 인장응력을 견뎌 주는 Tie Rod 하나의 중량이 150톤 정도에 이르며 직경 또한 1,500mm 정도의 크기여서 이를 만들기 위한 원소재 수급 문제, 가공을 위한 공작기계 문제, 가공 후 운반 및 조립 문제 등 현실적인 문제점에 봉착하게 된다.

넥스탑(주)의 와이어 와인딩 방식에 의한 대용량 유압프레스 제조 기술은 이와 같은 문제점을 해결한 것으로 프레스를 구성하는 각각의 부품을 현실적으로 가능한 크기 범위에서 제작한 후 고강성 와이어로 일체화함에 따라 기존의 제조 방법 대비 50% 이상의 경량화 및 소형화가 가능하다. 이디 그뿐인가.

인장응력이 걸리는 부위에 압축응력의 예압을 주어 작업 중에 걸리는 인장응력과 상쇄되게 하여 소재 결함으로 인한 파괴를 막을 수 있는 등의 장점이 있다.

또한 일체형 구조물에서의 인장/압축/벤딩 등의 복합 응력 상태를 단축 인장 상태로 유도하여 내구수명과 내충격성을 향상시켜 준다. 게다가 기존의 프레스는 작업 중 볼스터의 처짐이 발생하는 특성으로 제품의 모든 위치에서 성형 깊이가 균일하지 못한 단점이 있으나 넥스탑(주)이 개발한 Wire

Winding 방식의 유압프레스는 성형 중에 생기는 처짐량을 미리 계산하여 프레스 프레임에 Prestress를 부가하여 실제 작업 중에 일어나는 변형을 상쇄시켜 줄 수 있어 평탄도 향상과 균일한 성형 깊이를 월등히 향상시키는 특징을 지녔다.

현재 이러한 기술을 보유한 나라는 유럽의 독일과 스웨덴 및 일본에 이어 국내에서는 유일하게 넥스탑(주) 하나뿐이다. 세계에서 4번째, 국내에서는 최고의 기술력을 보유한 기업이다.

하지만 제품 전량이 사용자의 요구를 하나하나 반영해서 만드는 주문 생산 제품인데다 가격 또한 고가여서 한두 차례 전화 통화로는 계약이 이루어지지 않는다.

기업들의 요구가 있으면 그것을 토대로 그 기업이 만들고자 하는 제품의 제조 공정과 성형하중 등에 대한 예비 연구와 실증 실험을 거쳐 사용자에게 가장 적합한 프레스를 제시한다.

다시 말해 이론적 검증과 실증적 검증을 통해 사용자에게 확신을 주어야만 계약이 이루어진다.

이러한 과정이 짧게는 수개월에서, 길게는 1년씩 걸리는 점이 애로점이고, 이로 인한 시간과 경비가 발생하지만 김승수 대표는 이러한 과정을 거쳐 계약이 이루어질 때의 성취감이 열정적으로 일할 수 있는 에너지라고 말한다.

넥스탑(주)은 Wire Winding 방식을 이용하여 800톤, 3,000톤, 5,000톤, 10,000톤, 20,000톤 및 세계 최대급의 50,000톤 프레스를 개발하여 여러 업체에 공급하고 있다.

특히 판형열교환기 전문업체인 LHE에 공급한 20,000톤과 50,000톤 프레스는 LHE의 매출을 매년 100%씩 성장시키는데 주도적인 역할을 담당한다. 그간 국내에서는 대형 프레스가 공급되지 않아 대형의 판형 열교환기 자체가 고가의 가격으로 수입되어 조선 분야 등에 사용되어 왔는데 넥스탑(주)이 개발한 프레스 덕분에 수입 대체뿐 아니라 우리나라가 조선산업의 기술 강국으로 자리매김하는 데 일조를 기했다. 이 점을 가장 큰 보람으로 생각한다는 김승수 대표는 "넥스탑을 신뢰하고 믿어 준 (주)LHE 임혁 사장과 넥스탑(주) 임직원 모두가 할 수 있다는 공격적 개척정신이 있었기에 가능했다."며 겸손해 한다.

넥스탑이 개발한 Wire Winding 기술은 초고하중 유압프레스 제조에만 적용되는 것이 아니라 분말성형용 냉간등방압성형기(CIP, Cold Isostatic Press), 온간등방압성형기(WIP, Warm Isostatic Press), 열간등방압성형기(HIP, Hot Isostatic Press) 및 공업용 고강도 나이아몬드를 만드는 고온고압 프레스(HTHP, High Temperature High Pressure) 제조에 있어서도 핵심 기술이기 때문에 이 분야에 대한 사업 활동도 열심히 하고 있다.

최근 이와 같은 기술이 인정되어 전세계적으로 영업망을 가지고 있는 65년 역사를 지닌 일본 KOHTAKI정기와 MOU를 체결하고 전 세계에 넥스탑 장비를 수출하고 있다.

작은 것이라도 자기만의 일을 한다. 이 회사가 단기간에 성장한 이유 중 하나는 아이템의 차별화였다. 유압프레스 자체는 오래 된 기술이지만 새로운 제조 기술의 혁신을 통해 차별화에 성공했다. 두 번째 아이템으로 개발한 풍수력 발전기 또한 세계 최초의 사업이 될 전망이다.

SCENE 3

아내 몰래 저지른 창업

"왜 창업을 했습니까?"

김승수 대표에게 이렇게 물어보면 답은 아주 심플하다.

"돈을 많이 벌어보고 싶었습니다. 그리고 의미 있는 일에 써보고 싶습니다."

남자 나이 마흔셋, 중학교에 다니는 두 아들을 둔 아버지였던 그는 특별히 돈독에 빠진 사람은 아니었다. 돈 많이 벌어 화려한 삶을 살고 싶은 꿈도 없었다.

돈을 생각했다면 대졸 후 입사 시절 유명 대기업을 택했을 일이었다. 하지만 그는 한국생산기술연구원을 택했다.

김 대표의 부친은 우체국 공무원이었고, 그는 5남매의 둘째 아들이었다. 넉넉지 않은 가정 형편 때문에 남들보다 조금 일찍 사회 생활을 시작했고 남들보다 조금 늦게 대학에 들어갔다. 금형설계를 전공했던 그는 입학 후 한 학기만에 1년간 휴학을 하고 다음 학기 등록금을 위해 돈을 벌어야 했다. 복학 후 졸업할 때까지 지도 교수님의 프로젝트를 돕는 일로 학비도 해결하고 기술 개발 능력을 키웠다.

마음속에 가지고 있던 작은 꿈을 실현하기 위해 생기원에 재직하면서 기계공학 석·박사학위를 취득했다. 16년 연구소 생활 내내 현실에 안주하지 않고 중소기업의 고부가가치화를 가져올 수 있는 우수 기술 개발에 게으르

지 않았다.

2005년 어느 날 이공계 활성화와 기술 혁신형 벤처기업 육성을 통한 고용 증대 및 기술 강국을 위해 정부 출연 연구소의 연구원 겸직 창업 제도가 시행되었다.

그동안 생각해 왔던 것들을 정리하여 사업 계획서를 작성했고, 사업성, 창업자의 자질, 사회 기여도 등을 평가하는 연구소내 연구학사심의위원회를 거쳐 겸직 창업을 허락받았다. 2월 22일 사업자등록증을 냈고 앞으로 열심히 해서 주변사람들의 기대를 저버리지 않고 사회적 소임을 다하겠다는 각오를 했다.

그러나 소박한 삶을 원하던 아내에게는 한 마디 말도 없이 추진해온 터라 어떻게 얘기해야 할지 고민스러웠다. 그동안 창업을 준비하며 알듯 모를 듯한 말로 운을 띄워 볼 때마다 아내는 좋은 직장 잘 다닐 일이지 왜 어려운 길을 가려 하느냐는 입장이었다. 창업하고 두 달쯤 지났을 때 그는 말했다.

"여보, 나 겸직 창업했어."

아내는 더 이상 묻지 않았다. 이미 시작한 일 말하면 잔소리나 될 일이니 묵묵히 지켜보겠다는 입장인 것 같았다. 이런 아내에게 그는 말했다. 그것도 싱겁게 딱 한 마디.

"잘 할게."

SCENE 4

혼자서만 잘난 인재 NO, 화합형 인재 YES

넥스탑은 하는 일이나 매출 규모에 비해 직원 수가 그리 많지 않은 편이다. 매출 80억 원 규모에 직원 수 13명이라면 쉽게 이해가 안 될 것이다. 세계 최대 용량의 유압프레스를 만들지만 기존 방법 대비 부피와 무게를 3분의 1로 줄였고, 단순 기계가공 부품들은 전문 가공업체에 외주 처리하여 대외 변화에 능동적으로 대처할 수 있는 탄력성과 경쟁력을 갖추었기에 가능하다.

창업 첫 해는 직원 2명과 영업에서부터 설계 제작 및 납품 시운전까지 모든 업무를 수행하였고, 2006년에는 5명, 2007년에는 11명, 그리고 2008년 들어 신공장에 입주하면서 그나마 13명으로 불어난 셈이다.

김승수 사장은 소수 정예를 고집한다. 그리고 소수의 화합이 다수를 대신할 수 있도록 직원들 간의 화합을 강조한다. 같은 생각을 가진 직원은 중복이라 생각한다. 그래서 모든 직원들이 각각 다르기를 바란다.

"다름이 충돌을 낳지만 그것은 발전을 위한 충돌이라 생각합니다. 사람들은 모두 자기가 잘하는 분야와 하고 싶은 분야가 있어요. 자기 능력을 잘 발휘할 수 있는 일을 할 때 성취감을 느낍니다. 그래서 스스로 업무를 정하도록 하고 그것들이 화합을 이룰 때 효율의 극대화가 이루어진다고 생각해요."

그리고 또 하나 김 대표가 주장하는 것이 있다. 그것은 자율이다. 회사가 정한 비전에 맞춰 직원 각자는 스스로 업무 목표와 실시 계획을 세워 집에서 하든 회사에서 하든 자율적으로 추진하도록 주문한다. 많은 시행착오를 겪었고 높은 업무 강도 등 문제점도 있었지만 지금까지 잘 극복해 왔고 시행 착오가 줄어들면서 효율은 높아지고 있다.

나름대로의 주장이 틀린 것은 아닌가 보다. 무한 경쟁 사회에서 자율과 책임을 통하여 자신 스스로 역동적으로 살아 있음을 느끼는 것이 넥스탑의 기업 문화가 되기를 희망한다고 한다.

김승수 대표는 "100퍼센트 유능한 인재라 할지라도 화합할 줄 모르면 더하기 밖에는 안 됩니다. 조금 부족하더라도 화합할 줄 알면 제곱이 될 수 있습니다."라고 말한다.

다시 말해 화합할 줄 모르는 100의 능력을 갖춘 사람 10명은 1,000이지만, 화합할 줄 아는 80의 능력을 가진 사람 10명은 800의 제곱 640,000이 될 수 있다며 화합의 힘을 주장한다.

SCENE 5
"생각은 깊고 짧게"

월급쟁이 연구원 출신이 창업을 했으니 가진 것 없이 시작한 것은 당연한 일이다. 물론 생기원 측의 창업지원 시스템은 생기원 내의 창업 보육 센터에서 기반을 닦을 수 있도록 지원해 주었다.

처음부터 몇 천 평 되는 자가 공장을 확보해야 하는 거였다면 김 사장은 엄두도 못 냈을 일이다. 게다가 겸직 창업으로 연구원으로서의 활동도 겸하는 창업이었기에 시작은 혼자 했지만 주변 동료들 덕에 심적으로나마 큰 위안

나를 기다려 주는 것은 아무것도 없다. 생각은 신중하게 하되 결정의 순간에는 결정하라. 최상의 결정이 아니라도 좋다. 안한 것보다 낫다. 세상은 행동하는 자의 것이다.

이 되었다. 다행스럽게 첫 해부터 매출이 꾸준히 증가하며 기반도 조금씩 다져나갔다. 다소 막연하게 열심히만 하면 되겠지 하고 시작한 지 3년이 다 되어갈 무렵 건실한 기업이 되기 위한 앞으로의 비전과 해야만 하는 일이 생겼다.

그동안 직원도 늘어 새로운 결정을 해야만 했다. 창업 보육 센터에 안주하며 작은 공간에 맞춰 일할 것인가 일에 맞춰 공간을 확보할 것인가 하는 것도 그 중 하나였다.

생기원에서 할애해 준 공간은 이미 부족해서 생산은 창업 보육 센터에서, 설계는 거래처 사무실에서 연구 개발은 또 다른 곳에서, 하고 있는 상황이었다. 그러다 보니 시간적 낭비도 컸지만 큰일을 하기에는 한계가 있었다.

김 대표는 2007년 여름 공장을 신축하기로 결정했다. 전문가를 붙여 수도권과 충청권을 물색하게 하고 며칠 단위로 후보군이 정해지면 직접 가서 위치, 주변 상황, 물류, 가격, 인허가 등의 조건을 검토하는 방식을 취했다. 하나가 좋으면 하나가 미흡하고, 이게 좋으면 저게 나쁘고, 썩 맘에 드는 곳이 없었다.

그러던 중 우연히 지인의 소개로 현재의 부지를 결정하게 되었다. 모든 것이 맘에 들었지만 문제는 자금이었다.

3년간 꿈을 같이한 모든 직원들이 열심히 일했지만 공장 신축을 위한 부지에서부터 건축을 위한 비용을 산출해 보니 턱없이 부족했다. 거래하고 있던 기업은행을 찾아갔다.

"제가 이곳에 공장을 지으려고 합니다. 일본으로 저희 제품을 수출하고 있

으니 엔화를 대출해 주셨으면 고맙겠습니다."

김노수 지점장은 이것저것을 물어 보더니 기술보증기금에서 보증서를 받아오면 대출해 주겠다고 했다.

사업 계획서를 들고 기술보증기금 천안지점을 찾아갔다. 공장용지를 구입하려고 하는데 현재 하는 일은 뭐고 앞으로는 뭘 하려 한다는 등 이런저런 설명을 했다. 사실 생긴 지 3년 된 회사를 인정하면 얼마나 인정하겠는가.

그런데 의외였다.

"우리 회사를 좋게 평가해 주시더군요. 그 당시 저희를 평가해 준 기보 장화동 지점장님과 김동균 차장님, 그리고 충남중소기업 지원센터의 김영수 박사님께 늘 감사하게 생각합니다. 이분들의 평가가 옳았다는 것도 보여 주고 싶었습니다. 아무튼 기보에서 써준 보증서를 들고 기업은행을 찾아가 엔화를 대출해 주겠노라는 약속을 받고 토지주와 상세 사항들을 협의하기 시작했어요."

하지만 상대는 비상식적인 거래 조건을 제시해 오는 것이었다. 이러저런 이유로 토지 거래가 되기 위해서는 토목 공사를 해야 하고 토목 공사는 당신들이 하되 만일 토지 거래가 허가되지 않으면 그동안 들어간 수 억 원의 공사비는 돌려 주지 않겠다는 조건이었다.

결정을 해야 하는 순간이었다. 그렇다고 놓치기도 아까웠다. 당초 시청으로부터 허가받은 기간 내에 목적 사업을 수행하기도 불가능한 상황이었다. 시청을 찾아 갔다.

시청으로부터 넥스탑이 공장을 짓겠다면 허가 기간을 연장해 줄 수 있다는 얘기를 들었다.

그러나 문제는 토지주가 이런저런 방해로 토지 거래 허가가 나지 않도록 하면 고스란히 공사비를 떼일 형편이었다. 적법한 절차와 시공만이 유일한 방법이라 생각하고 토목 공사를 하였다. 여러 가지 우여곡절 끝에 2007년 11월 5일 토지거래허가를 받았다.

행동의 아름다움을 느끼는 순간이었다. 넥스탑의 미래가 열리는 순간이었다.

잔금을 치르고 건축 계획을 세우고 18480m²여 평 부지에 4290m²여 평 건물을 지었다.

넥스탑(주)의 신공장은 경부고속도로와 천안시가 한눈에 내려다보이는 곳에 뒤로는 야산을 끼고 있는 정남향의 배산임수 조건은 물론이고 명당처럼 느낌이 좋다.

게다가 회사로 들어서는 진입로 양쪽으로는 배 밭과 포도밭이 마치 조경을 해놓은 듯 잔잔하게 펼쳐져 있어 자연조경 그대로인 아름다운 곳이다.

SCENE 6
"불어라 바람아"

공장 건축이 한창이던 늦은 봄 공사 현장을 방문했던 적이 있다.

"사장님, 앞이 확 트여서 그런지 바람도 많이 불고 날아갈 것 같은데요. 공장 지붕은 튼튼한 자재로 해야겠는 걸요."

“박 작가가 제대로 보았어요. 이곳은 주변 지역과 비교해서 비교적 바람이 많이 부는 곳이에요. 그래서 아주 좋아요. 부지를 확보할 때 무리를 해가면서도 이곳을 택한 이유가 시원한 전망과 바람 때문이지요.”

“그건 무슨 말씀입니까. 바람이 너무 세게 불면 먼지 많이 날리고 겨울에는 추울 텐데요.”

“아직은 외부로 유출하지 않은 비밀이 있어요. 우리 회사는 유압프레스 말고도 인류에 공헌할 수 있는 정말 의미 있는 일을 해보려고 준비하고 있어요. 사실 그동안 착실히 준비해 왔어요. 특허도 출원했고, 기초 연구도 끝냈어요.”

넥스탑(주)은 내년부터 지속 가능 신재생에너지 사업도 할 계획이란다. 갈수록 에너지 부족과 환경 문제가 심각해지는 상황이므로 화석 연료를 대체할 새로운 방식의 친환경 에너지원을 찾지 못하면 인류의 대 재앙이 올 수밖에 없다.

이를 조금이라도 해결하여 지속적인 인류 발전에 기여할 수 있는 기업이 되는 것은 아주 보람된 일이라고 생각한다는 것이다. 그 방법은 다름 아닌 바람을 이용해 물을 압축 저장시켜 안정적으로 양질의 전기를 만드는 신개념의 풍력 발전 장치란다.

이미 개발은 완성 단계에 있고 우선 올 하반기에 회사 내에 한 대를 설치하여 발생하는 전기를 공장 자체 전력원으로 사용할 작정이란다. 현재의 풍력 발전기는 설치 비용이 너무 많이 들고 차지하는 공간도 크다. 또한 효율도 좋지 않아 대체 에너지원으로는 부족한 점이 많다고 말한다.

넥스탑이 개발한 신개념의 풍력 발전기는 기존 풍력 발전기 대비 설치비와 소요 공간이 적어 어디에나 쉽게 설치가 가능하고, 에너지 저장이 가능하여 양질의 전기를 안정적으로 만들 수 있고 무엇보다도 기존 대비 효율이 배 이상 증대되는 것으로 전 세계 어떠한 신재생에너지 기술보다도 앞선 기술이라 말한다.

김 사장의 얘기를 듣고 보니 바람이 쌩쌩 잘 부는 신공장이야말로 새로 구상중인 풍수력 발전 사업을 하기에는 더없이 좋은 입지 조건이라고 느껴진다. 대한민국에서 역사의 한 페이지를 장식할 기업이 탄생할 날도 멀지않은 듯하다.

SCENE 7

대한민국에서 연봉이 가장 높은 회사

"장기적으로 어떤 회사로 만들 계획입니까."

"그거야 돈 많이 버는 회사지요. 돈 많이 벌어서 직원들에게 월급을 가장 많이 주는 회사를 만들고 싶어요."

"모든 회사가 다 여건만 된다면 그러고 싶지 않겠습니까."

"그렇겠지요. 지금도 어떤 회사인지는 모르겠지만 많고 적음을 떠나 제일 많이 주는 회사는 있잖아요. 그 회사보다 더 많은 혜택이 직원들에게 돌아가게 할 겁니다. 그러한 환경은 모두가 같이 노력한 결과니까요."

"특별한 방법이라도 있습니까?"

"뻔한 방법이지요. 연구 개발 게을리하지 않고 인류에 기여할 수 있는 제품을 만들어서 가능하게 할 겁니다."

"그래요. 뻔한 얘기지만 그렇게 생각하지 않는 회사도 많은 것이 현실인데 사장님 얘기나 눈빛을 보면 빈말은 아닌 것 같군요."

김승수 사장은 농담도 잘 한다. 한 잔 하면 휘청거리기도 하고 실수도 곧잘 한다.

그런 것들이 오히려 사람을 편하게 하고 인간적으로 느껴진다. 그런 그가 꿈꾸는 넥스탑(주)의 장기적인 비전은 이렇다.

자신들이 만든 전기가 자동차를 달리게 하고, 그들이 만든 전기가 밤을 밝히고, 그들이 만든 전기로 아이들이 웃고 즐기는 그런 세상을 만들어 보겠단다.

2008년 여름 무덥던 여름날 넥스탑(주)은 신공장으로 이전해 왔다. 10여 명이 조금 넘는 직원들이 새로 지은 공장에서 1만 톤 유압프레스와 일본으로 수출할 3천 톤급 분말성형프레스를 제작중이다. 기계 부피는 작아도 힘은 커야 하는 프레스로, 넥스탑(주)이 아니면 흉내내기 힘든 기술이다.

직원 수는 적지만 매출과 순이익 면에서는 남부럽지 않은 회사로 전 세계에서 최고의 기업이라는데 그 누구도 이의를 제기하지 못하도록 구슬땀을 흘리고 있다. 연구원 출신의 사장이 창업 3년 반 만에 일군 성공신화다.

[회사 개요]

대표 : 김승수

창립일 : 2005년 2월

주력사업 : 유압프레스 및 신재생에너지 분야

직원수 : 13명

매출규모 : 80억 원(2008 예상)

소재지 : 충남 천안시 입장면 가산리311−1

홈페이지 : www.nextop.com

전화 : 041−589−7400

회사 연혁

2005년	2월	넥스탑 창업 (한국생산기술연구원 연구원 창업)
2006년	4월	2006 동경 열대책 전시회 출품 (히트 스프레더)
2006년	7월	한국생산기술연구원 파트너기업 지정
2006년	11월	넥스탑주식회사로 법인전환
2007년	7월	부품/소재 전문기업 지정
2007년	8월	일본 KOHDAKI정기와 MOU 체결
2007년	9월	벤처기업 인증
2008년	3월	ISO9001 인증 획득
2008년	4월	기술혁신형 중소기업(INNO−BIZ) 인증 획득
2008년	4월	TS16949, ISO14001 인증 획득
2008년	8월	신재생에너지 전문기업 지정
2008년	8월	CE MARK 인증 획득(5천 톤, 일만 톤, 이만 톤 프레스)

(주)코텍
최주원 대표

한번 입사하면
스스로 올인한다

초여름 햇살이 따갑던 7월초 어느 날,
최주원 대표는 창원 터미널까지 직접 운전을 하여 데려다 주고도 뭔가 아쉬운 듯한
표정이다. 내가 선수를 치지 않고서는 불편한 마음 회사까지 안고 들어갈 것 같아
너스레를 떨며 말했다.
"아, 사장님. 지난번 전무님이 밥 사주실 때 두 그릇 먹었어요. 그러니 오늘은 안 먹
어도 배불러요. 서울 올라오시면 인사동에서 제가 한 잔 쏠 테니 괜한 신경 쓰지 마
세요. 11시 50분 차 놓치면 오늘 나주까지 못가요."
그제야 알았다는 듯 웃는 얼굴로 배웅을 한다.
5개월 전 코텍을 처음 찾아가면서 '공단 안에 있으니 특별한 거 있겠어. 그나마 매
출이 많은가 보지'라는 생각을 했었다. 하지만 '아, 이런 회사도 있구나' 하고 감동
을 하기까지는 회사에 들어선 지 30분도 걸리지 않았다.
회사 경영하면서 석사과정도 마치고 지금은 박사과정에 있다는 최 사장은 공부하
는 이유가 단 한 가지 기업의 기술 경쟁력 확보를 위해서라고 했다. 그리고 직원들
이 떠나기 싫어하는 회사로 만든 노하우는 별거 없단다. 골프 칠 시간에 책 읽고 현
장에서 직접 기술 지도하며 사장으로서 가져가야 할 월급만 받아 갔더니 회사도 잘
되고 직원들도 열심히 일하더란다.
그런 최주원 사장에게는 '키 큰 사람치고 부지런한 사람 없고 싱겁지 않은 사람 없
다' 는 말이 통하지 않는다.
그에게서는 엔지니어 냄새, 선생님 느낌이 한결 배어 있다. 지금 CEO가 아니 되었
다면 아마도 교사였을 거라는 그의 말처럼.

경력 13년의 아줌마(?) 계장님
"회사만 오면 신이 나죠"

(주)코텍의 공장은 비행기 날개, 전차포 표면 처리를 하는 작업 현장이다. 짐작으로는 '설마 여직원이 있다면 관리직뿐이겠지' 라는 선입견이 든다. 하지만 결코 그렇지 않다. 코텍의 공장 내에는 많지는 않지만 그래도 6명의 여성들이 남자들과 똑같은 일을 한다. 샌딩라인(Sand Blast)의 장상은 계장이 그렇다. 딸이 초등학교 다니던 시절 입사하여 이제는 그 딸이 대학을 졸업하고 사회에 진출했으니 어느새 13년을 회사와 함께 묵묵히 걸어왔다. 작업 현장이 집의 주방만큼이나 소중하면서도 편하고 즐거운 공간이 되어 버렸다. 이런 장 계장이 대견하고 고맙지만 범생이 스타일 사장으로서 워낙 표현력 없는 최주원 대표는 한 마디 던진다는 말이 그야말로 뒤퉁스럽기만 하다.

"이제는 반 남자 다 됐지요."

"워매, 사장님. 남사스럽게 그게 뭔 말입니꺼. 그 정도는 아니라예."

"부하 직원이 남자들이니까 남자나 다름없지요. 뭐."

"아니라요. 아그들이 '이모', '누님' 이라고 합니다. 젊은아~들하고 함께 있어서 얼마나 즐거운데예. 제가 말입니더 나이 든 소피마르소라예."

"하하하! 아이구 죄송합니다. 장 계장님."

"사장님은 모릅니더. 제 인기가 어느 정도인지. 지는 회사만 오면 그냥 즐겁습니더. 우리 팬들하고 늘 함께 있으니까예."

"역시 파워우먼이라니까."

"뭐, 다 좋은 회사 다니는 덕이지예. 어찌 보면 저 같은 아줌마에게도 기회를 주신 사장님 덕분이기도 하구요."

"오늘 장 계장에게 좋은 책 한 권 읽어보라고 권하려고 하는데. 책 선물 할 줄 미리 알았나. 왜 또 갑자기 칭찬을."

"없는 얘기 하는 거 아니잖아예. 어찌 됐든 나이 들어서도 일할 수 있는 기회 주셔서 감사합니더."

"그건 또 무슨 말입니까. 정년퇴직 하려면 아직 10년도 더 남았습니다. 하하!"

이 회사에는 장 계장 외에도 15년 근무한 김상훈 전무, 창업 멤버인 최주승 공장장 등 장기근속자들이 여럿 된다. 10년 전만 해도 이 회사가 그렇게 잘 나가는 회사는 아니었다. 규모 또한 지금의 절반도 되지 않았다. 하지만 그때의 직원들이 그대로 남아 있다. 최근 5년 사이에 회사를 그만 둔 직원은 근무 기간을 마치고 떠난 외국인 근로자 외에는 다섯 손가락으로 세어야 할 정도다. 이유는 뭘까.

"대학생 자녀 학비도 회사가 책임진다니까요"

중소기업 재직자들 중에는 나이가 들면서 개인 사업자로 돌아설 생각을 하거나 대기업으로의 점프를 꿈꾸는 이들이 적지 않다. 결혼을 하여 가정을 꾸리게 되면 가장들이 제일 먼저 걱정하는 것은 내 집 마련과 자녀 교육이다. 대다수의 중소기업에서는 이 점에서 회사가 자신들을 만족시켜 주지 못한다는 생각을 하기 때문이다.

(주)코텍에도 10년 이상 근무했다는 한 간부는 고등학교, 대학교 다니는 두 딸이 있다. 학비가 만만찮게 들어갈 때다. 중소기업 직원이라고 하니 만나는 사람들마다 하나같이 허리 휘어지지 않느냐고 묻는단다. 그런데 그건 참 모르는 소리다. (주)코텍은 직원 자녀들 학비는 대학교까지 전액 무상 지원한다. 그래서 어느 잡지사 기자는 (주)코텍을 탐방한 후에 기사 제목을 '대기업 뺨치는 복리후생을 추구하는 강소기업'이라고 뽑았단다.

투명 경영을 실천하는 최 대표는 직원들이 생계와 관련된 사소한 걱정 없이 편안하게 자기 일에 최선을 다 할 수 있도록 직원들이 원하는 것은 무엇이든 적극적으로 지원해 준다는 경영 철학을 고집한다. 자신이 욕심을 부리지 않으면 그만큼 직원들에게 더 많은 것을 해 줄 수 있다는 게 그의 경영지론이다.

입사 후 2년만 지나면 주택마련 자금도 융자로 지원해 준다. 직원 수나 매출 규모로 보아서는 대기업의 20분의 1도 안 된다. 하지만 회사 측의 지원은 가히 파격적이다.

이쯤 되고 보니 다른 기업에서는 보기 드문 현상도 나타났다. 이 회사는 인도네시아 인력이 15명이나 된다. 회사 측이 억지로 끌어들인 것이 아니다. 이에 대한 최 대표의 설명은 솔직담백하다.

"처음부터 인도네시아 인력이 많은 것은 아니었다. 먼저 근무하고 고국으로 돌아간 직원들이 소문을 퍼뜨렸다고 들었다. 우리 회사에 대해 긍정적이고 좋은 점을 많이 소개해 주어서 좋은 이미지를 갖고 선택했다고 한다. 내가 잘 하고 있는 점이 있다면 외국 근로자들이라고 해서 차별을 전혀 하지 않는다는 것이다. 그러다보니 외국 근로자들이 자청하여 토요일 특근도 하곤 한다. 사장 입장에서는 고마운 일이다."

임금도 복리후생도 차별하지 않는다. 오히려 외국 인력에게는 숙소도 제공해 준다. 그러다보니 입사하면 고국으로 돌아갈 때까지 도중에 이직을 하는 사람이 없다고 한다. 화학업체인 만큼 자칫하면 편견 때문에 오히려 꺼려할지도 모르는 직장이지만 (주)코텍에 입사한 직원들은 내국인이든 외국인이든 떠날 생각을 하지 않는다. 마치 꿀단지 속에 빠진 것처럼 말이다. 바로 그 꿀단지가 이 회사의 강점인 '일할 맛 나는 회사'라는 점이 아닐까 싶다.

독서 경영, 책값만 월 100만 원 지출

공부하기 싫은 사람은 (주)코텍에 입사하지 말아야 한다. "이 나이에 무슨 자격증을 취득해."라고 말하는 사람 역시 이 회사와는 어울리지 않는 사람이다.

(주)코텍은 입사한 지 1년이 지나면 장기 근속자로 남을 것인지 회사를 그만둘 것인지 정확한 답이 나온다. 자신이 일하는 분야에 자격증이 없으면 자격증 취득을 위해 공부를 해야 한다. 최주원 대표는 모르는 사람은 용서가 되어도 배우려 하지 않는 사람은 용서가 안 된다는 입장이다. 배울 수 있는 기회를 제공하고 도와 주는데도 하지 않겠다는 사람은 굳이 같이 걸어가야 할 운명이 아니라는 것이다.

7월초 저자가 회사를 두 번째 방문했을 때 직원 20여 명이 아침 7시인네도 출근을 하여 대회의실에 둘러앉았다. 7월 13일 국가자격시험에 대비하는 직원들로 회사 측은 이들을 독학으로 성공하라고 그대로 내버려 두지 않는다. 사장을 비롯해 각 부서장들이 능력별로 4등급으로 나누어 교육을 시킨다. 업무 시작 한 시간 전 미리 출근하여 자신의 능력 향상을 위해 노력하는 모습, 그리고 이들을 업그레이드시켜 주고자 애쓰는 간부들의 모습이 무척이나 인상적이었다.

최주원 사장은 말한다.

"생산직이라고 해서 단순히 업무 시간만 떼우면 된다는 생각을 하면 우리

CEO로서 자신의 월급만 가져가는 도덕적이고 투명한 인물이다. 회사의 회계에 관한 내용을 전직원에게 투명하게 공개한다. 또 고급 양복 한번 사 입지 않고 늘 검소하게 생활하는 사장의 철학이 직원들에게도 그대로 전달된다.

회사는 다니기 힘듭니다. 자기 분야 전문가가 되려면 노력해야지요. 전문가가 없는 회사에서 생산되는 제품을 누가 좋아하겠습니까. 본인은 실력을 향상시키고 회사는 그로 인해 품질이 향상되면 결국 고객들로부터 인정받게 되고 회사 매출이 높아집니다."

이 회사는 표면처리 회사다. 하지만 공장 내부에 들어가면 3정 5S 관리가 제대로 되어 있다. 냄새가 코를 찌를 것이라는 선입견은 한순간에 사라진다. 온도가 높은 것을 제외하면 화학 약품을 이용하는 회사라는 생각이 전혀 들지 않을 정도의 작업 환경을 갖추고 있다. 직원들은 방문객의 발걸음에 시선을 주지 않는다. 자기 일에만 몰두한다. 하나같이 전문엔지니어라는 자신감을 갖고 일하는 사람들이기 때문이다.

이처럼 생산 현장 직원들이 전문가가 되기 위한 공부에 부지런을 떨고 (주)코텍의 직원이라는 자존심이 강한 이유는 또 다른 곳에서 찾아볼 수가 있다. 2층 사무실의 한쪽 책꽂이에는 600~700여 권에 달하는 다양한 책들이 꽂혀 있다. 이 회사는 월 100만 원을 직원들의 도서 구입비로 할애한다. 단 원칙이 있다. 모든 책은 같은 책을 두 권 구입한다. 직원들이 돌려보다 보면 분실되는 일도 있기 때문에 회사 측은 아예 처음부터 만일을 위한 보관용과 대여용을 동시에 확보하는 것이다. 특히 전문서적이 많은 관계로 이같은 방침은 매우 효과적이라고 한다.

어떤 책이든 자신이 보고 싶은 책이 있을 경우 제목만 써 내면 책을 읽을 수 있고 입사 1년 이내에 자격증 하나는 거머쥐는 회사, 그러다보니 회사에 애착이 생겨 터줏대감으로 눌러앉게 되는 회사. 바로 (주)코텍의 오늘이다.

은행 직원에게 각서를 쓰다

(주)코텍이 문을 연 지 어느새 20년이 코앞으로 다가왔다. 3300m²평에 달하는 부지 위에 건물이 4동이나 되지만 이마저도 이제는 부족하여 신규 사업팀은 다른 지역에 공장을 얻어서 시작하고 있다. 물론 처음에는 도금이 무엇인지도 모르는 사람들 두 명 데리고 남의 회사 공장 한쪽 49.5m²평을 임대하여 출발했다.

"창업에는 관심이 없었습니다. 대학 졸업 후 중소기업이었지만 생산, 기술, 영업 등을 두루두루 배우면서 일할 수 있는 직장에서 좋은 경험을 쌓았어요. 하지만 어느 날 갑자기 회사의 주인이 바뀌면서 젊은 저에게 야망이 생기더군요. 차라리 창업을 하는 것이 낫지 않을까."

이렇게 하여 그는 당시 모아눈 9백만 원을 밑천으로 하여 은행 대출을 받는 등 어렵게 사업을 시작했다. 옛말에 '애는 작게 낳아서 크게 키워라'는 말도 있듯이 이 회사 역시 시작은 아주 작은 모습이었다. 그나마 다행이었다. 새벽에 출근하여 다음날 새벽 한두 시까지 일하는 날이 하루 이틀이 아니었다. 이렇게 6개월쯤 지나니 임대를 내준 회사의 공간까지 다 써도 모자랄 정도로 일이 늘어났다. 하는 수 없이 495m²평의 공간을 확보해야만 했다.

문제는 당시 사방팔방으로 알아본 결과 얻게 된 건물이 1억2천만 원 되는 건물이었지만 문제(?)가 있는 물건이었다. 대출을 담당했던 은행 직원은 '만일 돈을 못 갚으면 공장을 은행이 가져가도 무관하다'는 각서를 쓰라고 했다.

직원들의 능력 업그레이드를 위해 자격증 취득과 전문성 강화를 강조한다. 능력 향상을 위해 노력하지 않는 사람은 스스로 도태될 수밖에 없는 기업 문화가 있다.

자존심이 상하는 조건이었지만 어쩔 도리가 없었다.

최 대표는 그때 기분은 '마치 가불로 월급 당겨 쓰고 주인 눈치 보면서 일하는 사람' 같은 심정이었다고 기억한다. 하지만 성실한 자에게 주어지는 축복이었을까. H중공업의 원자력 부품에 크롬도금을 하면서 일은 잘 풀려 나갔다. 3년 만에 대출금을 다 갚고 직원 수도 20명으로 늘어났다. 해가 갈수록 회사가 커지고 있다는 것을 느낄 수 있다는 것은 아주 행복한 일이다. 한순간의 대박은 아니지만 어제와 내일이 다르다는 것은 더욱더 열정적으로 사업에 올인할 수 있게 하는 에너지를 만들어 준다. 당시 30대의 혈기왕성한 젊은 나이였던 최주원 대표는 그때를 기억하면 지금도 힘이 솟구치는 것 같다고 말한다. 1995년 창업 6년 만에 지금의 본사 건물이 자리한 3300m²평의 부지로 왔으니 사장으로서 갖는 보람과 만족은 세상 그 무엇과도 바꿀 수 없을 만큼 뿌듯한 일이었을 것이다.

하지만 신은 모든 이에게 공평하다는 말처럼 기업을 이끄는 사장들에게는 오르막길이 있으면 내리막길도 나타나고, 포장도로만 달리다가도 어느 한 순간 비포장도로를 만나게 되기도 한다. (주)코텍의 최주원 대표는 어떠했을까.

절반의 직원 갑자기 나가고, 1년 연구 개발 물거품 된 사건 잊을 수 없어

지금의 (주)코텍 직원들은 이직률이 거의 제로다. 외국에서 온 인력들은 만

기가 오기 때문에 그만두는 것이지 그렇지 않으면 더 있고 싶어할 정도다. 최주원 사장은 업계 전문가이자 학창 시절부터 화공학을 전공했던 탓에 직원들에 대한 시선이 여느 CEO들과는 다르다. 자신이 걸어온 길을 걸어가는 후배들이기에 더 좋은 환경에서 더 알차게 배워 전문가로 거듭나길 소망한다.

물론 초창기에는 자금력부터 모든 게 부족하던 시절이었으니 맘껏 해주고 싶어도 쉽지 않았던 게 사실이다. 하지만 최 대표의 성품을 아는 사람이라면 그가 어려운 시절이었다 할지라도 직원들에게 서운하게 할 사람은 아니라는 것을 쉽게 읽을 수가 있다.

하지만 부모가 아무리 잘 해도 자식은 엉뚱한 길로 가곤 한다. 1997년이었다. 한창 잘 되고 있던 시절 생산, 기술, 영업에서 12명이 집단 사퇴를 하는 일이 발생했다. 총 직원 수 25명이던 시절 절반이 그만둔 것이다. 누군가의 주동에 의해 새로운 회사를 만들어 보고자 나름대로 의기투합한 일이었다.

중이 절이 싫으면 떠날 수밖에 없는 일이다. 하지만 주지스님이 있는 한 절은 문 닫을 이유가 없으며 신도들도 하루아침에 절을 찾아오지 않는 일은 없다. 힘든 고비였지만 최주원 대표는 엔지니어 출신으로서 회사 생산기술 전 시스템에 대해 가장 잘 아는 사람이었기에 큰 문제는 발생하지 않았다. 물론 사람들에 대한 배신감이 주는 상처는 말로 표현할 수 없는 일이었지만 CEO이기에 홀로 극복하는 수밖에 없었다. 경력 사원들의 빈 자리를 신입사원으로 대처하여 1년 동안 교육시키며 이끌었더니 매출은 전년도의 두 배로 늘어났다. 오히려 경제적으로는 이득이었다. 하지만 최 대표는 그 사건을 지금도 가슴 아프게 생각한다. '나가서 잘 되지도 못했으면서 꼭 그래야만 했는지'

라며 남아서 함께 성장하지 못한 그들을 안타까워한다.

기업을 운영하다 보면 어려움이 어디 한두 가지인가. 때문에 대다수의 중소기업 사장들은 한두 가지 부족하고 힘든 것쯤은 표시도 내지 않는 편이다. 최주원 사장도 그랬다. 하지만 중소기업 사장이라서가 아니라 정말 잊지 못할 사건이 그에게는 또 있었다.

"2004년도였어요 국방과학연구원으로부터 '차세대 전차무장 뇌경 크롬 도금' 과제를 받아서 1년여에 걸쳐 개발을 했어요. 당시 전량 수입하던 품목이라서 성공하면 국가적인 차원에서도 환영할 만한 일이었지요."

최 대표가 연구소장, 그리고 10여 명의 연구 인력을 이끌고 개발에 참여했다. 1년간의 노력은 결실을 거두었고, 드디어 국방과학연구원 관계자들이 보는 가운데 시험 사격장에 가서 발사를 했다. 그런데 이게 웬일인가. 한 발 쏘고 나니 도금이 일어나서 더 이상 사격을 못하게 된 것이다. 그 순간 최 대표는 쥐구멍이 있으면 들어가고 싶은 그런 심정이었다. 그야말로 망신살이 뻗친 거였다. 하지만 어쩌겠는가. 다시 연구 개발을 하는 수밖에 없었다. 그로서는 자존심이 크게 상하는 그런 일이었던 거다.

SCENE 6
그들의 노력 뒤엔 파티가 뒤따랐다

최주원 대표는 다른 것은 몰라도 표면처리 기술력에서만큼은 노하우가 있다고 자부해 온 터였다. 직원들이 작업 현장에서 문제가 발생하면 문자 메시지를 보내라고 한다. 해당 부서 팀장이 해결 가능한 거라면 그냥 넘어가지만 그 선에서도 해결이 안 되면 최 대표가 직접 달려가 해결하기도 한다. 단 그냥 문제만 해결하지는 않는다. 무엇이 문제였고 어떻게 처리하는지에 대해 현장 직원들에게 직접 시범을 보이면서 교육을 하는 쪽이다.

매사에 이처럼 섬세하고 철두철미한 그가 '차세대 전차무장 뇌경 크롬도금'의 실패로 망신을 당했으니 당시 그의 기분은 그야말로 '추락한다'는 게 어떤 것인지를 스스로 실감할 정도였다.

"뇌경은 순간 고압이 1만 기압 정도이며, 3300도의 고열을 견디어야 하거든요. 이게 문제였던 겁니다. 전차포에 대한 경험이 없다 보니 미처 생각을 못 했던 겁니다. 이같은 환경에서도 벗겨지지 않는 크롬도금 기술력이 필요했거든요."

최 대표는 기계연구원에서 해외 자료를 빌려다 공부하고 국방과학연구원으로부터 스위스 핫크롬 회사의 자료를 확보하여 관련 기술을 분석했다. 사격장을 이틀이 멀다하고 찾아가 시험사격하기를 반복했다. 1년여에 걸친 재작업 기간을 포함 2년 동안 투자된 자체 비용만도 20억 원이 소요됐다. 그 결과 국방과학연구원 측이 감탄할 만큼 우수한 제품이 생산되었다.

이에 국방과학연구원은 매스컴을 통해 우리 자체 기술력으로 '차세대 전차무장 뇌경 크롬도금' 문제를 해결했다고 밝히는가 하면, (주)코텍에게 그간 노고에 대한 감사와 축하의 파티를 열어 주었다. 일반 기업이 아닌 국가기관에서 얼마나 감동적이었으면 직접 와서 파티를 열어 주었을까. 최 대표는 아직도 관계자들이 수입포에 비해 오히려 우수하다는 얘기를 할 때마다 임금, 자녀학자금 지급, 주택 마련 등에 있어서 대기업에 준하는 지원을 아끼지 않는다. 대학 다니는 자녀가 두 명이면 두 명 모두 학자금을 지원해 준다.

자부심이 생긴다고 한다.

군수품 생산을 아이템으로 한다는 것은 쉬운 일이 아니다. 우선 기술력을 인정받아야 하고 시설이나 모든 면에서 완벽해야 하므로 사실 중소기업으로서는 쉬운 일이 아니다. (주)코텍은 이미 인정받은 기술력 덕에 2009년에는 새로운 기종의 차세대전차포의 도금도 하게 된다. 따라서 포 종류만도 5개를 처리하게 되므로 국방부 조달 물량이 전체 매출의 40%를 차지할 전망이다.

(주)코텍의 기술력에는 최주원 대표의 끊임없는 공부에 대한 열정이 큰 몫을 하고 있다. 회사를 키워오느라 바쁜 와중에도 관련 분야 석사 과정을 마친 그는 현재 박사 과정을 밟고 있는 중이다. 미국에서 표면처리를 전공한 지도교수 아래서 공부하기 때문에 실제로 회사 차원에서도 많은 기술력을 쌓는 계기가 되고 있다고 한다.

물론 주변에서는 이런 그를 보면서 한 마디씩 던진다.

"그 나이에 뭘 하겠다고 그래."

"욕심이 너무 많은 거 아냐? 사장이 공부만 해서 뭐해."

하지만 최주원 대표의 늦깎이 향학열은 여러 가지 이점이 있다. 무엇보다 회사 기술 노하우가 축적되고, 자신 스스로 만족스러우며, 또 자녀들에게도

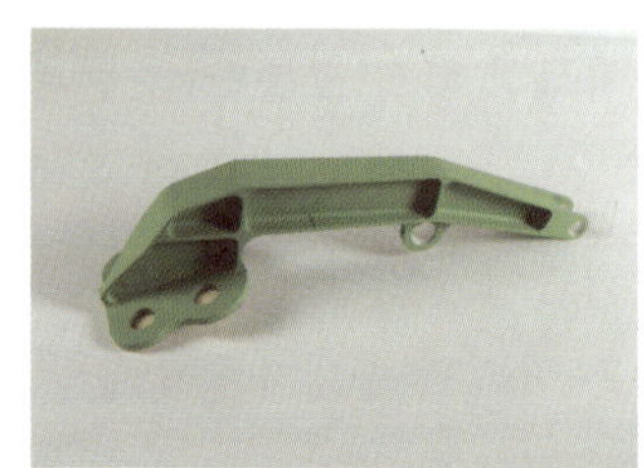

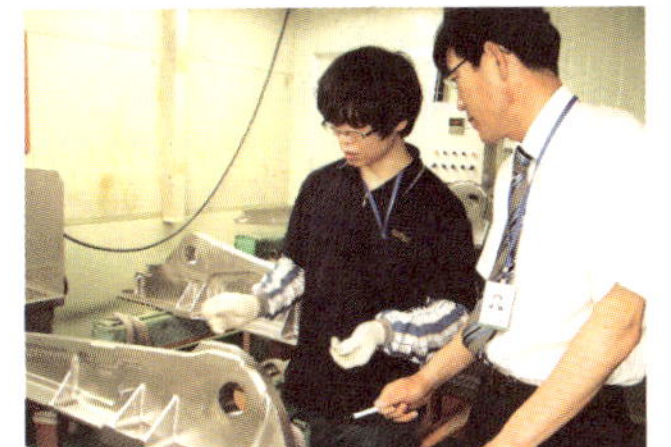

좋은 영향을 준다고 한다.

임플란트로 자체 브랜드를 달다

최주원 대표와의 인터뷰는 큰 굴곡이 없이 물 흐르듯 잘 이어졌다. 사업 전반에 걸쳐 충분한 이해가 곁들여진 그의 설명은 마치 개인지도 교사의 과외만큼이나 쉽게 풀려나간다. 그런데 한 가지 이해가 안 되는 부분이 있다. 항공기 날개와 전차포 표면처리가 주종목인 회사에서 임플란트 사업을 한다니.

"사장님, 임플란트 제조업을 하시겠다구요? 전 이해가 잘 안 되네요."

"아, 박 작가님이 문학을 전공해서 이런 분야는 잘 모르실 거예요."

"글쎄요. 임플란트하고 전차포는 아무래도……."

"우리 회사가 보유한 기술 중에 대표적인 것이 표면 처리와 세적 기술이거든요. 임플란트는 그 두 가지가 필수입니다."

"이런, 저의 무지함을 용서하십시오."

"전문가도 아닌데요. 게다가 우리 회사도 글로벌 시장을 장악할 수 있는 자체 브랜드가 필요하다는 판단에서 신규 사업으로 추진 중입니다."

(주)코텍의 주력 사업은 표면처리 분야에서 항공, 방산, 원자력 이 3개 분야에 주력하고 있으며, 계열사인 성일ENG를 통해 자동차부품, 도금설비, 세척기계 제작을 해왔다. 이제는 이 2개 축의 기술을 하나로 묶어 대량 생산을 할 수 있는 임플란트 시장에 뛰어들겠다는 얘기다.

"치과 분야 가공기술은 한국이 앞서 있습니다. 세계적으로 고령화 사회가 급속도로 진행되면서 임플란트 수요도 크게 늘고 있습니다. 세계 시장에서 경쟁해 볼 만한 아이템이라고 봅니다. 올 연말쯤 양산을 목표로 하고 있습니다."

최근 창원시 성주동에 마련한 임플란트 제조 공장에서는 제품을 만들어 임상 실험을 한창 진행 중이다. 또 매주 1회 치과의사들을 초빙하여 회사 측 핵심 인력들과 원탁회의를 진행하기도 한다. 최 대표는 무엇보다도 마케팅 전략이 중요하겠지만 '코텍 임플란트'라는 브랜드가 세계적인 브랜드가 될 수 있을 거라는 자신감이 있다고 말한다. 본래 말하기 좋아하고 거품 있는 말을 잘 하는 사장이라면 장에 손을 지져도 믿지 못할 얘기다. 하지만 최주원 대표가 하는 말이라면 믿음이 가고 또 기대해 볼 만한 일이다. 그간 CEO로서 그가 보여 준 성실과 깨끗한 경영 철학이 그 담보가 된다.

이같은 사업 다각화로 인해 올 매출 규모는 100억 원으로 예상되지만 내년의 경우 배에 달하는 200억 원이 될 것으로 기대된다. 방산 분야 매출도 늘어나지만 임플란트로 인한 신규 매출이 적지 않을 것으로 보이기 때문이다.

이 회사의 얘기를 들려 주면 대기업 직원도 눈을 깜박거리며 '그 회사 어디 있어요?'라고 물을 정도로 (주)코텍의 지금 모습은 중소기업 특히 제조업의 최상급(?)이라 해도 과언이 아니다. 이런 코텍의 미래를 훔쳐보는 일은 정말 즐거운 일이 아닐 수 없다.

[회사 개요]

대표 : 최주원

창립일 : 1989년 9월

주력사업 : 항공기 및 전차포 표면처리, 임플란트 제조

직원수 : 80명

취급물동량 : 100억 원(2008년 예상)

주소 : 경상남도 창원시 팔달동 20-13번지

홈페이지 : www.cotec.co.kr

전화 : 055-295-9695 / 팩스 : 055-295-9396

회사 연혁

1989년	9월	회사설립, 마산시 회원구 봉암동 666-47
1995년	7월	회사이전, 창원시 팔용동 20-13
2000년	10월	ISO9002인증 획득(한국표준협회)
2002년	1월	주식회사 코텍으로 법인 전환
2003년	4월	Messier-Dowty사 항공기 부품의 Hard Chromium Plating, Cadmium Plating 공급 가능 승인 통보받음
2003년	7월	BOEING사 Titanium상의 Chromium Plating 항공기 부품의 품질시스템 및 물품 공급 가능 승인 통보받음.
2004년	1월	기술연구소 설립(기업부설연구소 인정번호 제20041452호)
2004년	3월	대구경 내경 크롬도금 설비 준공
2004년	10월	일본 KAWASAKI사 항공부품도금 승인받음
2005년	2월	General Dynamics사 도금공정 승인받음
2005년	2월	AS9100/ISO9001인증 받음(BSI사)
2005년	4월	초음속항공기 T-50 특수공정(도금) 승인받음.
2005년	6월	마그네슘 아노다이징 개발 완료 양산품 생산(삼성 애니콜 V740)
2005년	6월	삼성테크윈 특수공정(도금) 승인받음
2005년	8월	NADCAP인증 받음(PRI사)
2006년	3월	Boeing사 B787 도금공정 승인받음.
2006년	7월	Parker사 도금공정 승인받음
2006년	11월	Boeing사 티타늄도금공정 승인받음.
2006년	12월	셰플러코리아 크롬도금공정 승인받음
2007년	8월	NADCAP인증받음(Surface Enhancement부문)
2007년	10월	LIG NEX1 특수공정인증서 받음
2008년	4월	사천공장 완공(경남 사천시 사남면 방지리 669-5)
2008년	6월	성주공장 완공(경남 창원시 성주동 24-11)
2008년	6월	NADCAP인증받음(NonDestructive 부문)

(주) 세노코
김선호 대표

성공가도를 달리는 CEO 12인의 풀스토리

자연으로 온 세상을
건강하게 물들이다

한 옆으로는 영산강 물줄기가 끝없이 굽이쳐 흘러가고, 다른 한편으로는 넓은 들과
낮은 산들이 정겹게 펼쳐지는 국도를 달린다.
먼 길을 기차 타고 온 손님(?)을 위해 광주 시내에서부터 픽업을 해 준
김선호 대표는 단아한 옷차림과 미소를 잃지 않는 환한 얼굴로
이런 저런 이야기를 끄집어낸다.
취재, 인터뷰
이런 언어는 재미없다고 해도 좋을 만큼 두서없이 주고 받는 대화는
호기심을 넘어서 사람 사는 얘기로 흘러간다.
"아이들 키우면서 사업하시려면 힘드실 텐데요."
"제가 동시에 두 가지를 잘 못해요. 사업 쪽에 치중하죠. 아이들한텐 늘 미안해요.
그래도 아이들이 참 착해요."
"빈틈이 없어 보이십니다. 목소리부터가 '똑' 소리 나시는 깃 같아요."
"일단 시작한 거면 최선을 다하자는 쪽입니다. 물론 자부심은 있어요. 우리 조상들
이 물려준 자연과 염색 기법을 활용하여 염색의 공장 자동화, 대량화를 만들었다는
것은 잘한 일이라고 봅니다."
천연 염색의 역사는 몇천 년에 달하지만 그간 수작업에 의존해 왔기에 현대 사회에
서는 생활이 아닌 작품(?)의 의미가 컸던 게 사실이다. 하지만 이제는 천연 염색이
친환경 시대를 주도하는 대중적인 산업으로 탈바꿈했다.
천연 염색의 고장 전남 나주 땅에서 김선호 대표와 (주)세노코가 주도한 일대 사건
이다.
겁 없이 뛰어들었다는 김 대표, 그는 작지만 강하고 강하지만 부드럽고, 부드럽지
만 도전을 즐긴다.

당당하게 받은 '환경친화경영상'

"상이라는 거 받으면 기분 좋은 거죠. 하지만 워낙 상도 많다보니 사실 그다지 관심이 없었어요. 하지만 환경친화경영상은 즐겁게 당당하게 받았어요. 나 스스로도 받을 자격이 있다고 생각해요."

지난 4월 17일 한국씨티은행과 중소기업연구원이 공동으로 주관한 '제1회 여성기업인상' 시상식에서 (주)세노코의 김선호 대표는 환경친화경영상을 수상했다. 남들이야 '축하한다' 정도겠지만 당사자인 김 대표로서는 의미 있는 일이었다. 그리고 이 상은 당연히 자신에게 주어져야 하는 상이라고 생각했다.

이유는 당연하다. 10년 전만 해도 천연 염색은 특별한 의상에만 접목되는 것 또는 체험학습 현장의 한 가지 아이템 정도로만 인식되어 왔다. 하지만 이제는 의류, 침구류는 물론이고 수세미까지 천연염색 제품이 등장했을 만큼 우리와 가까워졌다. 특히 친환경 시대를 맞이한 현재로서는 천연염색이야말로 환경 지킴이이자 그 상징처럼 친근하게 다가온다. 이런 분위기가 형성되기까지는 천연염색 전문가로서 천연염색 제품의 대중화 시대를 선도한 김선호 대표를 빼놓고서는 애기가 되지 않는다.

김 대표 그는 수작업으로 일관했던 천연염색 작업에 공장자동화 설비를 도입하여 대량 생산의 기틀을 마련한 장본인이다. 2000년 그가 염색 사업에 뛰어들 때 사람들은 말했다.

"무지개를 쫓는 거 아닙니까?"

"아니, 공부만 하신 분이 무슨 사업을 해요."

사람들은 자신이 가보지 않은 길은 무조건 힘들고 어려울 것이라는 생각을 한다. 그것은 도전하지 않는 자들의 공통점이며, 그런 이유로 그들은 일을 저지르지 못한다. 창업 당시 김선호 대표는 남의 말은 그냥 한 귀로 듣고 다른 한 귀로 흘려보냈다. 그 대가였을까. 줄잡아 5~6년 정도는 가시밭길 그 자체인 험난한 길을 걸었다.

하지만 이제는 '고생 끝 행복 시작'이라는 말을 할 수 있을 만큼 그는 한국의 천연염색 대량생산 시대를 열었다고 자부한다. 그리고 전 산업 분야의 친환경 시대를 선도하는 기업으로서 소비재 생산 기업들에게는 그야말로 없어서는 안 될 가장 중요한 친구가 되었다고 말한다. 힘들었던 만큼 결과는 화려하게 나타나고 있다. 올해 매출 60억 원, 내년은 100억 원을 훌쩍 뛰어넘을 전망이다. 아시아 최대의 공장과 기업부설연구소 그리고 핵심 인재들로 구성된 사내 인력 파워가 있다. 17건의 국내외 인증 획득과 8건의 지적재산권도 등록했다. 천연염색 분야 세계 최초로 독일 DIN 마크와 국내 최초로 친환경 마크도 획득했다. 더 이상 두려울 것도 힘들 것도 없다. 남은 것은 찾아오는 고객들의 수요를 적기에 충족시키는 노력뿐이다.

그러니 그는 사람들만 만나면 천연염색에 관한 한 코를 들며 말한다.

"땀 흡수 잘 하죠, 세탁해도 물이 안 빠지죠, 항균 작용으로 피부에 최적격이죠. 게다가 천연염료를 사용했기에 폐기물 처리 시에도 환경 오염이 없죠. 이 정도면 자랑할 만하지 않아요?"

" '3M'이 세노코를 찾아오다"

"사장님, 전화왔습니다."

"응, 어디인데?"

"○○기업이라는데요."

"알았어. 바꿔 줘."

"네, 김선호입니다. 무슨 일로 전화주셨지요?"

"천연염색에 대해 관심이 많아서요. 기회가 된다면 저희 회사도 힘을 합쳐보고 싶은데……."

"그러세요. 하지만 전화 잘못하셨네요. 저희는 그냥 독자적으로 해요."

천연염색은 21세기 친환경 시대가 요구하는 산업이다. 국내에서 이 분야의 개척자이자 선구자로 등장했으며, 경쟁자가 없을 만큼 시장 독주에 나섰다.

전화는 이런 식으로 끊지만 속에서 화가 치밀어오는 경우가 한두 번이 아니었다. 몇몇 대기업이 접근을 해왔지만 하나같이 핵심 기술이나 자료만 노출시키는 일이 되고 말았다. 대기업이라는 이유만으로 목에 힘주면서 이런저런 자료를 요구하는 것도 반갑지 않은 일이었다. 때문에 김선호 대표는 다른 기업들의 제의를 받아들이지 않고 처음부터 'NO' 하는 습관이 생겼다고 한다.

2006년 여름이었다. 어느 날 3M에서 직원이 찾아왔다. 연구개발을 같이 해보고 싶다고 제의했다. 그간 여러 차례 대기업들과의 관계에서 실망을 했던 터라 거절해 버렸다. 하지만 담당직원은 일주일 후에 다시 찾아왔다. 당시 3M 미국회장이 나주 천연염색 문화관을 다녀갔는데 그 후 세노코에 대해 알게 되었다는 거였다. 3M 직원의 두 번째 방문 시에는 김선호 대표도 마음의 문을 열기 시작했다.

"노트북컴퓨터를 가지고 와서 직접 자기 회사에 대한 소개를 하더라고요. 세계 68개국에 수세미를 수출하는데 한국에서만 월 30억 정도의 매출이 발생한다는 사실도 알게 됐어요. 그러면서 담당자는 친환경 소재를 찾고 있던 중 세노코의 천연염색을 접목시키면 좋겠다는 판단을 내렸다는 겁니다."

전 세계에 다양한 제품을 수출하는 글로벌 기업인 3M 입장에서는 환경에 대한 관심을 제품에 그대로 심어 넣어야 하는 상황이었다. 담당 직원의 매우 진지한 설명에 신뢰를 갖게 된 김 대표는 상대측의 제의를 받아들이기로 했다. 그 후에야 들은 얘기지만 3M 측의 세노코에 대한 인상은 '작지만 만만치 않은 기업'이라는 평가였다. 연구개발 협력과 계약 시 세노코는 상대측에게 까다로운 조건을 제시했는데도 그것을 다 수용했을 정도다.

1년여에 걸친 실험을 마치고 지난 2007년 하반기 두 회사는 공식 계약을 했다. 그리고 이어서 본격적인 제품 생산에 들어갔다. 대나무, 숯, 황토, 한방 약초 등으로 3M이 생산하는 8종의 수세미에 염색을 하여 친환경 제품을 선보이게 된 것이다. 이 제품은 프리미엄급 제품으로 2008년 시장에서 한창 마케팅을 펼치고 있는 중이다.

(주)세노코와 3M의 만남은 양자에게 향후 더욱 발전적인 모델을 만들어 낼 것으로 기대되고 있다. 이를 테면 (주)세노코의 천염염색 기술은 사람만 제외하고 3M의 모든 제품에 활용될 수 있기 때문이다. 지방의 작은 중소기업이 일군 글로벌기업과의 이같은 파트너십은 드문 일인 만큼 (주)세노코의 자존심을 세워 준다.

SCENE 3
"빚 떠안으며 시작한 천연염색 사업"

김선호 대표. 그는 일본 유학 시절 남편을 만나 결혼 후 네덜란드 생활을 거쳐 광주에 내려온 서울토박이 새댁이었다. 큰 고생 한 번 해본 적 없고 결혼 후 두 아이 낳고 살림만 하는 평범한 주부로 살았다. 그러니 사업을 시작한다고 했을 때 친정엄마는 물론이고 주변사람들의 걱정이 클 수밖에 없었다. 그녀가 믿을 건 단 한 가지였다. 대학과 일본에서 천연염색을 전공한터라 사업이 뭔지는 몰라도 천연염색에 관한 한 나름대로 자신이 있었던 거다.

사연은 이랬다. 외국에서 기계공학 공부를 하고 귀국한 남편 장홍기 박사 김선호 대표는 여성이지만 남성 못지 않은 도전 정신과 과감한 결단력을 지녔다. 사업에 뛰어들어 일을 추진함에 있어서 비교적 단호했고 배짱이 두둑했다. 그만큼 의지력도 강했다.

가 주변 동료들과 함께 한국천연물공학연구소를 설립하고 은행에서 대출을 받아 이런 저런 프로젝트를 연구했는데 팀원들이 도중에 대학으로 다 가버리고 남은 것은 장 박사가 대표로 받은 대출금 중 5천만 원만 고스란히 빚으로 남게 되었고. 이런 상황에서 김선호 대표가 팔을 걷어붙인 것이다.

당시 상황에 대해서 김 대표는 이렇게 말한다.

"처음부터 빚을 떠안고 사업을 시작한 거예요. 아마 지금 하라고 하면 못한다고 도망갔을 거예요. 그런데 참 '선무당이 사람 잡는다'는 말처럼 뭘 모르니까 용감하게 뛰어든 거죠. 사업이라고는 완전히 문외한이었으니까요."

사업가로서의 노하우는 없었지만 그에게는 천연염색 전문가로서의 다양한 지식과 '일단 한번 마음먹은 일에 대해서는 끝장을 보고 말겠다'는 의지와 열정이 있었다. 공장설비 비용을 최소화하고자 기계공학 박사인 남편은 공장 내 모든 설비를 직접 설계하여 제작했다. 당시 김 대표는 길을 가다가도 꽃이나 처음 보는 식물이 있으면 어디서든지 발을 멈추었다. 천연염색 재료로서의 가능성을 연구해 보고 싶었고 이미 천연염색 속으로 깊숙이 빠져들었던 터였다. 한 번은 나주시에서 꽃길을 조성했다가 시기가 다 지나니까 꽃을 그냥 버리더란다. 김 대표로서는 너무도 소중한 당신(?)이 아닌가. 그래서 그 꽃을 다 가져다가 연구 개발하는 데 아주 유용하게 사용했다고 한다.

공장 문만 나서면 지천에 깔린 게 감나무, 쑥, 쪽, 온갖 꽃들이니 그것들을 채취해다가 틈나는 대로 연구 개발에 임하는 김선호 대표는 돈에 쪼들려 힘들었던 것 빼고는 늘 즐겁고 행복한 시간이라고 말한다. 특히 그는 나주 땅에서 기업을 한다는 생각보다는 자연과 벗삼아 향토 문화를 일군다는 자부심이 크다고 한다.

SCENE 4
"내가 G은행 관리대상이라구요"

대기업이든 중소기업이든 기업의 흐름은 자금에 달려 있다. 한번 막히면 꼬리를 물고 막히기 때문에 자금의 흐름이 좋지 않으면 기업 성장에 발목이 잡히기 마련이다.

"한 달에 천만 원씩을 갚아 나간다고 생각을 해보세요. 하루도 머리 아프지 않은 날이 없어요. 주부로서 남편 월급 받아 생활하는 게 얼마나 마음 편하고 행복한 일인지를 사업하면서 알게 되었어요."

2003년부터 2004년까지 그는 50억 원을 투자하여 지금의 공장을 세우고 공장자동화 설비를 구축했다. 사업 경험도 없는데다 다른 유사한 공장 견학 한번 하지 않고 무턱대고 일 먼저 저지른 것이었다. 물론 그 이면에는 기계설계 분야의 전문가인 남편을 믿은 구석도 있었지만 가장 중요한 마케팅에 대한 고민 없이 큰일을 저지른 것만은 사실이었다. 공장 설비를 마치면 돈이 굴러들어오는 줄로만 알았다. 하지만 그게 아니었다. 천을 대량으로 구입해다 염색을 하여 침구류, 의류, 스카프, 넥타이 등 다양한 제품을 만들었지만 마케팅이 그렇게 저절로 되는 게 아니었다. 수요는 있지만 국내 현실로서는 대중적일 만큼 시장이 활성화되어 있지 않았다. 그러니 은행대출 받은 자금 상환 날짜만 돌아오면 속이 바짝바짝 타기 시작했다. 2004년부터 2006년 말까지

(주)세노코는 초기에는 자체 브랜드를 내건 다양한 제품을 판매했다. 하지만 마케팅에 쏟아야 하는 비용이나 인력에 대한 부담은 물론이고 재고 부담까지 안게 됐다. 이때 김 대표는 과감하게 염색 전문회사로서 아이템을 단일화시키고 마케팅 부담을 안아야 하는 제품 제조는 포기했다. 전문화를 위해서는 잘 한 선택이었다.

약 3년간은 혼자서 허구한 날 울었다고 한다. 그는 차라리 그 돈으로 서울에 집을 샀으면 아무 일 하지 않고도 넉넉하게 살 수 있었을 거라는 후회감이 자신을 더욱 힘들게 했다고 한다.

초등학생 자녀가 둘이나 되는 그는 오죽하면 극단적인 생각도 들었다고 한다.

"차라리 죽으면 좋겠다는 생각을 했어요. 사장이란 교도소 담장을 걷는 사람이라는 말이 실감나더라고요. 돈 못 갚으면 부도나고 결국 옥살이라도 해야 하는 거잖아요. 그때 심정 아무도 몰라요. 남편에게도 일일이 말하지 않았어요. 혼자서 한참 울다가 공장 2층에 올라가서 아래를 내려다보면 묵묵히 일하는 직원들이 한눈에 보입니다. 나 믿고 열심히 일하는 직원들을 보면서 생각을 바꿨어요. 나 한 사람 죽으면 그만이지만 남은 직원들은 어떻게 하나 싶어서 이를 물었지요."

염색 대행과 자체 브랜드 제품 판매로 인한 수익으로 공장 운영하고 은행 대출 이자까지 갚기에는 역부족이었던 것이다. 대외적으로는 세노코를 바라보는 시선들이 매우 긍정적이었지만 돈 가뭄으로 다급한 속사정은 김선호 대표 자신 외에는 그 누구도 알지 못했고 책임져 줄 사람도 없었다.

게다가 그의 마음에 심한 상처를 준 일화가 있었다. 자금연장 기일이 되어 G은행에 간 김 대표는 담당 직원에게 차마 듣지 말아야 할 얘기를 듣게 된다.

"사업은 잘 되세요?"

"뭐 쉬운 일이 있나요. 다 그렇지요."

"사장님, 그런데 저희 G은행 관리대상이어서 금리가 많이 인상되었네요."

"그게 무슨 말이에요. 제가 이자 안 낸 것도 없고 원금 상환이나 이자 날짜 어긴 적도 없는데 관리대상이라니. 무슨 말인지를 모르겠네요. 관리대상이란 게 정확히 어떤 것이죠?"

"예상보다 매출이 증가하지 않으니까 언제 부도날지 몰라서 늘 관리해야 한다는……."

그 순간 김 대표는 창피하기도 하고 또 한편으로는 기가 막혀 우습다는 생각이 들었단다.

그 후에 알아보았더니 전남 광주 권에서는 몇 십억의 대출을 받는 중소기업이 거의 보기 드문데 그것도 사업 초년생인 여사장이 큰 돈을 대출받아 금융권에서는 우려의 시선이 지배적이었던 것이다. 하지만 그는 그 말을 들은 후로 더욱 마음을 강하게 먹었다. 상환 날짜 어긴 적 없고 이자 한 번 늦어 본 적 없는데 관리대상자로 취급하고 있다니 이럴수록 매사에 철저해야 한다는 생각을 갖게 된 것이다. 어쩌면 그 말은 그로 하여금 더욱 열정적으로 사업에 빠져들게 하는 자극제가 되었는지도 모른다.

터줏대감들과의 조화를 이끌다

지방 어느 곳을 가든 한 가지 공통점이 있다. 여전히 사람 좋고 인심 좋은 것은 사실이지만 낯선 이방인에 대해서는 늘 경계한다는 것이다. 소위 그 지역의 터줏대감들이 '텃세'라는 것을 부리는 것은 예나 지금이나 변함이 없다.

천연염색은 예로부터 우리 조상들이 해오던 오랜 전통이자 문화다. 이를 현대 산업에 맞게 개발하고 발전시킨 것은 국가적인 차원에서도 손을 들어 주어야 하는 일이다. 게다가 현시대의 트랜드와 잘 맞물려 성공할 수밖에 없는 아이템이다.

2003년 (주)세노코가 나주 동수농공단지에 공장을 지으며 자리를 잡자 시끄러운 소리가 들려오기 시작했다. 나주 인근 전남 지역의 경우 전통적으로 천연염색 고장으로 지금도 수작업을 통해 천연염색을 하는 이들이 있다. 그들은 장인정신을 갖고 살아온 사람들이다.

초창기는 공장 설비하고 연구 개발하느라 정신없이 시간을 보내고 있었다.

어느 날 회사에 사람들이 찾아왔다. 지역 주민이 궁금해서 왔는 줄 알고 그냥 반갑게 맞이했다. 그런데 그게 아니었다.

"세노코가 우리 밥그릇 다 빼앗아 먹는데 어찌 우리가 가만히 있을 수 있습니까."

생각지도 않았던 일이었다. 당황스러웠다.

"아니, 그게 무슨 말씀이세요."

"사장님, 우리는 몇십 년 동안 이걸로 밥 먹고 살아온 사람들입니다. 그런데 여기서 염색을 대량으로 하여 판매하면 우리 같은 사람들 밥 굶어요. 아무리 돈이 좋다지만 너무한 거 아닙니까."

김 대표는 마치 사악한 죄인 취급하는 그들 앞에서 화가 나기보다는 적잖게 쓸쓸했다. 순수한 사람들이기 때문에 오히려 눈에 보이는 작은 것에 연연하는 것 같기도 했다. 진지하게 이해시키는 쪽이 나을 듯싶었다.

"여러분들 생각과는 다릅니다. 절대 여러분들에게 피해드리지 않습니다. 밥그릇이 다르잖아요. 유명 도공의 자기와 대량 생산하는 유명회사 자기는 다르잖아요. 여러분들은 여러분대로의 명성이 그대로 유지될 겁니다. 어쩌면 여러분들이 저에게 감사해야 할지 모릅니다."

"시방 그게 무슨 말여. 별소리를 다 듣겄네."

"아닙니다. 제가 천연염색을 대량으로 처리하여 천염염색 시장이 커지면 여러분들의 입지는 오히려 더욱 커집니다. 게다가 염색하는 데 쏟는 많은 시간을 절약하시고 그로 인해 생긴 시간을 바느질이나 다른 부분에 신경을 쓰시면 아마도 지금보다 더 훌륭한 작품을 만드실 겁니다. 저는 함께 잘 되길 원하며 그 길을 열기 위해 노력합니다."

몇 마디 말로써 그들의 걱정을 털어 내주기에는 역부족이었다. 중요한 것은 시간이었다. 시간이 흐르면 그들도 자연스럽게 같은 길을 가는 동반자로서 서로 도움 주고 받는 사이가 될 거라는 게 김선호 대표의 생각이었다.

아니나 다를까. 나주에 천연염색 문화관이 들어서면서 나주 지역의 천연염색은 더욱 빛을 발하기 시작했고, 한두 해 흘러가자 그들은 오히려 세노코가 염색한 천을 구입해다가 전통의상을 만들었다. 수작업으로 염색한 것들에 비해 오히려 세노코의 염색 제품이 물빠짐도 없이 좋은 제품으로 인성받고 있기 때문이다.

이제는 서로 웃고 편안한 사이가 된 나주 인근 전남 지역의 전통염색 터줏대감들과 (주)세노코. 더욱이 천연염색 문화관의 전시 및 이벤트 활동이 대외적으로 인정을 받으면서 이제 인근 지역의 천연염색 관계자와 업체들은 하나로 뭉쳐 관광 산업에도 일조를 기하고 있다.

SCENE 6

CEO + 직원들의 열정 드라마

"너희 아빠는 어느 회사 다니셔?"

"응. 울 아빠는 세노코 다니시는데."

"정말? 와 좋겠다. 우리 엄마가 그러는데 그 회사 엄청 좋은 회사라던데."

"그래 맞아. 우리는 이번 여름에 해외로 여행 간다. 아빠 회사에서 보내준데."

"진짜? 와, 좋겠다."

김선호 대표가 그리고 있는 세노코가 바로 이런 모습의 회사다. 자녀들이 엄마나 아버지의 회사에 대해 자부심을 느끼도록 만들겠다는 것이다. 향후 10년 이내에 이런 회사로 성장하는 것은 결코 무리가 아닐 듯싶다.

2007년이 되면서 (주)세노코의 김선호 대표는 더욱 힘이 났다. 부담되던 금융권 문제도 어느 정도 정리가 되었고, 3M의 협력 제안에 이어 국내기업으로서는 세계적인 유명브랜드가 된 영안모자 측도 손을 잡게 된 것이다. 영안모자는 미국의 프리미엄급시장 마케팅을 겨냥하여 유기농으로 재배하는 고급면사에 세노코의 천연염색을 입혀 제품을 만들고 있는 중이다. 이쯤 되면 국내외 유명브랜드 기업들로부터 인정과 신뢰를 받은 셈이니 더 이상 기술력이나 신뢰도에서 걱정을 하지 않아도 될 정도가 된 것이다. 게다가 미국 월마트에 천연염색 제품들이 전시되면서 미국 바이어들이 제 발로 (주)세노코를 찾아오고 있는 중이다. 'Nothface' 도 그 회사들 중 하나다.

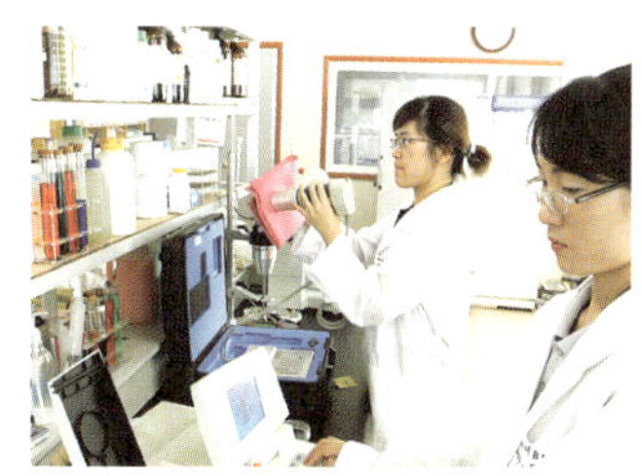

(주)세노코가 이렇게 되기까지는 김선호 대표의 열정을 믿고 따라와 준 직원들의 성실함과 열정이 큰몫을 한 게 사실이다. 현재 이 회사의 직원 수는 총 15명. 전원이 창업 시부터 함께 걸어왔다. 지방의 농공 단지에 자리하고 있기에 자칫하면 인력난을 겪을 수도 있었지만 직원들은 묵묵히 자기 일에 최선을 다해왔다. (주)세노코 직원들의 성실성은 이 회사 입구에만 들어서도 쉽게 알 수 있다. 처음 보는 낯선 얼굴일지라도 "어서 오세요.", "안녕하세요." 라는 인사를 먼저 한다. 그것도 공장 생산팀의 무뚝뚝해 보이는 남자 직원들이 의외로 반갑게 밝은 표정으로 맞이한다.

(주)세노코는 크진 않지만 아담한 정경이 한폭의 수채화 같다. 사무동 앞의 잔디 정원에서 계단을 타고 올라가는 포도나무에는 포도알이 송이송이 매달려 있다. 이 회사의 발전과 성장을 예고라도 하듯이 그 포도알들이 먹음직스럽다.

천연염색, 시대가 간절히 원하는 테마

"시장 환경은 급변하고 있어요. 2년 전부터 저는 확신을 가졌습니다. 분명히 되는 사업이거든요."

천연염료와 천연염색은 이제 수작업만으로는 불가능하다. 그만큼 시장이 커져가고 있고 시대가 절대적으로 요망하는 분야이기 때문이다. 2010년 세계 시장의 경우 천연염료만도 50조 원대에 달할 전망이다. 섬유, 화장품, 식

중소기업이지만 단순한 협력 관계나 OEM 생산 방식은 거절한다. '세노코'라는 자체 상표를 내걸고 글로벌기업들 앞에서도 당당한 자세를 취했다. 그것은 자존심이자 곧 생명력으로 작용했다.

품 등에는 이미 천연염료 사용이 활성화되어 있으며, 앞으로는 인테리어를 주축으로 한 건축자재 시장에서 보다 큰 시장 규모를 형성할 전망이다. 이미 (주)세노코가 3M과 함께 생활용품 시장에 진출했듯이 천연염색 염료 시장은 다이내믹하게 전개될 것으로 예상된다.

이 회사는 직접 제품을 제조하여 브랜드화를 통한 마케팅을 하기보다는 전문 염색업체를 지향하면서 염료 생산과 연구 개발에만 주력할 방침이다. 사업을 여러 갈래로 늘려가기보다는 전문화를 추구한다는 것이다. 또한 노동력은 최소화시키고 기술 노하우와 공장자동화를 통해 고부가가치 시장을 펼쳐나간다는 입장이다. 이미 직원 15명이 매출 60억 원대 매출을 올린다면 고부가가치 사업임이 증명된 셈이고 비전은 그만큼 밝을 수밖에 없다.

(주)세노코는 천연염색 분야 세계를 주도하는 명품회사이어야만 한다는 것이 바로 (주)세노코의 비전이자 김 대표의 야망이다.

하루 18톤의 천연염료와 2만5000야드의 천연염색 원단이 생산되는 아시아 최대의 천연염색 회사 (주)세노코.

자체 생산 가능한 염료와 염색 가공이 100여 가지에 달한다. 이런 세노코를 보노라면 김선호 대표가 너무도 크게만 보인다. 아무리 보아도 우아하고 고상한 사모님(?)으로만 보이는 그에게서 어떻게 이렇게 큰 힘이 나온 것일까 의아해 하지 않을 수 없다. 더욱이 현대 문명의 유혹과는 거리가 먼 쉽지 않은 신토불이(身土不二)를 추구하며 향토 산업을 이끌어가는 모습이란 갈채를 보내 주어도 부족함이 없을 듯하다.

[회사 개요]
대표 : 김선호
창립일 : 2000년
주력사업 : 천연염색, 염료 개발
직원수 : 15명
매출규모 : 60억 원
주소 : 전남 나주시 동수동 322-1 나주지방산단내
홈페이지 : www.senoco.com
전화 : 061-335-8919 / 팩스 : 061-336-8919

회사 연혁

2000년	8월	(주)한국천연물공학연구소 설립
2002년	7월	바이오벤처기업 인증
2002년	9월	ISO 9001 인증
2003년	3월	MOU체결(전라남도. 나주시. (주)세노코, 투자규모 : 150억 원)
2003년	5월	우량기술기업 선정
2003년	7월	(주)세노코 공장준공 및 상호변경
2004년	3월	KBS광주62주년기념 올해의 기획인상 수상
2004년	3월	실용신안등록(천연식용색소 추출 장치)
2004년	5월	(주)세노코 일본지사 설립
2004년	6월	부품. 소재 전문기업 선정
2004년	6월	이노비즈기업 선정
2004년	9월	기술혁신대전 국가기술혁신유공자 중소기업청장 표창
2004년	9월	실용신안등록(엘이디 광원을 이용한 색소식물 생육장치)
2005~6년		나주시 천연염색문화관 운영위원
2005년	4월	특허등록(천연안토시아닌 염료의 제조 방법)
2005년	4월	실용신안등록(천연염료 자동 추출설비 및 방법)
2005년	6월	ISO 14001 인증
2006~7년		수출유망중소기업 지정
2006년	1월	특허등록(화산석(송이) 천연염료 및 제조 방법)
2006년	2월	독일 DIN(친환경)마크 획득
2006년	11월	특허등록(천연염료 자동 추출설비 및 방법)
2005년	5월	특허등록(감귤박 활성숯 염료 및 이의 제조 방법)
2007년	7월	친환경표지인증서 획득(친환경상품진흥원)
2008년	4월	Citi-KOSBI 여성기업인상(환경친화경영상) 수상

(주)정문
곽희부 대표

별난 CEO, '名蔘大家'로 글로벌 시장을 뚫다

"언제 안 내려옵니꺼?"
"사장님이 보내 주신 홍삼 먹고 덕분에 힘이 솟아서 일을 많이 하고 있습니다."
"정부에서 새로 밝힌 중소기업 지원정책 있으면 알려 주소."
"네, 열심히 알아보겠습니다. 유 과장도 잘 있고 직원들 다 잘 계시죠?"
"그라지요. 박 작가도 몸 생각하며 일하소. 그럼 다음에 봅시더."

곽희부 대표와는 월간지 취재와 중진공 사례집 건으로 몇 차례 만난 터라 아주 편안한 사이가 되었다. 언젠가 인사동에 와서 함께 차를 마신 적도 있었는데 큰 체구와 시장이라는 직함과는 어울리지 않게 꽃다발을 가슴에 안고 온 게 아닌가.
"집의 사모님 갖다 주소."
낯선 서울에 올라와서 그것도 밝은 대낮에 50대 사장이 꽃다발을 손에 들고 거리를 걸어 다녔다니 참으로 그 정성이 놀라운 일이다. 게다가 더 놀란 것은 지하철을 타고 이동했단다.
올해로 25년째 사업을 했다. 그런데도 곽 대표는 늘 검소하고 소탈한 모습 그 자체다. 단 한 번도 겉치레에 신경 쓰는 법이 없다. 목소리 크고 성격도 조금은 급해 보이지만 그는 늘 정이 많고 웃는 모습이다.
젊은 20대 시절부터 사업을 해오면서 우여곡절도 많았을 터이고 나름대로 쉽게 살아가는 법쯤은 터득했을 법한데 전혀 그런 모습을 발견할 수가 없다. 술 담배도 하지 않고 골프도 치지 않으며 금욕적인 생활을 하면서 오직 하나 사업에만 올인해 온 기업인이다. 이런 곽희부 대표를 보면 시장 경쟁이 치열한 건강기능식품업계에서 브랜드파워를 키우며 200억 원대 매출을 유지하는 이유를 알 것만 같다.

신뢰 하나로 부도 위기 딛고 다시 일어서다

"사장님, 어쩌지요. ○○백화점도 부도났다는데요."

"그래? 그럼 은행에서 연락왔나."

"네. 이거 큰일이네요. 한두 군데도 아니고……."

"○○○백화점은 어찌 됐나."

"아마 거기도 오늘을 넘기기가 어렵다고 하는데요."

"이거 뭐 이런 일이 있노. 한꺼번에 다 무너지면 어쩌라는 기야."

1997년 12월 말. 부산 대구 지역의 백화점과 대형 쇼핑센터들이 우르르 무너져 버렸다. 거래처들로부터 물건 납품 대금을 어음으로 받아 이를 은행에서 할인을 받아 현금으로 융통하던 시기였다. 한두 곳도 아니고 동시다발적으로 여러 개 업체에서 부도가 나다보니 은행에 메꿔야 할 돈이 12억8천만 원이었다. 이쯤 되면 (주)정문도 어쩔 수 없이 부도를 낼 수밖에 없는 상황이었다. 1982년 건강보조식품으로 사업을 시작한 지 꼭 15년 만의 일이다.

이때 곽희부 대표는 생각을 했다. 사업 시작할 때의 초심 바로 '부도내지 말자' 는 것이었다. (주)정문이 부도를 내면 연쇄 부도로 인해 원료를 제공한 거래처들이 또 부도가 나기 마련이다. 다른 사람도 아닌 농민들에게까지 피해를 주면 안 되겠다는 생각에 집 팔고 모든 재산 다 정리했는데도 돈은 모자랄 수밖에 없었다. 오래 전부터 거래를 유지해 온 서울 경동시장쪽 지인들로부터 돈을 끌어댔다. 공장 가동도 멈춘 상태였지만 그래도 신용이 좋아서 아무 말 없이 부도 위기 직전의 회사 어음을 받아 주었다. 쉽지 않은 일이었지만 곽희부 대표의 대외적인 신뢰도는 그만큼 대단했다. 그때를 기억하면 곽 대표는 사업을 그만두고 싶은 심정이 저절로 든다고 한다.

"제가 받은 어음은 다 휴지 조각이 됐습니다. 하지만 저는 다른 이들에게 피해주지 않으려고 애를 썼지요. 위기는 가까스로 넘겼지만 그 돈을 다 해결하기까지는 자그마치 8년이나 걸렸습니다.”

대구 경산에서는 모르는 이가 없을 정도로 향토 기업으로서 뿌리를 깊이 내린 (주)정문은 10여 년 전 이같은 일을 겪었지만 지금은 매출 200억 원대를 내다보는 탄탄한 중소기업으로 성장해 있다. 대표적인 제품 명삼대가 ‘홍삼정골드’를 비롯해 100여 종의 건강기능식품을 가공 판매하는 이 회사는 현재 국내백화점, 할인점, 대형 쇼핑센터에 130여 개의 매장을 확보하고 있으며, 미국 시장에도 진출하여 마케팅 파워를 확대해 나가고 있는 중이다.

우리나라의 경우 중소기업이 가장 구축하기 힘든 게 유통망 확보다. 대부분 대기업 제품들이 유통 시장을 장악하고 있어 대형 매장 진입은 그야말로 꿈이며 성공을 보장받는 티켓으로 여겨진다. 하지만 곽희부 대표는 이미 90년대부터 유통망 확보에는 남다른 능력을 발휘했다. 오직 하나 대형점 입점 후 매출이 낮아 퇴출되는 일이 없이 판매력으로 자리매김하는 것이었다. 이는 단순하지만 가장 빠르고 정확한 답이었다.

이제 국내 유통시장에서는 업계 손가락 안에 꼽히는 인지도와 신뢰가 형성된 만큼 향후 전략은 글로벌 마케팅에 모아지고 있다.

술 골프 운전과는 거리가 먼 별난(?) CEO

곽희부 대표는 가끔씩 낯선 질문을 받는다.

조금 주책스러운 사람들은 이런 식의 질문을 한다.

“사장님, 혹시 색맹이세요?”

“네?”

“운전을 하지 않으셔서요.”

“색맹은 아닌데요. 운전 하는 걸 좋아하지 않습니다.”

그런가 하면 또 어떤 이들은 말한다.

“사장님, 왜 술을 안 드세요. 골프도 안 치신다면서요?”

곽희부 대표의 사업 기질은 돌진형이다. 어떤 선택을 하면 과감하게 밀고 나간다. 힘들면 힘든 대로 부딪혀가면서 어떻게 해서든 목표점에 도착하는 적극적이고 과감한 성격이다.

"네. 저 술 안 좋아하고 골프는 치러 다닐 시간이 없습니다."

"그러세요. 그거 안하면 사업하기 힘들다고 하던데……."

"글쎄요. 저는 그런 거 안해도 사업 잘 합니다."

술 안 마시고, 골프 안 치고, 운전 안 하니까 사람들은 마치 그를 이상하게 보는 눈치다. 하지만 이 세 가지는 사업하면서 늘 철칙으로 삼은 초심이다. 곽 대표의 말은 아주 간단하다.

"차 있으면 골프치러 다니고 놀러 다니고 싶잖아요. 저는 그런 거 싫어합니다. 술도 젊은 시절에는 좋아했지만 사업하면서부터는 멀리했습니다. 남들은 사업하면 으레 그 두 가지가 필수라고 하지만 저는 저만의 초심을 지키려고 합니다."

화통한 성격에 아는 사람들도 많으니 누가 보아도 술 좀 마시겠다 싶지만 그 반대다. 회사에 출근하면 새로운 제품 개발이나 홍보 전략 짜내느라 머리가 아플 정도인데다 여기저기서 걸려오는 전화가 한 시간에 수십여 통이나 된다. 게다가 시간 쪼개서 매장도 들러야 하니 하루하루가 어떻게 돌아가는지 모를 정도다. 그러니 한가하게 골프치고 술 마실 여유가 없다고 한다.

실제로 저자는 여러 차례에 걸쳐 곽희부 대표를 만났다. 그때마다 그의 핸드폰은 한 마디로 불이 났다. 오죽하면 인터뷰를 시작하면 전화가 걸려와 방해를 하곤 해서 처음에는 불쾌함마저 가졌지만 사업상 걸려오는 전화라는 걸 알고 또 그만큼 바쁘게 산다고 생각하니 가벼운 오해쯤은 쉽게 풀어졌다.

술은 물론이고 흡연도 하지 않으며, 골프 접대도 하지 않는 그를 보면 정도(正道)를 걷는 CEO라는 말이 저절로 떠오르게 된다. 이런 그의 생활 철학이 오늘의 (주)정문을 있게 한 원동력인지도 모를 일이다.

110

좌충우돌 수출 시장 찾아 나서기

부도 위기를 딛고 다시 일어나서 내수시장 유통망 확보에 총력을 기울인 결과 마케팅 터전은 다시 안정화되고 매출도 날로 증가했다. 2002년 말 당시 매출이 70억 원대에 달했다. 하지만 2002년 새해 들어서면서 곽희부 대표는 새로운 고민에 빠졌다.

"왜 그거 있잖습니까. 몇백만불 수출탑 그런 거요. 해외로 수출하는 기업들을 보면서 생기는 부러움과 질투심을 감출 수 없었어요. '언제까지 국내 시장에만 매달려야 하는 걸까', '이러다 우물 안 개구리 되는 건 아닐까' 라는 생각이 드는 겁니다."

식품을 해외로 수출한다는 것은 쉽지 않은 일이다. 서로 문화가 다르고 식품의 특성상 맛과 효과 그리고 꾸준히 소비해 줄 고객과 기업의 신뢰성이 확보되지 않으면 힘든 일이다. 어찌 보면 무모한 도전 같았다. 하지만 한동안 고민 끝에 내린 결론은 '일단 해보자' 는 것이었다.

직원 수 40여 명 이상 됐지만 대부분 생산직과 매장 판매직 위주여서 마땅히 수출을 담당할 전문 인력도 없었다. 일단 직접 몸으로 부딪혀보자는 게 나의 소신이었다. 그해 가을 마침 **KOTRA**에서 해외시장 개척활동 참가자를 모집했다. 기회는 이때다 싶어서 무작정 참여했고, 그때 스리랑카, 인도, 인도네시아 등지로 11일 동안 출장을 떠났다.

현지에 대한 자세한 정보도 모르고 영어 실력이라고는 인사나 할 수 있는 수준인 나는 여기 저기서 얻어낸 바이어들 연락처 하나만 믿고 보따리 장사꾼들이 들고 다니는 대형 가방에 제품 샘플을 가득 채워 비행기를 탔다. 시장 개척 활동인 만큼 현지에서의 활동은 개별적으로 이루어졌다. 현지에서 소개받은 통역가이드와 함께 무거운 가방을 끌면서 여기 저기 찾아다녔지만 이름 없는 외국 중소기업의 제품을 반겨줄 리가 없었다. 더운 나라들인지라 유독 땀이 많은 체질인 그로서는 속옷을 흠뻑 젖을 만큼 흘러내리는 땀과의 혹독한 전쟁을 치러야 했다. 그나마 바이어라도 제대로 만나는 날은 제품을 소개라도 할 수 있어서 고생이 되어도 기분은 뿌듯했다. 어떤 날은 물어물어 어렵게 바이어를 찾아갔지만 '그런 사람 없다'는 말을 듣고 허탈하게 뒤돌아서야 했다. 첫술에 배부를 수는 없는 일. 처음 겪은 시장개척단 활동의 결과는 바이어들 명함 얻어오는 수준에서 끝났다.

시장개척단 활동 후 가장 뼈저리게 느낀 것은 '브랜드'였다. 제품 포장에 새겨진 '고려홍삼'이라는 상호로는 경쟁력이 없다는 생각이 들었다. 국내 시장에서야 역사가 오래 되어 그나마 매장에서는 신뢰가 있다지만 장기적으로 볼 때 국내든 국외에서든 브랜드파워가 없이는 비전이 없다는 판단에 '名蔘大家'라는 브랜드를 만들어 상표출원 시키고 우리가 제조하는 모든 제품에 상표를 달았다. 그리고 시장개척단 활동에서 건져온 바이어들의 명함을 주고 지속적으로 전화 마케팅을 했다. 하지만 쉽지는 않았다. 동남아 국가들의 경제적 수준이 우리보다 낮아 홍삼과 같은 고가의 건강 제품을 필요로 하는 수요가 많지 않았기에 바이어들의 반응은 그다지 좋지 않았다.

수출을 향한 열정이 조금씩 식어갈 무렵이던 2004년 7월 마침 '뉴욕모국

112

농산물특산물 박람회'가 열린다는 정보를 알게 됐다. 교민들을 위한 행사인 만큼 홍보 효과는 물론이고 실제 판매 효과도 있겠다는 판단 하에 참가 신청을 하고 홀홀단신 뉴욕으로 갔다.

"당시 경기도와 경상북도의 기업들이 참여했는데 홍삼 부문은 우리 회사 외에도 2개사가 더 있었습니다. 그런데 생각지도 못한 그야말로 '대박'이 터졌어요. 행사 기간은 3일이었는데 우리 제품이 이틀 만에 다 팔린 겁니다. 매출이 1천5백여만 원에 달했어요. 게다가 뉴욕이었으니까 의외로 많은 외국 바이어들이 행사장을 찾아와 제품을 알리는 홍보 효과도 컸습니다."

행사 후 한국으로 돌아오자 멀리 스페인으로부터 주문전화가 걸려왔다. 지금은 친구처럼 친해진 스페인 바르셀로나의 제약도매상 'HERBISA'였다. (주)정문의 제품을 자신이 거래하는 약국에서 판매토록 하겠다고 밝히면서 원하는 규격과 형태를 제시해 왔다. 첫 번째 직수출이었던 만큼 그의 요구 조건을 100% 반영하여 만든 제품 '홍삼타브넷'이 그해 말 저음으로 선적되었다. 반응은 기대 이상이었고 그 후 지금까지 대량은 아닐지라도 꾸준히 수출이 이어지고 있다.

SCEEN 4

믿는 도끼(?)에 발등 찍히다

곽희부 대표는 유통업으로 시작하여 제조업까지 뛰어든 경우다. 때문에 사람 관리나 비즈니스는 두루두루 베테랑이다. 더욱이 사람 좋아하는 성격인지

백화점, 할인점, 대형점 등 130여개 점에서 제품이 판매되고 있으며, 최근에는 미국시장에도 진출해 있다. 브랜드 인지도는 물론이고 신뢰성면에서 소비자들로부터 인정받을 수 있는 기초가 다져져 있는 셈이다.

라 늘 웃는 얼굴에 호탕한 말투가 처음 만나는 사람도 쉽게 친해지게 만드는 그런 스타일이다. 하지만 아무리 베테랑일지라도 자신도 모르는 사이에 함정에 빠질 때가 있다. 1997년 부도 위기까지는 아니지만 곽 대표의 머릿속에 남아 있는 속상한(?) 일이 또 있다.

2005년 초였다. 어떻게 (주)정문을 알았는지 필리핀에 거주하는 교민 B씨가 전화를 걸어왔다. 홍삼 제품에 관심이 많다면서 여러 차례 상담을 의뢰했고 나중에는 직접 회사를 찾아왔다. 생산 과정을 눈으로 확인하고 자신이 원하는 제품에 대한 조건도 제시했다. 샘플 제품을 만들어 그로부터 OK가 떨어지기까지 10여 개월의 시간이 흘렀고, B씨 또한 (주)정문을 여섯 차례나 방문했을 만큼 제품에 애착을 가졌다. 그러니 곽희부 대표로서는 그를 믿을 수밖에 없었다. 가뜩이나 수출 시장을 뚫으려고 갖은 고생을 했던 터라 B씨에게 거는 기대는 클 수밖에 없었다. 그가 원한 제품 수량은 대량이었기에 곽 대표로서는 본격적인 수출 시대의 도래쯤으로 여겼다. 기대가 크면 실망도 큰 것일까? 그야말로 낭떠러지로 추락하는 듯한 실망감에 빠져들지 않을 수 없는 일이 벌어졌다.

B씨가 원했던 제품 2천여만 원(제조원가) 어치를 생산하여 필리핀으로 보냈다. 하지만 3개월이 지나도 대금은 입금되지 않았다. 현지의 B씨와 연락을 취했지만 그녀와는 연결도 잘 되지 않았다. 사기를 당한 셈이었다. B씨가 판매하다 남은 제품을 돌려보냈는데 이 또한 골칫덩어리였다. 제품 10여 박스 찾는데 비용이 무려 150만 원이나 들어간 것이다.

곽희부 대표는 당시를 기억하면 지금도 속이 쓰리다고 했다. 입 밖으로 욕

한 마디 속시원하게 내뱉지 못하고 스스로 삭이면서 '내 탓이오' 라고 말하기에는 너무도 억울하고 화나는 일이었기 때문이다.

미주 시장에 도전장을 내다

곽 대표가 부지런을 떨며 시장개척 활동에 여러 번 참가하다보니 여기저기서 전화도 걸려오고 샘플 주문도 나타났다. 하지만 그 중에서도 자신감을 심어 주며 희망을 갖게 한 것은 미주시장 개척 활동이었다. 오랫동안 오직 한 길만 걸어온 나의 경력이 빛을 발한 걸까. 초창기 유통업을 펼치던 시절 만났던 국내의 동종업계 사람들 중 몇몇이 미국 교민들이 많은 지역에서 같은 활동을 하고 있었고 그들로부터 미국시장 진출의 비법을 알게 된 것이다.

미주시상 신출을 위해서는 먼저 식원을 파견시키는 것이 급선무였다. 사실 일은 시작할 것인가 말 것인가 그것을 결정하기까지가 어렵다. 결정만 하면 불길 속이라도 거침없이 뛰어들어 승부를 내야 한다는 게 곽희부 대표의 사업지론이다. 미주시장 진출 결정을 내리고 적임자로 이성은 실장을 현지 담당자로 내보내기로 했다. 이 실장은 회사에서는 가장 믿을 수 있는 영업 베테랑이었다.

2007년 6월 LA로 떠난 이 실장은 한 달 후인 7월 현지(300 S HOBART BOULEVARD SUITE #201 LOS ANGELES, CA 90020−3694)에 'JUNG MUN U.S.A INC' 라는 이름으로 법인을 등록했다. 20여 년간 함께 손발을 맞추어온

이 실장은 역시 기대했던 대로 길을 몰라 늘 물어물어 찾아다니면서도 법인등록에 이어 FDA승인까지 받아냈다. 그러면서도 현지 바이어들과 접촉을 하면서 마트 입점을 위한 영업 활동을 병행할 만큼 엄청난 노력을 기울였다.

가장 먼저 입점한 것은 한국인들이 많이 찾는 한남체인이었다. 입점 자체가 중요한 건 아니었다. 얼마나 잘 팔려서 쫓겨나지 않을 만큼 월 매출을 올리는가다. 초기에는 인지도를 위해 시음회를 늘 실시했다. 한국인들이야 '홍삼' 하면 인삼보다 더 좋은 건강식품으로 알고 있지만 미국인들은 잘 모른다. 때문에 이벤트는 필수였다. 게다가 한남체인 다음으로 진출 대상으로 삼은 대형점 H마트는 뉴욕에 본사를 두고 미전역에 23개 체인점을 둔 대형 할인마트다. 이 점포의 경우 행사 매장에서 이벤트행사를 통해 기본 매출을 올려야만 본격적인 입점이 가능하다. 따라서 두 마트에서 동시에 시음행사를 벌여야만 했다. 다양한 노력 끝에 입점 수는 5개 점으로 늘어났다.

(주)정문이 미국에 진출한 근본적인 이유는 글로벌 시장 개척이다. 때문에 당초 목표는 COSTCO와 월마트, 스타벅스에 입점하여 국내에서처럼 미주 시장의 대형점에서 당당하게 '정문'의 브랜드 인지도를 높여가는 것이었다. 하지만 COSTCO와 월마트 같은 글로벌 유통업체는 입점 후 매출이 시원찮으면 아무 소리 없이 쫓겨나야 한다. 그 이전에 소비자들로부터 제품과 브랜드에 대한 인지도를 어느 정도 높여 놓은 상황에서 입점해야만 승부가 있다.

미국 LA 지역의 경우 한국인이 무려 80만 명에 달한다. 그러나 이곳에서는 한국인보다 더 많은 인구로 소비파워를 지닌 사람들 다름 아닌 중국인들을 무시할 수가 없다. 현지 인구가 워낙 많은데다 동양권이고 한방 원조국답

116

게 홍삼에 대한 인식이 좋다. 이에 이 실장은 중국인들이 특히 많이 찾는 H마트 입점을 위해 지속적으로 시음회 행사를 펼쳤다. 이렇게 직원이 먼 나라에 가서 마케팅을 벌이고 있는데 사장으로서 마음 편할 리가 없다. 곽희부 대표는 몸은 경산에 있지만 마음은 늘 미국에 가 있는 심정이라고 한다.

"거의 매일이다시피 아침 9시면 현지에 있는 이 실장과 통화를 합니다. 요즘은 초창기보다 오히려 전화 통화가 잦아졌습니다. 점포가 늘어날수록 체크해야 할 사항도 많은데다 앞으로 입점해야 할 매장이 한두 곳이 아니기 때문입니다. COSTCO의 경우 지금이라도 입점이 가능하지만 입점 후 안정적인 매출을 유지할 수 있을 만큼 자신이 있을 때 입점하겠다는 전략을 갖고 있지요. 지금 같은 속도로 시장 확대가 이루어진다면 COSTCO 입점은 하반기에 이루어질 예정이며, H마트는 6개 점으로 입점 점수가 늘어날 것으로 예상됩니다."

곽 대표의 말대로 이루어진다면 연말에는 입점 수가 총 15점 정도까지 확대가 가능하다. 올 들어 점포별 월 매출이 이천만 원 이상으로 늘어났으니 미주시장 매출만도 20억 원은 거뜬히 넘을 전망이며 기존의 스페인 수출까지 합치면 전체 매출 규모는 25억 원에 달할 전망이다.

오직 제품 개발 하나에만 올인

"사장님, 저건 또 뭡니까?"
"아, 저거요. 신제품 개발하고 있는데 어떤 용기가 좋을까 참고하려고 모아 곽희부 대표는 술 담배는 물론이고 골프도 치지 않는다. 늘 일에 시간을 쏟으며 개인의 화려한 사생활과는 거리가 먼 사람이다. 비즈니스 접대 또한 거의 없다시피하다.

둔 겁니다.”

언젠가 사장실 한쪽에 쌓아둔 캔과 병으로 된 용기들을 보면서 질문을 하자 곽 대표는 대수롭지 않게 흘려 버린다.

“하여튼 사장님도 참 부지런을 너무 떨어서 걱정입니다. 저런 거야 직원들한테 시키고 그 중 괜찮은 거 한두 가지만 확인하시면 될 텐데……”

“그게 아닙니다. 직접 만져 보고 비교해 보고 그래야죠. 저거 내가 다 구해다 놓은 거예요.”

“아이구, 그건 그렇고. 이제는 멋 좀 부리세요. 얼굴은 미남이신데 너무 털털하게 하고 다니시는 거 아닙니까. 그래도 매출이 200억을 내다보는 기업 사장님인데.”

“사장이 옷 잘 입고 다니면 뭐합니까. 내가 매장에서 제품 판매하는 것도 아닌데요. 돈 쓸 일 많아서 멋은 나중에 부릴랍니다.”

이런 곽희부 대표를 만나면 이웃 사촌형 같은 느낌을 지울 수가 없다. 시원스런 말투에 늘 까다로운 구석 없이 털털한 모습이다. 신제품이 있으면 직접 포장 뜯어 건네며 먹어보라고 하기도 하고 청국장 같은 음식을 좋아한다. 어디 그뿐인가. 잡지 인터뷰를 하러 간다고 미리 연락을 해놓아도 만나면 긴장하는 구석도 없고 옷도 평소 그대로의 모습이다. 괜찮은 외제승용차 끌고 다녀도 누가 욕하지 않을 정도로 기업을 성장시켰지만 그는 그런 것에는 좀처럼 관심이 없다. 오로지 사업에 대한 열정뿐이다.

홍삼 제품을 비롯해 이 회사의 제품 종류가 100여 가지에 달하는 것도 곽

희부 대표의 이같은 사업 열정과 무관하지 않다. 사장의 눈에는 사업 아이템만 보이는 걸까. 그는 무엇이든 새로운 것을 보면 어떤 식품으로 개발해야 하나 고민하는 눈치다.

최근 들어서는 특히 지역의 특산품을 건강기능식품으로 개발하고자 노력하고 있다. 지난해의 경우 경산 지역에서 나는 MBA포도(일명 '머루포도')를 이용한 신기능 강화식품을 개발하여 산자부가 지원하는 '지역특화 기술혁신 선도기업 지원사업' 결과에서도 우수한 결과를 도출한 기업 중 하나로 선정되었다. 또 경산 지역에서만 나는 왕대추를 이용한 대추 가공 제품을 선보이기도 했다.

산삼 흑삼 등 고부가가치 제품과
수출시장 키운다

한미FTA는 어떤 입장에서 바라보느냐에 따라 의견이 분분하다. (주)정문의 경우 한미FTA를 역이용할 계획을 세웠다. 대추를 가공한 비스킷, 젤리, 정과 등의 가공식품과 미국에서는 생산되지 않는 특별한 우리 농산물을 수출하여 입점 매장에 기존의 홍삼 제품과 함께 다양한 제품군을 형성할 작정이다. 이에 따라 일부 품목은 이미 FDA승인을 받기 위한 준비 작업을 하고 있는 중이다.

미국시장 진출과 함께 올 들어서는 일본시장 진출에도 적극적으로 뛰어들 대형 도매상이나 개인 유통업자를 통해 외국시장에 진출하면 당장 돈은 들어오지만 장기적인 차원에서는 불리하다. 브랜드나 제품 관리가 제대로 이루어지지 않아 시장 확대에 한계가 있다. 이 때문에 그는 현지법인 설립을 통한 직접 진출을 시도했고 결과는 성공적이었다.

작정이다. 일본의 경우 오히려 미국인들에 비해 홍삼 제품에 대한 관심도가 높은 편이다. 이미 몇몇 업체의 제품이 진출해 있지만 우리는 차별화된 진출 전략과 제품을 준비 중이다. 바이어들과 상담을 하기도 했지만 본격적인 진출은 현지 시장조사를 거친 후에 할 계획이다. 이에 따라 올해 경상북도가 주관하는 해외시장 개척단 활동에 참여할 예정이다.

또한 회사 차원에서는 올해가 수출시장 확대 전략과 동시에 고부가가치 제품 개발에도 본격적으로 뛰어드는 원년이 될 전망이다. (주)정문은 지난해 생산 공장을 신축한 데 이어 올해는 기존의 공장 부지에 연구동을 건립하여 오는 10월부터는 산삼 배양에 들어갈 예정이다. 이미 연구 인력을 확보하여 대구한의대 기업부설연구소에서 개발 실험을 진행 중이며, 이와 함께 구증구포로 만드는 흑삼 개발도 진행 중이다.

이와 관련 곽희부 대표는 "제품의 종류 다양화 못지않게 이제부터는 우리 인체가 필요로 하는 영양분을 맞춤 형태로 개발 제품화하는 쪽에 노력을 기울일 것입니다. 인삼 원료 확보가 수월한 만큼 홍삼 관련 제품 개발업체도 날로 증가추세이며, 내수시장 경쟁도 치열합니다. 언제까지나 내수시장 경쟁에만 치중할 수는 없거든요. 해외수출과 고부가가치 제품 및 건강 맞춤용 제품 개발로 인삼의 새로운 시장을 개척하려고 합니다."고 말한다.

어언 25년간 나는 오직 한 길만을 걸어왔다. 하지만 단 한 번도 이 길을 선택한 것에 대해 후회해 본 적이 없다는 곽희부 대표. 다만 아쉬운 게 있었다면 규모의 성장에 치우치다보니 브랜드 인지도나 해외시장 개척에 소원했던 점이었다고 한다. 하지만 그간 힘도 들었고 어렵게만 여겨졌던 해외시장은 이제 물고를 튼 셈이니 앞으로는 브랜드 인지도를 강화하기 위한 기업이미지나 브랜드 파워를 위해서도 관심을 쏟을 작정이란다. (주)정문의 제품을 대한민국 명품 브랜드로 이끌겠다는 곽희부 대표의 희망 그것은 (주)정문이라면 그리 어려운 일만도 아닌 듯싶다. 중소기업 브랜드로서 국내외 유통시장을 장악하는 마케팅 파워를 이미 보여주고 있기 때문이다.

[회사 개요]
대표 : 곽희부
창립일 : 1983년 11월
주력사업 : 건강기능식품(홍삼정골드외 100여 가지)
직원수 : 72명
취급물동량 : 200억 원(2008 예상)
주소 : 경북 경산시 남천면 협석리 409-2
홈페이지 : www.healthplus.co.kr
선화 : 053-422-0006 / 팩스 : 053-741-2222

회사 연혁

1983년 11월	정문물산 창업
1996년	(주)정문물산으로 법인 전환
1997년 12월	고려인삼 하나원 공장 설립
1998년 9월	전국 직영점(백화점, 할인점 등 100여개점)
2002년 11월	수출유공중소기업 표창
2003년 8월	명삼대가' 상표 출원
2004년 6월	대구경북벤처기업
2004년 7월	우수디자인 상품 선정
2005년 6월	모범중소기업인상 수상(벤처, 창업 부문)
2007년 1월	이노비즈 인증
2007년 7월	미국현지법인 설립

(주)대평

김경재 대표

성공가도를 달리는 CEO 12인의 풀스토리

천연 감미료로 친환경 시대 지구촌 식탁을 평정하노라

남의 집 곳간을 미리 보고 나서 주인을 만났을 때 기분은 뭐랄까.
낯설지 않은 듯하면서도 '선무당 사람 잡는다'는 말처럼 오히려
넘겨잡고 하는 질문이 더 많아진다.
다른 원고 건으로 4월에 먼저 공장 현장 취재를 했던 터였기에
분당 사무소에서 만난 김경재 대표에게는 먼저 할 말이 많았다.
세 시간 이상 이어지는 릴레이 인터뷰가 지루해 "빨리 끝냅시다."라는 말 한 마디
나올 법도 한데 김경재 대표는 오히려 더 여유롭게만 보인다.
아니 '왜 진작 오지 않았느냐'는 듯이
가슴속에 겹겹이 쌓아두었던 묵은 이야기들을 하나둘씩 들춰내면서
그간 회사를 키워오느라 사연 많았던 시간들에 대한 보상(?)이라도
받는 양 표정은 그리 싫지 않은 느낌이다.
(주)대평의 주 사업 아이템은 스테비아 잎에서 추출, 정제하여 만드는 첨가물 제품
(감미료)이다. 스테비아란 국화과 식물로 스테비아 잎에서 추출, 정제하여 만든 제품
은 설탕의 감미도 대비 약 200~300배의 감미를 가지므로 일반식품, 건강보조식품,
치약, 소주, 제약 등 다양한 제품에 사용되고 있다.
김 대표는 대학 졸업 후 대기업 연구원으로 입사하면서부터 이 분야에 대한 연구 개
발을 해오다 창업을 한 케이스이니 그 경력이 자그마치 28년 정도나 된다.
이런 베테랑의 얘기를 듣고 있자니 새로운 공부를 하는 것만 같다.

"나는 독극물을 만들지 않았다."

대구의 임대 공장에서 기반을 닦은 후 생산량 증가로 인해 새로운 공장을 마련하는 일이 불가피해졌다. 김경재 대표는 1995년 고향인 문경 인근의 함창 농공단지에 6600m²평에 달하는 건물 4동을 지어 자리를 옮겼다. 중소기업진흥공단의 지원 자금을 활용했기에 한결 수월했다. 성장 전망이 밝았기에 김 대표는 '이제부터는 열심히 만들어 판매를 강화시키는 일만 남았다'고 생각했다. 하지만 사업이란 생각대로만 이루어지는 게 아니다.

1996년 봄이었다. 아침 출근하자마자 직원이 사장실로 뛰어 들어왔다.

"사장님 큰 일 났습니다."

"무슨 일인데 아침부터 호들갑이야."

"아침 뉴스 못 보셨지요. 글쎄 스테비오사이드를 독극물 취급하는 뉴스가 터졌습니다."

"뭐라고? 독극물? 우리가 독극물을 만들어 판다는 거야?"

"네, 언론에 그렇게 나왔습니다. 이걸 어쩌지요."

"누가 그런 미친 소리를 했다는 거야."

당시 국내에서는 소주 제조시 스테비오사이드를 첨가물로 사용해도 문제가 없었다. 오히려 사카린을 대체하는 천연 감미료로서 소주회사들에게 없어서는 안 될 첨가제였다. 하지만 호주식약청에서는 사용 허가에 대한 관련 법안이 없어 호주 수출용 소주에는 스테비오사이드를 첨가시키지 못했다. 그런데 밀수업자들이 뒷거래로 국내 소주를 내다팔다가 걸려들고 만 것이다. 이 사건으로 인해 언론에서는 '우리나라 사람만이 이런 독극물을 먹고 있다'는 식으로 보도했고 이같은 견해는 모국회의원이 앞장서서 거론했다. 스테비오사이드에 대한 부정적인 이미지가 확산되자 매출은 급감했다. 공장 지어놓자마자 이런 일이 터졌으니 상황은 긴박했다. 김경재 대표는 당시의 심정을 이렇게 말한다.

"자칫하면 사업 포기해야 할 만큼 위기였습니다. 5~6개월 동안 그런 분위기가 지속되면서 정말 힘들었지요. 가만히 있을 수 없는 일이었어요. 내가 독극물을 만들었다는 거나 다름없잖아요."

주류 회사와 스테비아 업계가 공동으로 대응했다. 그는 안전성 자료를 확보하여 국회 재경위를 찾아가 이해를 시키고 방송사와의 인터뷰를 자청하여 직접 인터뷰에 응하기까지 했다. 이 사건은 그가 지금까지 사업을 해오면서 가장 어려웠던 순간 두 번 중 하나였다. 또 다른 한 번은 그 일이 있은 후 2년 뒤에 업체 간의 출혈 경쟁이었다. 가격이 30~40% 내려가는 상황까지 갔었다. 결국 대기업 2개사가 무너지는 자폭(?)으로 끝났다.

어찌 됐든 전혀 나 몰라라 할 수 있는 상황은 아니었기에 어려운 상황이었던 게 사실이다. 다만 대평은 고부가가치 제품으로 옮겨가는 과정 중이었고 일본 수출도 본격화되는 시기여서 장기적으로 큰 피해를 보는 일은 없었다. 제품의 경쟁력이 있기에 가격으로 경쟁하는 일은 그다지 어울리지 않는 일이었다.

SCENE 2
"하는 둥 마는 둥 그건 내 스타일 아냐"

대기업 기술 연구소에 입사한 지 9년이 되던 해 김경재 대표는 사표를 던졌다. 생활은 안정되었지만 피가 끓는 30대 중반인 그에게 밀려온 것은 직장에 대한 회의감이었나.

"나는 스테비아가 천년을 이어갈 천연 감미료가 될 것이라는 확신을 가지고 있었어요. 그래서 재직 시절 대학원에 다녔고, 잎에서 최종 제품까지 감미 성분 함유량을 분석해내는 정량법에 대한 논문도 썼어요. 하지만 회사는 그렇지 않았어요. 연구 노력을 하여 장기적인 전망을 보고해도 기술적인 면에서 취약한 상태였기에 형식에 가까운 연구로 끝났습니다. 그러니 직원들 연구 개발 노력이란 게 그저 하는 둥 마는 둥 그런 스타일이었지요. 정말 그건 내 스타일이 아니었으니까요."

1981년 경북대 농화학과를 졸업하고 곧장 대기업 연구소에 입사하여 식품

김경재 대표는 한번 옳다고 생각하면 굽히지 않는다. 고객사에 제품 싣고 갔을지라도 가격 못 맞추면 다시 싣고 올 정도다.

첨가물 연구를 해오던 그였다. 1984년에는 스테비아가 식품 첨가물로 허가가 났지만 그가 회사를 그만두던 1989년 말까지도 스테비아 시장은 미미하기만 했다. 그러니 기업에서도 연구 개발에 대해 그다지 전폭적인 지원을 하지 않았다. 대충 일해도 월급 잘 나오고 먹고 사는 건 걱정이 없는 자리였지만 오히려 김경재 대표에게는 궁합이 맞지 않는 일이었다.

마침 사카린 사용이 금지되면서 스테비아 시장이 열리기 직전 무렵에 그는 사표를 던졌다. 그리고 신생 기업에 기술과 영업 두 가지를 담당하는 이사로 들어갔다. 나름대로 최선을 다해 일을 해 주었건만 이건 어찌 된 일인지 경영 따로 자금 따로 식으로 각 분야가 제각각 놀았다. 똑 부러지는 그의 성격으로서는 '이건 아니다' 라는 생각이 지배적이었고 과감하게 회사를 그만두었다. 그리고 창업을 했다.

"샐러리맨이 무슨 돈이 있었겠어요. 집도 팔고 모아둔 돈 합쳐도 창업 자금으로는 부족했지요. 중진공 창업 지원제도도 활용했으며, 부모님, 동생 등 가족을 비롯한 주변 사람들이 십시일반 도와 주었습니다. 그래서 대구의 한 섬유 공장 건물 2층에 공장을 만들고, 3층은 살림집으로 사용했습니다."

이렇게 출발했으니 초창기 자금난 때문에 고생을 해야 하는 건 불을 보듯 뻔한 일이었다. 그러다보니 김 대표는 집안 살림에는 아무 신경도 쓰지 못했다. 회사 입장에서 어느 정도 빚이 정리되어 갈 즈음이던 1995년 초 어느 날이었다. 김경재 대표는 아내의 손에 결혼반지가 보이지 않아 어디 있냐고 물었더니 아내는 생활비가 없어서 팔았다고 하는 게 아닌가. 알고 보았더니 '돈은 안 갖다 주지 집안 살림은 해야 되지' 뭐 이런 상황 때문에 갖고 있던 폐물

126

도 다 팔고 여기 저기 빌린 돈도 많더란다. 그제야 그는 속 깊은 아내에 대한 고마움을 다시 한 번 느꼈다고 한다.

아직도 남아 있는 창립 멤버들

김경재 대표, 그는 굵직한 외모만큼이나 행동이고 말이고 무게감이 실려 있다. 쉽게 자기 자랑을 하지 않는 그가 솔직하게 자신있게 하는 말이 있다.

"나는 한 번 믿으면 끝까지 믿습니다."

사람을 한 번 믿으면 끝까지 믿는 스타일을 싫어하는 사람은 없다. 하지만 정작 당사자는 자칫하면 사람들로부터 상처를 받을 수도 있다. 믿음을 믿음으로 보답하지 않고 배신으로 갚는 이들도 더러 있기 때문이다. 운이 좋은 걸까? 그만큼 사람 관리를 잘한 걸까? (주)대평의 오늘이 있기까지 지난 15년간 그는 적어도 사람 때문에 골치를 썩는 일은 없었다고 말한다.

그 이유는 어디에 있을까. 아마도 김 대표의 사람 관리 능력과 핵심 인력들의 충성도에 있지 않을까 싶다. 김경재 대표가 한 달간 부재중이어도 (주)대평은 큰 문제가 일어나지 않는다. 창립 시부터 지금까지 각자의 파트에서 베테랑이 된 창립 멤버 3인이 여전히 자리를 지키고 있기 때문이다.

변종희 차장 – 관리 업무에 관한 한 김 대표 다음으로 능력과 책임감이 강한 그는 24살에 경리과에 입사하여 재직 도중 대학도 졸업하고 지금은 분당 사무소에서 근무하고 있다.

시간적 개념이 없는 건 일이 아니라고 생각한다. 생산 현장이든 고객과의 약속이든 시간 준수가 필수다.

임효준 이사 – 대학 졸업 후 입사하여 지금은 함창공장의 총 책임자인 공장장이 되어 있다.

배성우 연구소장 – 입사 후 연구소에 일하면서 석사 과정을 마쳤고, 지금은 박사 과정 3년차에 있다. 함창공장에 있는 자체 연구소 소장으로 재직 중이다.

사연 많은 중소기업에서 창업 멤버들이 제 역할을 다하여 회사가 커졌을 때 각자의 분야에서 책임자로 일을 한다는 것은 아름다운 일이며, 중소기업의 인력 시스템으로서는 최상급 모델인 셈이다. 노하우를 쌓은 경력자들이 있기에 회사가 발전할 수밖에 없는 것이다. 이들 외에도 10년 이상 된 경력자들이 많아 총 10여 명이 넘는다.

어디 그뿐인가. 이 회사는 지방(경북 함창)의 농공단지에 자리해 있으면서도 단 한 번도 인력 부족으로 어려움을 겪은 적이 없다. 무엇보다도 급여 수준이 높은 편인데다 성과급제를 운영하고 있으며, 대학, 대학원, 외국어 등 공부를 희망하는 이들에게는 교육비를 지원해 준다. 또 10년 이상 근속자들에게는 우리사주 주식 배당과 금배지를 주고 매년 우수 사원 5명을 선정하여 마찬가지로 회사 로고가 새겨진 금배지를 준다.

기업은 이윤을 창출해야 하는 조직이다. 이윤은 조직원들의 역할에 따라 커질 수도 있고 마이너스가 될 수도 있다. (주)대평이 15년 만에 매출 200억 원을 달성하는 기업으로 성장해 있다는 것은 CEO의 인재 관리 능력이 바탕이 되고, 그 아래 인재 육성 시스템이 잘 되어 있으며, 또 직원들의 신뢰 하에 최선을 다한 결과일 것이다.

128

고객에게 제2의 전성기를 만들어 주다

　기업이든 고객이든 혼자만 잘 먹고 잘 나가던 시대는 지났다. 이제는 상생(相生)이다.

　김경재 대표는 고향이 경북 문경 아니랄까 봐 천상 경상도 사나이 스타일이다. 뚝심 있고 화끈한 성격이다. 그래서인지 직원들이나 거래처나 그에 대한 신뢰는 강하다. 이는 그의 성격적인 제스처 때문이 아니라 바로 상생의 마인드가 남다르게 강하기 때문이다. 이와 관련하여 김 대표에게는 잊을 수 없는 에피소드가 있다.

　스테비아 정제인 스테비오사이드가 본격적인 시장을 형성하기 시작한 것은 1989년부터다. 스테비오사이드는 천연 감미료로서 그 효능이 뛰어나므로 일찌감치 귀추가 주목되던 식품 첨기물이었다. 1989년 사가린이 인체 위해성으로 인해 식품, 제약, 음료, 주류 등의 분야에 사용이 금지되자 주류회사와 간장회사는 가장 먼저 스테비오사이드를 선택했다. 하지만 건강음료나 기타 회사들은 스테비오를 적극적으로 받아들이지 않았다. 그러던 어느 날 우연히 아주 유명한 피로회복제용 음료를 생산하는 기업의 담당자로부터 고민을 듣게 된다.

　"사장님, 이거 큰 일 났습니다."

　"왜 그러십니까. 잘 나가는 회사 부장님께서."

　"말도 마세요. 경쟁사에게 밀렸잖아요. 우리 제품이 어떤 제품이었습니까.

김 대표의 경영 스타일은 꾸준히 밀고 나가는 스타일이다. '젊을 때 한 번은 일에 미쳐야 한다'는 것을 직원들에게도 강조한다.

몇십 년 동안 최고였는데. 뭐 다른 방법이 없을까요?"

"이유를 분석해 보셨을 거 아닙니까."

"당연하지요. 사카린을 대체로 과당을 사용했는데 예전 그 맛이 안 나는 겁니다. 그러니 이걸 어쩌면 좋지요."

"그런 거면 걱정하지 마십시오. 진작 알았더라면 좋았을 걸. 저희가 만드는 스테비오사이드를 써보십시오. 천연 감미료인데 소주회사, 간장회사 다 쓰고 있어요."

"그래요?"

아니나 다를까. 그 회사 측 연구원들이 스테비오사이드를 가져다 테스트를 해 본 결과 아주 적격이라는 답이 나온 것이다. 그로 인해 스테비오사이드를 첨가물로 활용하게 되었고, 제품 판매도 다시 활기를 되찾아 그 회사는 제2의 전성기를 되찾았다. 물론 (주)대평의 매출도 증가하였으니 이른바 '누이 좋고 매부 좋고' 식인 것이었다. 지금까지 사업해 오면서 '내 배만 채우기식의 사업은 하지 않았다'는 게 김경재 대표의 말이다.

SCENE5

思夫曲 부르며 만든
전문가들도 놀라는 연구 시설

이 책을 쓰기 위해 CEO들을 직접 만나면서 저자는 그들에게 각각 5가지씩 이색적인 질문을 하여 답을 받았다. 그때 김경재 대표에게 한 첫 번째 질

문은 '가장 존경하는 인물은 누구인가?'라는 거였다. 김 대표는 세 글자로 '부모님' 이렇게 적었다. 순간 저자의 가슴에도 뜨거운 게 울컥 치미는 듯했다. 김 대표의 부모님이나 저자의 부모님이나 같은 분들이셨기 때문이다. 농촌에서 평생 농사만 지으며 자식들 뒷바라지하시다 돌아가신 분들이기에 부모님에 대한 생각은 각별하지 않을 수가 없었다.

김 대표의 부친은 창업 시에도 창업 후에도 많은 걱정을 했다고 한다. 평생 농업으로 6남매를 키운 당신들로서는 한 우물만 파는 것이 안정된 삶을 가져온다는 것을 중요시 여겼기 때문이다. 그래서 그의 부친은 창업 당시 이렇게 말했다고 한다.

"하다가 힘들면 언제든지 고향으로 들어와라. 밥 먹고 살 땅은 있으니까."

그리고 또 한 가지 부친이 강조하던 말은 "정직하게 살아라."였다고 한다.

1995년도 국내 유명 제약회사인 D사에 납품이 결정되어 생산량을 늘리는 등 회사가 막 잘 되려고 하자 김 대표의 부친은 암으로 세상을 뜨셨다. 그는 부친의 죽음에는 자신의 책임이 크다는 생각을 갖고 있었다.

"아버님 입장에서는 사업을 한답시고 멀쩡한 직장을 그만두고 대구로 내려와 큰 돈도 못 벌면서 몇 년째 고군분투하는 큰 아들이 늘 걱정이었을 겁니다. 그러니 제가 불효자입니다."

부친이 세상을 떠난 후 그해 고향 인근에 자체 공장을 신축하면서 김경재 대표는 한 가지 다짐을 했다. 돌아가신 부친의 영혼을 편하게 해드리는 것은 사업에 성공하는 것이고, 성공을 위해서는 연구소가 제대로 들어서야 한다는 것이었다. 특히 스테비아 시장에서 차별화를 기하고 수출 시장에 진출하려면 김 대표는 사람을 한번 믿으면 끝까지 믿는다. 창립 멤버들이 지금까지 남아 있는 것을 보면 그의 사람에 대한 신뢰가 두텁다는 것을 알 수 있다. 대외적인 인간 관계에서도 마찬가지여서 일본인 스테비아 전문가와도 13년째 인연을 유지할 정도다.

연구 개발을 통한 기술력 확보가 필수라고 여겼다. 연구원 출신이기에 연구 개발의 중요성은 더더욱 잘 알고 있기도 했다.

이런 생각 때문에 연구소 설립과 함께 여느 중소기업으로서는 경제적으로 감당하기 힘든 연구 개발 장비들은 하나둘씩 사들였고, 연구 인력도 서서히 확충시켜나갔다. 그 결과 업계 다른 업체들이 제 살 깎기 경쟁을 벌이고 있을 때 (주)대평은 고부가가치 제품을 개발하는 한편 수출 시장을 뚫었다. IMF 시에는 연간 100만불 이상 수출을 하여 환율로 인한 재미도 짭짤하게 보았다.

지금 이 회사의 연구소는 대기업 연구소를 뺨칠 정도의 고가 장비들과 다양한 개발 장비를 갖추고 있으며 우수 인력들도 확보하고 있다. 연구원은 총 12명으로 창업 멤버 중 한 사람인 배성우 소장이 이끌고 있다. 고객사 담당자는 물론이고 외국의 스테비아 전문가들까지도 (주)대평의 연구소를 방문하고 나면 놀라움을 금치 못한다고 한다.

'기술력만 있으면 소모성 경쟁을 하지 않아도 되며 무너질 일은 없다'고 강조하는 김경재 대표. 그는 그간 연구소의 힘이 기업 성장의 기폭제가 되어 왔다는 것을 인정한다. 그리고 늘 부친의 '정직하게 살아라'는 조언을 가슴에 담고 살아간단다.

성장에 한몫을 거든 일본 전문가와의 13년 인연

내수 시장은 물론이고 수출에도 박차를 기하고 있는 (주)대평은 그간 꾸준히 매출 신장세를 유지해 왔다. 특히 최근 3년간은 큰 폭의 신장세를 보여 주고 있다. 총 매출에서는 2006년 120억 원, 2007년 147억 원에 이어 2008년 200억 원을 예상한다. 수출은 2006년 8%에서 2007년 17%, 2008년은 40% 이상으로 확대될 전망이다. 따라서 2008년은 500만불 수출탑을 수상할 것으로 기대된다.

이같은 매출과 수출 증가 추이를 밝히면서 김경재 대표는 "나도 이제는 애국자 중 한 사람이 된 것 같다."고 말한다. 생산 시설도 1995년 4개동으로 시작했으나 지금은 10개동으로 늘어나 있다. 이쯤 되면 (주)대평은 이제는 매출, 수출, 인재 등에서 안정적인 기반을 확고히 다져놓은 상태라고 할 수 있다.

회사의 성장과 관련하여 김 대표는 일본인 전문가인 나오토 세토 씨를 빼놓을 수 없다고 말한다. 올해 66살로서 이 회사의 고문인 나오토 세토 씨는 매년 몇차례씩 회사를 방문하여 스테비아 재배 기술, 마케팅, 고부가가치 제품개발 기술, 해외시장 정보 등 선반적인 컨설팅을 해 주고 있다. 득히 한발 앞선 일본시장을 읽을 수 있고 까다롭기로 소문난 일본시장이 전체 수출의 절반을 차지한다는 것은 엄청난 일이다. 나오토 세토 씨가 없었다면 아마도 불가능했을 것이다.

(주)대평과 나오토 세토 씨가 만난 것은 지난 1995년이다. 벌써 13년째 인연을 맺고 있는 셈이다. 당시 일본 DIC의 핵심 간부였던 그는 국내 스테비아 제조업체 중에서 자사에 제품을 공급해 줄 수 있는 기업을 찾아 나섰다. 당시 물망에 떠오른 기업은 3개사로 이 중 (주)대평도 포함되어 있었던 것이다. 생산 시설은 다른 대기업들보다 취약했지만 기술력과 결정력에 있어서는 (주)

(주)대평의 전 직원은 사외에서 실시하는 교육을 1년에 두 과목 이상 받아야 한다. 이외에 개인이 배우고 싶은 게 있으면 얼마든지 배울 수 있도록 시간 배려를 해 주며, 교육비의 50%를 지원해 준다.

대평에게 높은 점수를 주어 결국 선택을 받게 된 것이다. 이로 인해 일본 수출이 이루어졌고 나오토 세토 씨는 정년퇴직 이후에는 아예 이 회사의 고문으로서 기술 지도를 담당하게 되었다.

김경재 대표와 나오토 세토 씨는 친구 이상으로 가까운 사이가 되어 있다. 양측 집안의 가족들까지도 서로 왕래하면서 한 집안 식구처럼 지낼 만큼 가까워졌다. 두 사람의 대화를 엿들어보면 이렇다.

"김 사장, 나도 이제 쉬어야겠다."

"스승님, 왜 이러십니까."

"나도 기력이 떨어지는 것 같아."

"제가 보기에는 앞으로 20년 동안은 더 일해도 되실 것 같네요. 엄살부리지 마소."

"그래. 그러면 이번 여름에는 몸보신 좀 시켜줘라."

"그거라면 걱정 마소. 마 공장 팔아서라도 챙겨드릴 테니."

"그래. 알았다. 하하하!"

사람과 사람의 인연은 국경과 민족을 초월한다. 김 대표와 세토 씨의 인간 관계는 이제 비즈니스를 뛰어넘어 스승과 제자 사이의 정으로 굳어져 있는 사이다. "무뚝뚝한 김 대표님이 어떻게 그것도 외국인을 친구 이상으로 만드는 재주도 다 있었어요?"라고 묻자, 그는 "알고 보면 나도 부드러운 남자요."라고 웃으며 말한다. 실제로 체격 좋고 천상 남자다운 외모인 그는 언뜻 보기에는 과묵해 보이기만 하다. 하지만 대화를 나누다보면 일에서는 열정적이면서도 인간 관계에서는 상대를 배려하는 사려깊고 섬세한 CEO임을 느끼게 된다.

꿈은 이루어진다 '2015 백천만'

올 들어 미국 일본의 수요 증가에 따라 일본 수출이 급증하면서 이 회사는 5월 초순 현재 매출이 84억 원을 기록하고 있다. 이제는 세계시장의 흐름을 한눈에 파악하는 노하우도 쌓여져 마케팅과 기획 부서 직원들의 어깨에 힘이 실렸다. 자신감이 한결 높아졌다.

2007년 일본, 중국, 동남아 일대 전시회에 참가한데 이어 2008년 들어서는 5월에는 스위스 식품 첨가물 전시회를 이미 다녀왔고, 이어서 일본 전시회에도 참가할 예정이다. 해외 전시회를 통해 보다 공격적인 마케팅을 펼치겠다는 전략이다.

특히 올해의 경우 미국에서 건강보조식품의 원료가 아닌 식품 첨가물로의 허가가 기대되고 있으며 이같은 분위기는 올해 허가가 예상되는 호주, 뉴질랜드 등을 통해 더욱 확산될 전망이다. 따라서 (주)대평은 급속히 팽창하고 있는 스테비아 시장에서의 기술적인 우위 선점과 정확한 세계시장 흐름 파악을 통한 신속한 대처로 경쟁력 그리고 원천적인 재배기술력 확보를 통한 스테비아의 글로벌 브랜드로서의 (주)대평 파워 구축을 기대하고 있다.

이런 최근의 호조와 관련하여 김경재 대표는 "사업 시작한 후 아무 생각 없이 오직 스테비아 하나에만 미쳐 살아왔습니다. 이제야말로 진짜 기회가 오는 게 아닐까요. 천연 감미료 시장의 확대는 이 분야의 전문가가 아닌 일반인들이 판단해도 당연한 논리입니다. 우리 회사는 향후 스테비아 시장의 규격

12명의 연구원이 연구 개발에 노력을 기울이는 함창 공단 내 자체 연구소는 대기업 못지않은 완벽한 연구 시설을 갖추고 있다. 이로 인해 타사와 차별화되는 고부가가치 제품을 개발 수출의 원동력이 되고 있다.

화에 대비한 발 빠른 대처를 통해 수출 시장 확대에 큰 효과를 꾀해야 하는 시점인 것 같습니다."라고 말한다.

(주)대평은 실제로 매출 증가가 눈에 띄게 나타남에 따라 제2공장 설립도 추진하게 될 전망이다. 스테비아의 가격은 수확기인 9월에 결정되므로 정확한 계획은 그때가 되어야 파악될 것으로 보이지만 지금 추세라면 신규계약 물량 증가에 따라 제2공장 가동이 불가피하다. 이에 따라 이미 3300m²의 공장 부지를 지금의 상주 함창공장 옆에 확보해놓고 있다.

앞으로 이 회사는 2015년 100명의 우수한 중간 관리자를 양성해놓고, 1000억 원의 매출을 올리며, 10,000개의 우량 고객을 만들어놓겠다는 입장이다. 즉 현재 가동 중인 '2015 백천만' 프로젝트가 그것이다.

예전에는 연구원 출신이 창업을 하면 100% 실패한다는 말이 마치 수학 공식처럼 떠돌았다. 하지만 김경재 대표에게는 통하지 않는 말인 듯싶다. 연구원 생활을 통해 기술력을 쌓았고 그 후 기업에서 젊은 이사가 되어 영업과 관리에 대한 경험을 한 후 창업을 한 그였다. 게다가 그만의 뚝심 경영이 있었기에 웬만한 흔들림에는 흔들리지 않았다. 어느새 52살의 장년 CEO가 된 그에게서는 성숙한 경영자로서의 여유와 15년간 다져온 전문 분야의 노하우가 활짝 핀 꽃이 되어 진한 향으로 배어 나오는 듯하다. 그에게서 대한민국 중소기업의 비전을 본다고 해도 과언이 아니리라.

[회사 개요]
대표 : 김경재
창립일 : 1993년 1월
주력사업 : 스테비아를 이용한 천연감미료 생산.
직원수 : 70명
매출규모 : 200억 원(2008 예상)
주 소 : 경북 상주시 함창읍 오동리 417번지
　　　　분당사무소 : 경기도 성남시 분당구 서현동 리더스빌딩 604호
홈페이지 : www.daepyung.co.kr
전화 : 031-709-7755 / 팩스 : 031-709-7756

회사 연혁

1993년	(주)대평 설립
1995년	상주 함창 공장 준공
1997년	경상북도 세계일류중소기업 선정
1998년	중소기업진흥공단 수출유망중소기업 선정
1998년	무역의날 기념 백만불 수출탑 수상
1993년	기업부설연구소 설립
2000년	중소기업청 벤처기업 확인
2001년	일본 동경사무소 개설
2002년	기술신용보증기금 우량기술기업 선정
2002년	고순도 감초정제물 특허 취득
2003년	BGMP 허가 취득
2003년	NNO-BIZ 인증
2005년	대구경북중소기업청 모범중소기업상(경영혁신부문) 수상
2005년	ISO 9001, 14001 인증 획득
2006년	보건복지부장관상 수상
2006년	납세자의 날 모범납세자 재정경제부장관상 수상
2006년	식품안전의 날 기념 대구지방식품의약품안전청장 표창

(주) 메타바이오
메드

오석송 대표

성공가도를 달리는 CEO 12인의 풀스토리

전세계 거래처만 200개 넘는 수출에 강한 회사

언젠가 오창 과학산업단지 내에 있는 한 회사를 충북 우수 기업으로 탐방 취재한 적이 있었다. 이제 한참 성장을 위한 날갯짓을 하는 그런 회사였다.

당시에는 인상적이었지만 집중적인 관심을 갖지는 못했다.

그 후로 오창 과학산업단지는 기억 속에서 희미하게 잊혀져 가고 있었다.

올 초 어느 날 수출 잘 하는 기업을 찾던 중

저자의 눈을 주목시킨 회사가 바로 (주)메타바이오메드였고, 오석송 대표였다.

그때 오석송 대표를 만나 인터뷰하면서 수출 많이 하고 여러모로 나무랄 데 없는 회사라는 점 외에도 "오석송 사장이라면 신생 중소기업 사장들이 벤치마킹해야 하는 대상이다."는 생각을 했다.

오 대표의 번덕없는 얼굴은 CEO라는 인상보다는

늘 편안한 선배 같은 모습이다.

그간 기업 일궈온 이야기를 물어보면

그 사연이 그야말로 소설책 한 권 분량은 족히 될 듯하다.

단지 힘들고 어렵고 고생한 얘기들만 있다면 그저 뻔한 얘기가 될 것이다.

하지만 오석송 대표의 기업 성공 스토리는 중간중간 메모해도 좋을 만한 내용들이 새어 나온다.

더운 그해 여름, 옷이 땀으로 젖는 무더운 날 고속버스를 타고 내려가 (주)메타바이오메드의 곳곳을 헤집고 찾아다니며 사진 촬영을 하고 취재를 하면서도 내내 신이 났던 것은 아마도 오석송 대표의 노하우를 몰래 훔쳐볼 수 있었기 때문인 것 같다.

실패 후 자살! 그것이 전부는 아니다

1990년 가을.

35살의 한 젊은 남자가 경기도 송추 어느 야산의 한 묘지 위에 쓰러져 있었다. 소주 두 병에 수면제 수십 알을 먹고 의식을 잃은 채였다. 운이 좋은 걸까? 아니면 무덤 속의 망자가 불쌍히 여겨 도운 걸까. 응급실로 실려 간 그는 죽음의 앞까지 갔다 다시 살아났다.

올 매출 272억 원을 내다보는 (주)메타바이오메드 오석송 대표의 얘기라면 믿을 수 있겠는가? 제3자는 성공이라는 화려한 마크 뒤에 숨겨진 속 아픈 구구절절한 사연들을 알지 못한다. 그저 성공한 상대가 부럽기만 하고 커 보이기만 한 것이다.

오석송 대표는 늘 이렇게 말한다.

"어차피 자살까지 시도한 인생, 덤으로 살고 있는 셈입니다. 열심히 벌어서 많은 이들과 나누면서 살 수 있는 지금이 행복합니다. 그리고 앞으로도 다 함께 행복하고 즐거운 기업과 사회를 만드는 데 노력하고자 합니다."

오석송 대표! 그는 크게 두 번의 실패를 겪었다. 1986년 우연찮게 다니던 외국계 회사를 인수했지만 노사 문제로 인해 2년 만에 문을 닫고 말았다. 이미 집을 팔아 투자한 상황에서 억울한 일이었다. 이에 다시 친구와 친척들에게 4억 원을 빌려 인도네시아에 공장을 지었다. 그런데 또다시 6개월 만에 실패를 겪었다. 귀국 후 아무 생각이 나지 않았다. 더 이상 희망이 보이지 않았다. 결국 그가 택한 것은 소주 두 병을 들고 부친 묘소까지 찾아간 뒤 자살하려 했던 것이다. 하지만 천운이 내린 걸까. 그는 다시 살아났다.

사업에 실패했는데 자살까지 실패를 하니 오히려 어떻게 해서든지 살아보겠다는 오기가 생기더란다. 그 후 고등학교 동창들 7명이 연대보증을 서면서까지 모아 준 5000만 원으로 다시 회사를 일으켰다. 청주 변두리 지하 공장을 얻어서 치과용 근관충전재 제조에 나섰다. 매출액도 별로 나오지 않던 시절

140

이었지만 조금씩 수출 물량을 늘려 나갔다. 그 시절 오 대표는 개발에서부터 수출까지 일일이 챙겨가며 더 이상의 후퇴는 없다는 각오로 일했다. 회사는 조금씩 성장하는데 그의 마음을 더욱 비참하게 한 것은 사람이 필요해서 채용 공고를 내면 하나같이 왔다가 외면하는 거였다. 지하 공장에서 일하고 싶지 않다는 것이었다. 때문에 그때는 고학력자를 채용하여 신제품 개발에 주력을 하고 싶어도 못하던 시절이었다.

하지만 궂은 날이 있으면 맑은 날도 있기 마련이다. 인생이란 게 평탄하기만 하거나 그렇다고 흐린 날만 있다면 그것도 재미없는 일 아닌가. 그 즈음 오석송 대표에게도 기회가 찾아왔다.

IMF, 대박을 내는 호기(?), 1년 중 100일이 외국 출장

1997년 IMF 시기다. 매출 규모 1억 원의 작은 회사였지만 전량 수출이었기에 달러 환율이 오르면서 시쳇말로 돈이 되는 장사가 이어졌다. 많은 중소기업들이 위기에 빠지고 일부는 문을 닫는 사태가 발생했지만 거꾸로 메타바이오메드는 수출의 맛을 달콤하게 즐길 수 있었다.

오석송 대표는 "나에게도 이런 행운이 오는구나." 하고 스스로 놀라웠단다.

"환율 덕을 톡톡히 본 겁니다. 그 덕에 빚도 다 청산했고, 1999년에는 기존의 지하 공장 옆 건물에 연구소도 설립했지요. 회사의 전반적인 시스템이 확고하게 갖춰지지 않은 상황이었지만 그때부터는 희망이 보이기 시작하더라고요."

오석송 사장은 1년 중 100일은 해외 출장으로 보낸다. 지금은 해외 수출 팀이 지역별로 있지만 당시에는 사장인 자신이 직접 뛰어야 했다. 1년 중 100여 일은 해외 출장에 시간을 쏟았다. 주력 제품은 치과용 근관충전재 하나였지만 90% 이상이 수출이었고 시장은 점점 커지고 있었다. 직원 20여 명의 작은

(주)메타바이오메드는 사업 초기부터 글로벌 시장을 겨냥한 아이템으로 시작했다. 내수 시장에서의 경쟁이 필요없는 아이템인데다 세계 시장이 넓기 때문에 매출은 갈수록 증가하는 상황이다.

회사에 해외수출 전담 직원이 있을 리가 없었다. 그러다보니 해외 전시에 참가해서도 혼자서 모든 것을 처리해야 했다.

"그 시절에는 에피소드도 많았습니다. 해외 전시회에 나가면 혼자서 전시 부스를 꾸미고 상담을 하고 거기다 제품까지 직접 팔았습니다. 본래 해외 전시장에서는 제품을 팔 수 없게 되어 있었지만 제품 크기가 작아서 남의 눈 피해 직접 구입하는 이들이 많았습니다. 더욱이 내 입장에서는 출장 경비라도 빼려면 가져간 제품들을 팔아야 했지요. 그러니 잠시라도 전시 부스를 비울 수가 없어 화장실도 갈 수가 없는 겁니다. 오죽 하면 그래서 생각해낸 묘안이 전날 저녁부터 가급적이면 물을 마시지 않는 거였어요. 이렇게 해서 장장 하루 10시간 동안 화장실을 가지 않은 날이 한두 번이 아니었습니다. 그럼에도 불구하고 문제가 발생하지 않아 비뇨기과에 가지 않은 것은 참으로 다행스러운 일입니다."

이뿐만이 아니었다. 제품을 팔려면 그만한 물량을 가져가야 하는데 비용 줄이려고 지금처럼 화물로 부치지 않고 직접 들고 나갔다. 그것도 120kg 정도를. 그러다보니 가방이 너댓 개나 되었다. 보따리 장사 그 자체였다. 그래도 그 시절에는 사람들이 정이 있어 공항에서 앞뒤 사람에게 가방 하나씩을 부탁하면 통했다. 오 대표는 돌이켜 보면 어떻게 그렇게까지 하면서 출장을 다녔는지 자신 스스로도 놀라울 정도라고 말한다.

10여 년을 이런 방식으로 해외 전시회에 나가 제품을 홍보하며 바이어 수를 늘려나갔다. 지금 치과용 근관충전재가 86개 국으로, 생분해성 봉합사가 40여 개 국으로 수출되고 있는 것은 이런 고생이 있었기에 가능했다.

중국 상인을 넘어뜨리다

'판로 없는 기술력은 무용지물'

이것은 오석송 대표의 지론이다. 세계 시장은 한없이 넓기 때문에 얼마나 뛰느냐에 따라 세계의 문은 넓어 보일 수도, 좁아 보일 수도 있다. 그리고 아무리 좋은 기술력을 갖고 있어도 판로가 불확실하면 '빛 좋은 개살구'에 불과하기 때문이다.

수출 환율에서 짭짤한 수익을 얻은 후 그는 중국 시장을 겨냥했다. 미주, 남미, 유럽 등 여러 나라로 수출이 되고 있었지만 규모가 큰 중국 시장을 뚫지 못한 상황이었다.

"중국 시장 도매를 담당하던 바이어가 손짓을 해왔습니다. 기회이다 싶어 홍콩으로 달려갔지요. 그 후로도 두 달 동안 서너 차례 더 그 바이어와 손을 잡기 위해 홍콩으로 가서 비즈니스를 벌였어요. 그런데 결과는 화가 날 정도였죠. 그는 자신이 맡고 있는 중국 시장 물량의 50%를, 그것도 5년 동안 조금씩조금씩 늘려가겠다는 거였어요."

그는 그때 오기가 생겼다. 그리고 다짐했다. '내가 직접 뚫겠다'고.

1999년, 2000년 2년에 걸쳐 중국 시장 개척을 하면서 중국인들이 중시여기는 '꽌시'에 성공했다. 이 도시 저 도시 가리지 않고 열심히 바이어들을 찾아다녔다. 처음에는 제품을 홍보하는 데 주력하면서 그들과 술자리를 자주 가졌다. 일단 친해지고 보자고 마음먹었다. 술 마케팅이 좋은 방법이라고 말할 수는 없지만 문화가 우리와 유사한 그들에게는 서로의 마음을 여는 가장 단순하면서도 중요한 끈이 바로 술을 매개체로 한 관계였다.

1년 동안 수차례에 걸쳐 중국을 방문하면서 현지인들과 독한 중국 백주를 200병은 넘게 마신 것 같다. 술로 가까워진 인간 관계는 그들로 하여금 "형님", "아우"라는 말이 저절로 나오는 사이로 이어졌다.

이쯤 되자 중국은 단순한 수출이 아닌 현지화의 필요성과 그 방법을 얻게 되었고, 현지 법인 설립을 통한 대형 공장시설을 갖추게 되었다. 중국 내몽고 자치주 포두시에 세운 공장에서 현재 720명의 직원들이 일하고 있으며, 세계 시장으로 뻗어나가는 우리 회사의 전진 기지로 자리매김하고 있는 상태다. 현재 (주)메타바이오메드의 총 매출 중 20%가 중국에서 발생한다. 또 중국 시장 내에서 차지하는 비중은 60%로 막강한 파워를 자랑한다.

수출 강자 (주)메타바이오메드의 고객은 세계 86개 국에 200개나 된다. 여기에는 오석송 대표의 마일리지 총계가 300만 점이라는 사실이 숨어 있다. 지난 10여 년간 해외시장 개척을 위해 그토록 많이 출장을 다녔다는 얘기다. 그것은 그만의 열정이고 인내였다.

SCEEN 4

넘쳐나던 新공장 펀드, 한순간에 사라지다

(주)메타바이오메드의 수출 호조와 중국 시장 진출은 오석송 대표로 하여금 제2의 도약을 부추겼다. 다름 아닌 신공장 확보였다. 생산 시설을 늘려야

만 수출량 증가에 따른 생산량 증가도 가능하고 제품도 다양화시킬 수 있었다. 게다가 당시 직원을 채용하고자 공고를 내면 공장과 사무실이 지하였던 까닭에 고급 인력들의 경우 면접을 보러 왔다가는 곧장 등을 돌렸다. 그래서 일을 저지른 것이 지금의 오창 과학산업단지 내 본사가 자리한 1115-6번지 6000m²였다. 땅을 계약해놓고 펀드를 모집했다. 사실 당시 우리 회사 능력으로는 부지 확보만으로도 큰 일이었다. 그러니 공장과 사무동 건물을 신축하는 데 소요되는 비용을 어디서든 확보해야 했는데 의외로 성공적이었다. 펀드를 주관했던 회사 직원의 전화만 들어도 기분이 좋았다.

"사장님 대박 터지겠는데요."

"무슨 말이십니까."

"서로 투자하겠다고 하는데요. 벌써 21억 원 정도 됩니다."

"정말입니까. 아이구, 감사합니다."

2000년 말 오 대표는 생각했다. '드디어 일이 순조롭게 이어지는구나. 나한테도 복이라는 게 있는가보다'라고. 그런데 그것도 잠시였다. 2001년 들어 공장을 신축하려고 하는데 5개월 사이에 펀드가 불과 1억9천만 원으로 바닥을 쳤다. 앞이 캄캄했다. '땅을 다시 팔아야 하는가' 하는 생각까지 들었다. 돈 나올 구멍이 없었다. 우여곡절 많았던 사업 15년 만에 뭔가 제대로 되는가 싶었는데 다시 또 위기에 봉착하고 보니 맥이 풀렸다.

그의 머릿속에 1990년 자살을 기도했던 일이 떠올랐다.

– 두 번의 실패, 아버지 산소, 소주 2병, 수면제, 응급실 –

대체 신은 사람을 왜 이렇게 시험에 들게 하는 건가? 또 다시 쓰러져야 하는 건가? 이제 무너지면 더 이상 비상구도 없다는 생각뿐이었다. 회사에 나오면 한숨만 터져 나왔다.

그런데 신의 장난인지 축복인지 빛이 보였다. 하늘이 무너져도 솟아날 구멍은 있다더니 이때 구세주가 나타났다. 정부에 의해 생겨난 프라이머리 CBO를 30억 원 지원받게 된 것이다. 오석송 대표는 긴장과 고민으로 뭉쳐 있던 가슴을 쓸어내리며 정부의 지원 정책에 감사하고 또 감사하게 생각했단다.

'봉합사', 제2의 수출 전성시대를 열다

30억 원의 CBO로 인해 2001년 공장 신축 첫 삽을 떴다. 그해 말 신공장으로 입주하면서 지금의 (주)메타바이오메드로 상호를 변경했다. 신공장 입주 당시 (주)메타바이오메드의 연구진들은 비장의 무기를 준비하고 있었다. 다름 아닌 '생체분해 수술용 봉합사'다. 때마침 연구진들이 밤새워가며 씨름한 끝에 세계에서 7번째로 수술 후 실밥을 제거할 필요가 없는 '생체분해 수술용 봉합사' 개발에 성공한 것이다.

기업의 CEO는 전쟁터의 지휘관이다. 총을 쏘아대는 병사는 탄알이 얼마나 남았는지 모른다. 지휘관은 미리 식량과 탄알을 비축해두는 지혜가 필요한 법이다. 오석송 대표는 공장 규모가 커지면 기존의 치과용 근관충전재 하나만으로는 성장에 한계가 있겠다는 판단을 미리했고, 이에 따라 봉합사 개

146

발을 일찌감치 시작했던 것이다.

산 하나를 넘으면 또 하나의 산이 나타는 게 인생사이고 기업의 성장사가 아닌가 싶다. 자금을 긁어모으다시피 하여 신공장에 봉합사 생산 설비를 갖추고 2002년 말부터 가동시켰다. 하지만 아주 다급한 문제가 생겼다. 자금은 다 동이 났는데 직원 수는 늘어나서 지출은 많아졌고, 신제품을 양산했지만 당장 판로가 걱정이었다. 방법은 한 가지뿐이었다. 해외 전시회에 참가하여 바이어로부터 주문을 받아내는 것뿐이었다. 그러나 신제품이기 때문에 그 깐깐한 유럽의 의료용품 바이어들이 쉽게 선택하지 않았다. 지금은 명실공히 세계 최고의 외과 수술용 실을 생산하는 업체로도 명성을 얻게 되었지만 그때만 해도 메타바이오메드는 치과용 근관충전재 분야에서만 서서히 이름이 알려지고 있던 시기였다.

판매가 이루어져야 공장 가동이 지속되는데 재고는 쌓여만 가니 참으로 난감한 일이었다. 그렇다고 비싼 돈 들여 지은 공장과 설비를 중단시키고 직원들을 손 놓고 놀게 할 수는 없는 일이었다.

'2003 뒤셀도르프 메디카쇼'는 생사를 건 전시회라 해도 과언이 아니었다. 어떻게 해서든 신제품을 주문할 바이어를 잡아야 했다. 직원들과 함께 전시회를 잘 치르고 왔지만 역시 샘플 주문을 한 업체만 있을 뿐 당장 대량 주문은 없었다. 쌓여가는 생산 제품을 보면서 불안감은 커져만 갔다. 직원들 사이에서도 "저거 팔지는 못하고 만들기만 하면 어떻게 하지."라는 말이 오고 갔다. 그러던 어느 날 담당 직원이 사장실로 달려 들어왔다.

"사장님, 메일이 왔습니다."

현재의 제품이 잘 팔린다고 해서 그것만 믿는 것은 아니다. 지속적으로 신제품 개발을 하여 시장을 확대시키고 있다. 의료 분야의 경우 한 제품을 개발하려면 장시간이 걸리지만 R&D 투자를 아끼지 않는다.

"어, 그래. 어디지?"

"도 – 독일 회사 같은데요. 물량이 큽니다."

직원도 적잖게 흥분해 있었다. 오 대표는 직원이 들고 들어온 주문서를 확인했다.

"살았다. 조달 물량이니까 확실해."

이라크전쟁을 앞두고 조달 물량을 공급하는 독일의 한 회사가 50만 불 규모로 주문을 한 것이었다. 몇 달 동안 저녁마다 술로 고민과 걱정을 달래던 시간이었다. 그날 오 대표는 너무도 기분이 벅차올라서 직원들과 밤 늦도록 삼겹살 소주 파티를 열었다.

이렇게 하여 숨통이 트이자 힘이 생겼다. 같은 해 열린 '독일 퀼른IDS' 에도 신제품을 들고 참가했다. 이 전시회 역시 성과가 좋았다. 여기 저기서 주문이 들어왔고 반응이 좋았다. 이로 인해 그 해 매출이 급상승했다. 총 매출은 45억 원에서 62억 원으로 증가했고, 수출은 39억 원에서 55억 원 규모로 40%의 높은 증가를 기록했다.

SCEEN 6

"나누며 살자."

"사람은 자신에게 주어진 현실에 감사해 하며 살아야 합니다. 그리고 나눌 수 있으면 나누며 살아야 합니다. 혼자만 배 채우면서 산다는 것은 무의미한 일이지요. 물론 저는 저를 지켜봐 주고 도와 주고 이끌어 준 수많은 사람들이 있기에 더더욱 나누며 사는 삶을 실천해야지요.”

오석송 대표는 “누가 충청도 촌놈 아니랄까 봐 정이 많은 게 흠이죠.”라며 자신의 정서를 대변한다. 그래서일까?

2006년부터는 회사 인근의 오창면 신평 2리와 ‘1사 1촌’ 자매결연을 맺고 농민들을 지원하고 있다. 농민들이 운영하는 유기농 농장을 분양받아 직원 3명이 주말 농장으로 활용하고 있으며, 농민들이 수확한 유기농 야채를 회사 구내식당에서 구입해 주고 있다.

그런가 하면 충남 장항 중앙초등학교에 매년 300만 원의 장학금을 지급해 오고 있다. 졸업 시 우수 학생 30인에게 1인당 10만 원씩 지급된다. 하지만 이 돈은 순전히 오석송 대표의 자비다. 벤처기업이자 성공한 의료용품 전문 수출기업의 CEO이기에 여기저기서 초청 강의 건이 잦은 편이다. 그때마다 받은 강의료를 모아두었다가 자신의 모교에 장학금으로 내놓는 형태다.

지난해 말에는 특별한 이벤트도 마련했다. 다름 아닌 상위 랭킹 고객 30개 사에 금으로 만든 행운의 열쇠를 선물하기도 했다. 그간 (주)메타바이오메드를 믿고 꾸준히 거래를 이어온 고객들에 대한 감사의 뜻을 전한 것이다.

사외에 대한 나눔 정신이 이 정도니 회사 내에서는 두말할 나위가 없다.

연봉제를 실시하는 (주)메타바이오메드는 매년 말 목표 달성에 대한 인센티브를 지급한다. 2007년의 경우 300%의 상여금이 지급됐다. 올 들어 코스닥에 등록한 이 회사는 전 직원에게 우리 사주를 제공하며 자기 계발을 위한 교육비는 100% 지원해 준다. 이뿐만이 아니다. 회사 구내식당에는 아침 일찍 출근하는 직원들이 토스트와 음료로 조식을 간단히 해결할 수 있도록 별

(주)메타바이오메드는 '1사 1촌 운동', ' 학교 장학금 지급'을 통해 대외적으로 나눔 경영을 펼치고 있으며, 사내에서도 전직원들과 함께 나누는 문화를 만들고자 직원 복리후생 등에 많은 신경을 쓰는 회사다.

도의 바를 갖추어놓았고, 체력 단련실, 농구장 등 직원들을 위한 편의시설도 완벽하게 갖추어놓고 있다.

오석송 대표는 말한다.

"우리 직원들이 '나는 메타바이오메드 다닙니다' 라는 말을 자랑스럽게 할 수 있는 그런 회사를 만들고 싶습니다. 한 마디로 이보다 더 좋은 직장은 없다는 생각을 갖게 하고 싶습니다."라고.

SCEEN 7

전세계 6개 마케팅 거점 확보, "이제부터는 글로벌화다."

– 45억 원, 62억 원, 73억 원, 86억 원, 110억 원, 152억 원, 272억 원, 394억 원 –

2002년부터 2009년까지 (주)메타바이오메드의 매출 규모다. 2007년 152억 원까지는 실제 달성한 매출이며, 올해는 272억 원, 내년에는 394억 원을 달성할 예정이다. 1997년 이후 지난 11년 동안 단 한 번도 전년 대비 매출이 감소한 적이 없다. 게다가 수출이 차지하는 비중이 65%를 차지한다. 올해는 코스닥 시장에도 진출했다. 이쯤 되면 지

방의 제조 중소기업으로서는 성공했다는 말을 해도 과언이 아니다. 하지만 (주)메타바이오메드의 야망은 아직 채워지지 않았다.

오석송 대표는 "앞으로는 글로벌 경영을 적극 추진하여 국내보다는 해외에서 더 인정받고 성공하는 기업으로 만들 것입니다."면서 현재 중국의 북경, 인도의 뉴델리, 멕시코의 멕시코시티, 러시아의 모스크바, 미국의 뉴욕, 브라질의 상파울루 등 6개 지역에 이미 확보한 거점을 이용하여 마케팅을 강화하겠다는 전략을 밝힌다.

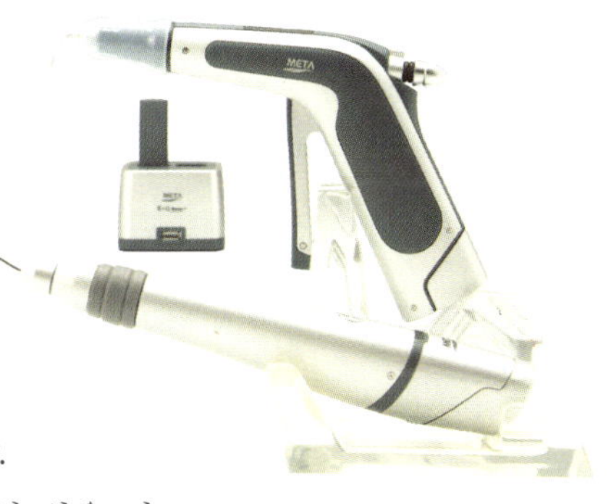

따라서 이 회사는 2013년 매출 1천억 원을 달성하고, 직원 수 200여 명이 일하는 세계적인 기업으로 거듭나겠다는 전략을 세워놓고 있다. 특히 현재 전세계 시장의 11%를 차지하는 치과용 근관충전재를 40%선으로 끌어올린다는 방침이다. 이미 지역별 거점과 수출 담당 인력을 확보해놓고 있고, 지난 20여 년간 해외수출을 직접 발로 뛰어 200여 거래처를 만든 오석송 대표의 노하우가 있는 한 (주)메타바이오메드의 미래 비전은 충분히 가능할 거라는 믿음이 간다. 더욱이 올 9월에는 이미 생산기지로서 자리 잡은 중국에 이어 미국 펜실베이니아주에도 현지 생산 공장을 조성

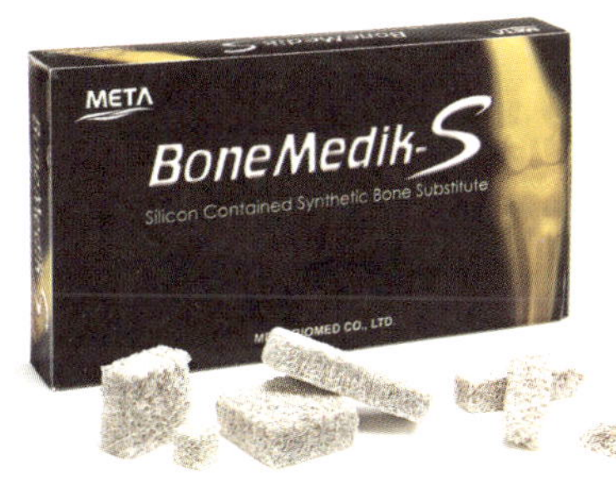

거래처가 전세계 80여 개 국가에 200여 곳이 넘는다. 어느 한 지역이나 회사에 편중되어 있지 않아서 만일의 경우 특정 지역 시장 변화에 따른 위험 부담률이 적은 편이다.

할 예정이어서 이들의 글로벌화는 단순한 기대나 예상이 아닌 실전 그 자체라는 인상이 짙다.

중소기업이든 대기업이든 기업을 운영하는 CEO치고 실패와 좌절감 한두 번 느껴보지 않은 이는 극히 드물다. 중요한 것은 어떤 상황에서도 끝까지 포기하지 않고 희망을 갖는 것이다. 이런 점에서 볼 때 이제 새로운 도전을 시작하는 기업이라면 (주)메타바이오메드와 오석송 대표의 지난 시간들을 적당히 벤치마킹해 보는 것도 좋은 일이 아닐까 싶다.

[회사 개요]

대표 : 오석송

창립일 : 1990년

주력사업 : 치과용 근관충전재, 생분해성 봉합사, 골수복재

직원수 : 75명

취급물동량 : 272억 원 (2008 예상)

주소 : 충북 청원군 옥산면 남촌리 1115-6

홈페이지 : www.meta-biomed.com

전화 : 043-218-1981/ 팩스 : 043-218-1985

회사 연혁

2008년	코스닥 상장
2007년	한국무역협회 이사상사 선임
	골수복재, 치과용 복합근관충전기 미국특허 등록
2006년	지역산업개발사업 선정 (산업자원부)
	골수복재 생산 공장 준공
2005년	수출유망중소기업 선정 (충북중소기업수출지원센터)
	FDA 공장 (생산, 품질부문) 실사 (업계 최초)
2004년	보건복지부 의료기기개발사업자 선정
2003년	차세대 신기술개발사업자 선정 (산업지원부)
2002년	부품 · 소재 기술개발사업자 선정 (산업자원부)
2001년	생명공학관련분야 공장 및 기술연구소 준공
	(주)메타바이오메드로 상호변경
	기술경쟁력 우수기업 지정 (중소기업청)
2000년	(주)메타치재 중국 현지법인 설립 (내몽고 자치주 경제특구)
	서울대 치과대학과 산학연 협정 체결
1999년	벤처기업 선정 (중소기업청)
	기업부설 기술연구소 설립
	(주)메타치재로 법인전환
1998년	ISO 9001 품질시스템, CE Mark 획득
1995년	FDA 공장등록
1994년	청주시 모충동 413-1로 소재지 이전
1990년	메타치재산업사 설립

다산기공(주)
김병학 대표

세계 최고의 총열 만드는 IDEA가 넘쳐나는 기업

인터뷰를 했다는 후배(장백지 기자)의 말을 들어보니 '아이디어가 정말 많은 사장님'이란다.

인터뷰 기사를 확인했다. 역시 내가 찾는 CEO라는 결론을 내렸다.

메일로 자세한 내용을 보내고 전화로 인터뷰를 요청했는데 반응이 좀 시원찮은 것 같았다.

반강제적으로 시간 약속을 잡고 달려간 전북 완주군 삼례읍.

80년대 읍네 모습 그대로인 적당히 촌스러운 터미널 입구에 서 있는데 온몸이 땀으로 젖는다. 한낮의 햇빛이 사람을 질식시킬 것만 같은 날이다.

히밀이면 픽업을 나오겠다던 직원은 삼십 분이 지니서야 도착했고

'내가 왜 내려왔나' 하는 후회감이 몰려오는데

완주3공단에 들어서자 현대화된 공장들과 깨끗한 공단이 마음을 진정시켜 주고

김병학 사장을 만나는 순간 급한 내 성질이 한순간에 죽는다.

신뢰가 묻어나는 순수한 말투와 성격이 그대로 드러나는 털털한 모습

그 속에서 재주가 많아 오로지 일밖에 모르는 전형적인 일꾼 형 CEO임이 묻어난다.

남들이 하지 않는 특수 분야만을 고집하면서

독특한 사업 아이템으로 정하고 추진해 온 김병학 사장.

하지만 인간미나 성격에서는 지극히 솔직하고 신사적이어서 그렇게 별난 구석을 찾아보기 힘들다. 꾸밈없이 매사에 막걸리 같은 구수함이 묻어난다.

70여 명의 직원을 거느리는 사장님.

하지만 틈만 나면 새로운 아이디어를 내놓아서 간부들이 늘 긴장한다는데……,

품질 위해서라면 집 두 채도 날린다

아버지가 경찰관이었기에 어린 시절부터 총기류를 수없이 보았다. 한 번쯤 몰래 그것을 손 안에 넣고 싶었고 속에는 무엇이 들어 있는지 분해도 해보고 싶었다.

하지만 그것은 실현 불가능한 일이었다. 그러니 가슴 한쪽으로는 늘 동경의 대상일 수도 있었다.

마음속에 무언가를 늘 그리면 그것이 현실로 다가온다는 말이 있다. 김병학 대표가 그런 경우인지도 모른다. 지금은 권총 부품의 총열 슬라이드 프레임 분야에서 세계 10대 메이커 중 3개 업체에 납품하고 있으며, 총열은 세계 최고임을 자부한다.

그간 수출한 품목만도 150여 종에 달할 정도이니 총기에 관한한 이 회사가 갖는 자부심은 대단하다.

물론 처음부터 완벽하게 잘 했다고는 말할 수 없다. 시련과 역경 없이는 수작을 만들어낼 수 없는 것.

총열을 만들던 초기였다. 수출하던 미국 거래처에서 전화가 걸려 왔다. 가뜩이나 깐깐하고 까다롭게 굴었던 회사인지라 긴장하지 않을 수 없었다. 아니나 다를까 상대는 매우 직선적이었다.

"We found some problems in your items. We concluded it's hard to sell these. You'd better not load the next shipment. And we're going to send back the whole items we received."

("제품에 문제가 있어요. 이런 제품으로는 곤란합니다. 다음 선적은 하지 말아 주세요. 그리고 저희가 받은 제품 전량 다시 돌려 보내겠습니다.")

"그게 무슨 말이죠. 문제가 있다니요."

"The barrel has broken cause a problem in organization. How could we sell goods like this?"

("조직에 문제가 생겨 총열이 파열되었습니다. 이런 제품을 어떻게 판매합니까.")

총열이 파열됐다는 말을 듣자 김병학 대표는 더 이상 할 말이 없었다. 미세한 어떤 실수가 아니라 총열 파열이라니 이건 심각한 것이었다.

"네, 알겠습니다. 하지만 저희도 원인을 모르고 있었으니 당분간 시간을 주십시오. 물론 먼저 보낸 제품은 전량 다시 보내 주십시오."

총열이 파열되었다는 것은 총기를 사용할 수가 없다는 애기가 된다. 김 대표의 자존심이 한순간에 무너져 내렸다. 하지만 그대로 물러설 수는 없는 일이었다.

그는 직원들과 함께 문제의 원인을 파악하기 위해 소재부터 분석했다. 금속 현미경으로 분석 결과 조직 문제로 인해 총열이 파열된 것으로 확인됐다. 조직은 소재의 문제였다.

애시 당초 미국의 소재를 직접 수입해서 사용했던 터였다. 문제는 바로 그 소재의 조직에 이상이 있었던 것이다. 그렇다면 근본적인 문제는 다산기공(주)이 책임져야 할 것은 아니었다. 그런데 여기서 김병학 대표의 기질이 나타난다.

"수출했넌 제품을 전량 회수했고, 창고에 있던 깃도 진량 폐기시켜 버렸어요. 그때 자그마치 33평(108.9m²) 아파트 두 채에 달하는 금액인 1억 5천만 원을 손해 보았지요. 소재를 구입했던 업체에 소송을 걸 수도 있었지만 국내가 아닌 외국인지라 비용만 많이 들어가고 승산이 없다는 판단이 섰어요. 그래서 아예 일찍 포기하는 쪽을 택했습니다. 하지만 억울하다는 생각보다는 내가 미국 수입 업체라 할지라도 그랬을 거라는 생각을 했습니다. 그리고 품질에 까다롭게 구는 회사가 장기적으로는 좋은 회사가 된다고 믿었지요."

이 사건을 계기로 김 대표는 국내에서 대체 소재를 찾아냈다. 그리고 다시 제작해서 제품을 납품했고 하자는 전혀 나타나지 않았다. 오히려 더 좋은 제

매년 평균 총 매출의 5%를 R&D에 투자한다. 많은 경우는 8%까지 투자하기도 한다. 이같은 과감한 투자가 이 회사의 사업 다각화를 이끌었으며, 기술력을 강화시켰다. 때로는 연구 개발에 투자한 비용을 못 건지는 일도 있지만 후회하거나 실망하지 않는다. 기술은 확보했기 때문이다.

품이라는 평가를 받았다.

어찌 보면 소재를 수입해서 만들 때보다 국내의 대체 소재를 사용함으로써 우수한 품질 평가도 받고 전체 제조 원가도 절감하는 해법을 찾은 셈이었다. 때문에 억울하다는 생각은 갖지 않았다고 한다. 그리고 그에게는 아주 괜찮은 마인드 하나가 생겨났다.

'품질에 까다롭게 구는 회사가 좋은 협력 업체다. 회사가 비전을 가지려면 품질이 세계 최고이어야 한다.'는 것이었다.

지금도 어떤 제품을 만들든지 이것은 다산기공(주)의 품질 경영의 모토이자 김병학 대표의 소신으로 굳어져 있다.

10대 시절부터 CEO가 되고 싶었다

김 대표의 학창 시절, 지방에서는 입학 당시 기준으로 볼 때 공고생이 인문계 입학생보다 성적이 뛰어났고 공고 출신자들이 대접받던 때다.

그는 공고 기계과를 선택했다. 유난히 호기심이 많았고 매사에 긍정적인 소년이었다.

"IQ는 보통이었는데 호기심 지수는 200이었던 것 같아요. 다른 사람이 했다면 나도 할 수 있다. 사람이 할 수 있는 일이라면 무엇이든 도전하고 싶다는 생각을 했거든요. 그래서 새로운 분야에 도전하는 것을 즐겼던 것 같아요."

김병학 대표는 공고 재학 시절부터 막연히 나중에 사장이 되고 싶다는 생각

을 자주 가졌다고 한다.

그가 지금의 다신기공(주)을 창업한 것은 지난 1992년이다. 하지만 그에 앞서 이미 20대 시절 일을 저질러 본 경력이 있었다.

1983년이었다. 그의 나이 27살이던 시절 직장에 함께 다니던 동료와 회사를 그만두고 사업을 해보기로 결심을 했다. 아이디어는 신선했다. 기저귀에 센서를 달아 아기가 오줌을 싸면 바로 경보음이 울리도록 했다. 이를 테면 '소리 나는 기저귀' 였다. 유아용품 유명 메이커사를 방문하여 마케팅을 펼쳤지만 역부족이었다.

자금력과 마케팅 파워가 너무 약했다. 물론 그때까지 벌어놓은 돈을 창업이랍시고 다 투자했는데도 여전히 자금은 부족했다.

이게 아니다 싶어 두 젊은이는 지하수를 이용한 에어컨 개발에 몰두했다. 하지만 다 개발하고 나니 여름은 지났고 마케팅과 양산 앞에서는 여전히 능력의 한계를 느껴야 했다.

당시를 기억하며 김 대표는 말한다.

"사실 준비에 철저하지 못한 창업이었지요. 하지만 후회는 없었습니다. 그때 같이 동업했던 김진철이라는 친구는 지금 건축업과 유통업으로 성공했습니다. 둘이 만나면 젊은 시절 용기 하나로 시작했던 창업과 실패 애기를 하곤 합니다. 어쩌면 미리 그런 연습 게임을 했기에 다시 창업하고 나서부터는 어려운 상황에서도 잘 견디어내고 지금까지 걸어올 수 있었던 게 아닐까 싶어요."

김 대표는 이처럼 늘 긍정적이다. 때문에 당시에도 5년간 직장 생활로 모

김병학 사장은 시시때때로 새로운 사업 아이템을 찾아내 연구 개발에 들어가는 이른바 '일 저지르기'를 즐긴다. 너무 심해 간부들로부터 우려의 소리를 듣기도 하지만 현재 진행하고 있는 사업 아이템이 하나같이 그의 머릿속에서 나왔다고 한다.

은 돈을 다 날리고도 크게 실망에 빠지거나 좌절하지 않았다고 한다. 그 후 그는 다시 직장에 들어가 10여 년 동안을 기계설계 엔지니어로 일했다. 하지만 그가 회사 생활을 접게 된 것은 다니던 회사가 부도가 났기 때문이다. 이때 사업을 접는 사장의 뒷모습을 보면서 그는 생각했다. 안타깝다는 생각도 들었지만 최선을 다했기에 설령 무너졌다 할지라도 상처가 아닌 새로운 도전의 계기가 될 것이라고. 자신 역시 끝까지 최선을 다해 사장을 도왔기에 아쉬움이나 후회는 없었다고 한다.

여느 사람 같았으면 회사가 마지막 문을 닫는 모습까지 지켜 보았으니 '사업'이라는 말만 들어도 고개를 흔들 일이었다.

하지만 그는 달랐다.

실패마저도 새로운 도전으로 이어지는 신선한 기회로 여기는 긍정적인 마인드가 있었다. 이런 그의 마인드는 스스로에게 창업이라는 새로운 도전을 자극시켰다.

1992년 그의 나이 36살. 지금의 다산기공(주)의 역사는 시작되었다. 처음에는 엽총 방아쇠 뭉치와 자동화 설비 제작으로 시작하였다. 이때 엽총 방아쇠 뭉치는 전량 수출이었다. 전주시 팔복동 제1공단에 264m²짜리 임대 공장을 확보하고, 직원 수 6명의 작은 회사로 출발했다. 기계부품 분야에 15년의 경력이 쌓인 베테랑이었던 그는 품질에서 거래처의 인정을 받았다. 따라서 첫 해에는 수량이 많지 않았지만 품질에서 인정을 받으면서 수량은 지속적으로 늘어났다.

"자꾸만 생겨나는 아이디어를 어쩌라고요."

다산기공(주)의 사업 아이템은 총기, 셔츠프레스머신, 칫솔 식모기/단모기, 군수용품, 자동화설비, 핵연료 제조설비 등 크게 나누어도 6개 분야다. 총기의 경우 총열, 프레임, 슬라이드 등이 주력 품목이다. 제품별 세부적으로 나누면 총 10여 종에 달한다. 사업 아이템이 많다는 것은 어쩌면 단점이 될 수도 있다.

중소기업에서는 한 가지에만 매달려 전문화를 추구해도 힘이 모자랄 판이다. 하물며 10여 종이라면 흉내조차 내기가 힘든 일이다. 그런데도 불구하고 이 회사의 총 매출 65%를 차지하는 주력 분야인 총기 부분은 세계적인 메이커로 이미 자리 잡았고 전량 수출인 점을 감안하면 "참 대단하다."는 말이 저절로 나온다.

다산기공(주)의 파워는 거기서 끝나지 않는다. 더욱 놀라운 비밀 한 가지는 다름 아닌 이 모든 제품이 자체 기술로 개발되었고 그 아이디어를 탄생시키며 연구 개발을 하도록 한데는 김병학 대표의 열정이 있었다.

한두 가지도 아니고 열 가지도 넘는 제품들 그것도 다른 기업들은 손대지 않은 신사업 분야에 뛰어들어 매출을 발생시켰다는 것을 감안하면 김병학 대표 그가 예사롭지 않게 보인다.

인터뷰를 하는 내내 신기하기도 하고 궁금하기도 해서 그에게 직접 물어보았다.

CEO의 마인드가 매사에 긍정적이다. 힘든 상황에서도 생각을 긍정적으로 갖는 장점 때문에 좌절하거나 쓰러지지 않고 늘 새로운 도전과 인내를 즐기다 보니 사업은 날로 번창했다.

"김 대표님, 하루 종일 일과가 어떻게 돌아갑니까? 아니 어떻게 이렇게 여러 가지 아이디어를 현실화시켰습니까?"

"회사에 있는 시간이 대부분이지만 부서장들과 미팅하고 결재하고 그러다 보면 시간이 그냥 지나갑니다."

"아니 그러면 새로운 사업 아이디어는 어디서 나오고 언제 구상하세요?"

"특별한 게 뭐 있나요. 그냥 돈 될 만한 사업이고 부가가치가 높고 경쟁자가 없는 사업이라면 일단 연구 개발을 착수하는 조금은 무식한 구석이 저에게 있습니다."

"하하하! 욕심이 너무 많으신 거 아닌가요."

"맞아요. 제가 일 욕심이 너무 많습니다. 그리고 도전 정신 좀 강한 편인 것 같습니다."

"아마 모르긴 해도 부하 직원들이 조금은 스트레스받지 않을까요. 재주 많은 사장님 아래 있는 직원들이 비교적 그렇던데요."

"저도 가끔씩 이런 생각을 합니다. '한 가지만 최고로 만들 일이지. 왜 이렇게 다양하게 늘려놓았나' 하고요. 그런데도 뭔가 새로운 게 눈에 띄면 그냥 달려들거든요. 하하하!"

총기는 방아쇠 뭉치에서 시작하여 서서히 총열–슬라이드–프레임 순으로 확대해 가면서 총기를 구성하는 핵심 부분은 다 만들게 되었다. 이외에도 이미 1993년도에 칫솔 단모기를 2005년도에는 칫솔 식모기를 개발했다. 전량 해외 수입 일색이던 제품을 국산화시킨 경우다. 그런가 하면 2007년도에는 셔츠프레스머신을 개발했다.

김병학 대표는 스스로 말한다.

"아무래도 나는 타고난 일꾼인 것 같습니다."

사람이 재산이다

"사람이 제일 소중하죠. 기업은 컴퓨터가 없고 차가 없어도 운영이 가능하지만 사람 없이는 불가능합니다."

김병학 대표는 초창기에는 품질 문제로 또는 신속한 위기 대처 능력 부족으로 비싼 수업료를 치르는 경험을 하기도 했지만 모든 것은 과정이라는 쪽으로 여기고 가능한 긍정적인 입장을 취하려고 노력했다. 때문에 힘은 들었어도 좌절하는 일은 없었다.

하지만 지금까지 사업을 하는 동안 가장 충격적이면서도 배신감을 심하게 느꼈던 적이 있다.

2006년이었다. 어느 날 갑자기 설계 경력자들 중 3명이 사표를 냈다. 3, 4년 경력을 쌓은 인력들은 산업기계 사업부의 일꾼이자 분위기를 주도하는 층이다. 그런데 한 명도 아니고 세 명이었다.

김 대표의 마음을 더욱 아프게 한 것은 한 명의 직원으로 인해 다른 직원 두 명이 떠났다는 것이다.

"한 사람이 개인 사업을 시작하기 위해 사표를 내면서 친한 동료를 같이 데리고 나가게 되었습니다. 그런데 같이 근무하던 또 다른 한 사람은 분위기에

휩쓸려 덩달아 그만둔 겁니다. 사업하고 싶어 나간다는데 박수를 쳐주어야지요. 하지만 다른 직원까지 데리고 나가고 분위기 흐려놓고 그러면 안 되는 거잖아요. 직장인들은 민감합니다. 동료들의 사표가 미치는 영향이 의외로 크거든요."

회사 설립 초기부터 그는 직원들을 끔찍이(?) 생각한 나머지 수요일은 '가족의 날'로 정하고 5시 30분이 되면 무조건 퇴근시켰다. 그리고 매월 1회 그 달이 생일인 직원들을 모아 전직원이 모인 가운데 생일 파티를 열어 주었고 동호회 활동을 하겠다는 직원들에게는 활동에 따른 비용을 적극적으로 지원해 주었다.

외부 업무가 끝나고 밤이 되면 일단 야근하는 직원들을 위해 공장에 들러 커피 한 잔이라도 뽑아 주고 가려고 애썼다. 자신이 말단 직원에서부터 장장 15년간 근무한 경력이 있기에 현장 근로자들에게 조금이라도 더 챙겨 주려고 애썼다.

그런데 결과는 뒤통수를 얻어맞은 셈이었다. 그때는 사람이 무섭고 싫어질 정도로 많은 혼란을 느꼈다고 한다.

하지만 김병학 대표가 누구인가? 매사에 긍정론자가 아닌가. 그는 곰곰이 생각해 보니 결론은 하나였다고 했다.

"어찌 되었든 대표인 내가 인재 관리를 잘 못한 결과인 겁니다. 누구에게 하소연할 일도 아니라고 생각하고 사람이 그만큼 소중하다는 것을 다시 깨닫는 계기로 삼았지요. 그 후로 조직 관리와 직원 관리를 어떻게 할 것인가에 대해 고민을 했습니다."

위기 경영을 일깨운
대기업 생산라인 멈춘 대사건

어느 날 갑자기 직원 3명이 회사를 그만두는 사건이 발생한 후 김병학 사장은 위기 경영을 해야 한다는 생각을 했다.

언제 어떤 일이 벌어질지 모르는 미지의 상황에 대처할 수 있는 대응책도 중요하지만 그보다 앞서 위기가 오지 않도록 사전 예방하는 것이 중요하다는 사실도 깨달았다.

그런데 위기 경영을 위한 새로운 준비도 하기 전에 일은 또 터져 버리고 말았다. 국내 자동차 메이커의 공장 조립라인에 자동화 설비를 납품했다. 6개월 정도 지났을까. 예상치 못했던 전화가 걸려왔다.

"사장님, 우리 공장 지금 멈췄습니다."

"아니, 그게 무슨 말씀이십니까?"

"다산에서 설치한 자동화 설비가 불안해서 직원들이 일 못하겠다고 합니다. 빨리 들어와서 해결하십시오."

"네. 네."

중소제조업체도 아니고 대기업 생산라인이 멈추었다면 이건 사건도 대형사건이었다.

김 대표는 A/S 직원들을 데리고 K사 공장으로 달려갔다.

담당자가 상황 설명을 했다.

다산기공(주)은 거래처 즉 '협력사'가 오히려 제품에 대해 깐깐하고 정확한 입장을 취할 때 즐거워한다. 최우수 품질을 추구할 때 다산기공(주)과 협력사 양자가 함께 성공할 수 있기 때문이다.

"기둥이 충격을 받은 건지 금이 갔습니다. 이것 때문에 직원들이 불안해서 일을 못하겠다고 합니다. 어떻게 된 거죠."

"네, 죄송합니다. 빨리 조치하겠습니다."

몇 백 명이 일을 하지 않는 것도 문제지만 자동차 생산라인은 한 곳에서 멈추면 전체가 멈추기 때문에 간단한 일이 아니었다.

공장 측 담당자들과 긴급 회의를 한 후 이상 있는 부분을 응급처리 하느라 10시간 정도가 소요되었다. 문제가 어디서 발생한 것인지 당장 확인은 안 되었지만 더 중요한 것은 공장 가동이 중단되었다는 사실이다.

급한 불은 껐지만 김 대표로서는 여간 당황스럽고 심각한 상황이 아닐 수 없었다. 업체에서 손해 배상을 청구하면 꼼짝없이 그에 따른 배상을 해 주어야 하고 이로 인해 거래가 끊길 수도 있는 상황이었다. 수백 명의 직원들이 하루를 쉬었다면 그에 따른 손해는 결코 작지 않았을 일이다.

회사로 돌아와서 자리에 앉자 앞이 캄캄했다. 그때 심정은 그 누구에도 말로 표현할 수 없을 만큼 답답하고 힘들었다.

하늘이 도운 것일까. K사 측은 손해배상을 청구하지 않았고 사고에 따른 서로의 불편함 없이 무사히 넘어갔다.

하지만 위기의 순간은 여기서 끝나지 않았다. 그 후 한 번은 숨 막히는 긴장의 시간이 또 발생했다. 자동차 공장은 여름휴가 시 장비 점검을 하게 되는데 직원들을 이끌고 업체에서 며칠간을 점검했는데도 일이 끝나지 않았다. 휴가가 끝나고 업무 복귀일이 다가오는데도 작업은 지체되고 있었다. 대형 사고를 한 번 치렀는데 또 공장 가동이 안 되는 일이 벌어지면 이젠 끝장이다

166

싶었다.

김 대표와 직원들은 밤을 새워가며 정비를 했지만 휴가 복귀날 새벽까지도 작업이 끝나지 않았으니 살얼음판을 걷는 순간이었다. 숨막힐 지경이었던 그날 새벽 직원들 출근 한 시간을 앞두고서야 가까스로 정비가 마무리되었다.

이쯤 되면 아무리 강심장이라 할지라도 천국과 지옥을 오가는 기분일 수밖에 없었을 것이다.

"R&D에 8%를 쏟아부으면 안 되죠."

"사장님, 지난번에 투자한 거 3년이 지났는데 본전도 못 건졌습니다. 우리 같은 중소기업에서 R&D 8%는 정말 너무 심한 거 아닙니까."

"응 그야 그렇긴 하지만 그래도⋯⋯."

"군수품 개발건도 그렇잖아요. 자꾸 이 일 저 일 벌여놓으시면 엉뚱한 지출만 늘어나고 이러다 문제 생기면 어쩌시려고 그러세요."

"알았어. 이 이사. 나라고 돈 내버리고 싶겠어. 그리고 잘해 보려고 하는 건데⋯⋯."

"죄송합니다, 사장님. 저는 그렇습니다. 자금이 여유가 있어서 연구 개발과 생산 설비에 투자하는 거야 좋은 일인데요. 사장님도 아시다시피 우리가 몇 십억 원씩 돈 쌓아두고 있는 상황은 아니니까요. 차입자금 늘어나면 저나 사장님이나 밤 잠 안 오잖아요."

"그래. 알았어. 나도 좀 더 심사숙고할게."

김병학 대표의 병(?)이라면 다른 게 아니라 아이디어가 때와 장소를 가리지 않고 나온다는 것이다. 그리고 일을 잘 저지른다는 것이다. 물론 그 덕에 남과는 차별화된 아이템으로 지금까지 성장해 왔지만 그 이면에는 값비싼 수업료를 내고 실패의 경험을 쌓은 적이 한두 번이 아니다. 때로는 누군가가 아주 심하게 자신의 끼(?)를 잠재워 줄 사람을 필요로 한 적도 있다. 그나마 회사에서는 이재익 이사가 솔직하게 자신의 의견을 피력하면서 저지를 할 때가 있다.

그럴 때마다 김 대표는 자신의 생각을 되돌려보고 새로운 사업에 대한 추진 템포를 조금 늦춰 본다. '돌다리도 두드려보고 건너라'는 속담을 사실은 좋아하는 편이다.

그럼에도 불구하고 새로운 개발 건에 빠져들면 하염없이 그 속에만 빠져드는 일이 비일비재하다. 그러다보니 자신 스스로도 후회스러운 일이 생기기 마련이다.

"몇 년 전 군수품 국산화 작업을 했어요. 당시에는 국산화만 시키면 연간 10억 원 정도는 문제없다고 생각했는데 2, 3년 동안 수억 원을 투자해서 개발해놓으니까 국방부의 정책 변화와 함께 수요가 25% 수준으로 줄어들더라고요. 참 난감한 상황이지요. 기술력 보유를 위안으로 삼을 수도 있지만 당장 까먹은 돈을 건지지 못하니 많이 아쉽더군요."

아이디어 사업화와 기술 개발 관련해서 이런 저런 사연도 많다. 하지만 김 대표는 크게 후회하지는 않는다. 어찌 되었든 중소기업의 무기는 기술력이고 그 기술력 확보를 위해 쓰는 돈은 아깝지 않다는 생각을 하기 때문이다. 연 8%는 과도한 투자일지 몰라도 연 5%는 매년 R&D 비용으로 할애하겠다는 작정이다.

거래선 다변화와 사업 다각화

사업을 하다 보면 예상치 못한 일이 많이 벌어진다. 그중에서도 어느 날 갑자기 철썩같이 믿고 있던 거래처가 쓰러지는 일은 그야말로 하늘이 무너지는 일과도 같다.

실제로 대기업 계열 협력업체들 중에는 생산량의 80% 이상을 한 기업에만 집중 납품해 오다가 어느 날 갑자기 대기업이 부도가 나고 그에 따른 연쇄부도로 고전을 면치 못하는 일이 종종 발생한다.

다산기공(주)도 이미 오래 전 이런 일을 겪었다. 김병학 대표는 거래선 다변화와 동향 파악을 매우 중요한 일로 여긴다. 그럴 만한 아픈 만큼 성숙하는 계기가 있었기 때문이다.

2001년은 21세기의 빗장이 열리고 지구촌의 분위기는 더욱 더 활력 넘치던 시절이다.

그러나 다산기공(주)으로서는 참으로 잊을 수 없는 한 해였다. 그것은 감동이나 축복이 아니라 적잖은 낭패감 또는 분위기의 위축 그런 거였다. 김병학 대표는 그때 그 사건을 잊지 못하고 있었다.

"미국에 4개의 거래처에 의존하던 시절이었어요. 한 업체가 갑자기 파산을 했습니다. 2억여 원의 잔금을 받지 못했으니 엄청난 손해를 보았어요. 그런데 이게 웬일입니까. 오비이락(烏飛梨落)이라고 했나요. 정말 그런 일이 벌어졌습니다. 다른 한 업체마저도 경영이 위태로워졌습니다. 그나마 감사해야 할 일은 한 업체의 경우 인수한 회사가 잔금을 책임지기로 한 겁니다. 그리고 거래를 지속했고요."

그 당시 다산기공(주)은 30억 원대의 매출을 올리던 시기였는데 지금까지 유일하게 그 해만 매출이 전년 대비 하락했었다. 이런 사태를 겪고 나서야 거래선 한두 곳에 의존도가 높으면 문제가 크다는 사실을 깨닫고 그 이후로는 거래선을 다변화시켰다고 한다.

또한 다산기공(주)의 생산 아이템이 다양한 것에 대해서도 김 대표는 많은 고민을 해왔다. '전문성이냐 가지치기냐'에 대해 많은 갈등을 느끼고 있다. 아이디어가 많고 일을 좋아해서 일 저지르기도 좋아하는 자신의 경우 장점도 많지만 단점도 있다는 것을 인식한다는 입장이다. 따라서 그에게도 향후 노선은 정해져 있다.

"총기 분야와 자동화 분야는 그대로 유지하되 그 외의 아이템들은 가능한 기업 환경에 일조를 기하게 하고 우리의 자체 브랜드를 세계적으로 알릴 수 있는 아이템에 주력할 방침입니다. 장기적으로 부품 소재와 정밀가공 분야의 글로벌 기업이 되는 게 목표입니다. 물론 무조건 고부가가치 사업이라고 해서 진행하는 건 좀 자제해야겠지요. 하하하!"

다산기공(주)은 올해 매출 100억 원을 예상하고 있다. 생산 규모나 인력 규모면에서 지금보다 더 넓은 부지와 시설을 필요로 하고 있다. 이에 따라 이미 확보해 놓은 5천여 평의 부지에 앞으로 2~3년에 걸쳐 사업부별 이전을 진행할 계획이다.

김병학 사장이 15년의 직장 경력을 무기로 다산기공(주)을 설립한 지 정확히 16년이 흘렀다. 전북 지역에서는 대표적인 우수 중소기업이자 성공 케

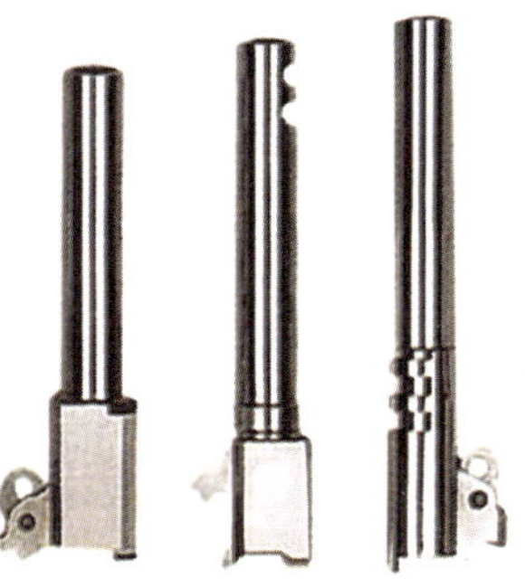

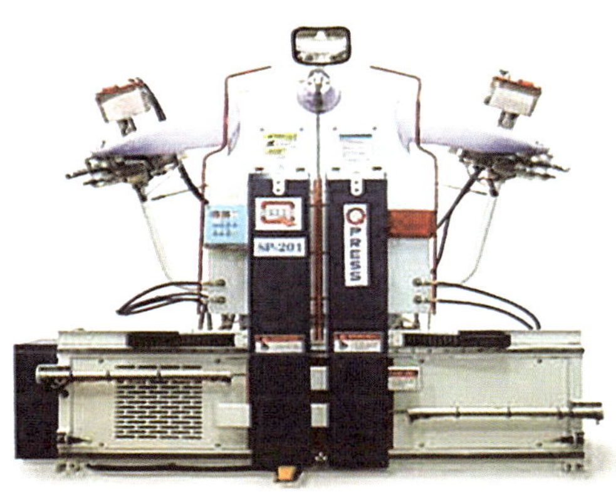

이스로 통하는 회사다.

김 대표는 아주 편안하게 말한다. 이제는 한 계단 한 계단 더 조심스럽게 오르는 성장을 추구하고자 한다.

'알레그레토(allegretto)로 성장하기' 바로 그것이다.

[회사 개요]

대표 : 김병학

창립일 : 1992년 11월

주력사업 : 총기, 셔츠프레스머신, 칫솔 식모기/단모기, 자동화 설비

직원수 : 70명

매출규모 : 100억 원(2008 예상)

주 소 : 전북 완주군 봉동읍 용암리 798-5

홈페이지 : www.da-san.co.kr

전화 : 063-261-0411-4 / 팩스 : 063-261-0415, 0417

회사 연혁

1992년 11월	다산기공(주) 설립(전주제1산업단지)
1993년 2월	총포제조허가 취득(경찰청)
1995년 6월	현대자동차(주) 협력업체 등록(조립라인 설비부문)
1996년 5월	다산기공(주) 신축공장 준공(완주산업단지)
1998년 현재	수출중소유망기업 선정(중기청)
2001년 10월	ISO9001인증(GCS인증원)
2002년 11월	100만불탑 수상(한국무역협회)
2004년 6월	국방부장관 감사장 수상(군용물자 국산화개발)
2005년 6월	다산기공(주) 법인전환
2006년 2월	수출 중소기업인상(중기청)
2006년 2월	기술 혁신형 중소기업(INNO-BIZ)선정
2006년 11월	300만불 수출탑 수상(한국무역협회)
2007년 1월	전북경제대상 본상 수상
2007년 11월	500만불 수출탑 수상(한국무역협회)
2008년 1월	기업부설 연구소 설립

화이트정보
통신(주)

김진유 대표

성공가도를 달리는 CEO 12인의 풀스토리

사회적 책임 실천하며 글로벌 기업 지향하는 HR 전문 최강자

조금은 낯설어하면서 또 조금은 호기심을 안고 찾아간
그곳은 문을 여는 순간 느낌이 달랐다.
전 직원의 사진과 Mission & Vision 기술서가 계단 한쪽 벽면에서 저자를 맞이했다.
얼굴을 마주치는 직원들에게서 프로 냄새가 풍겨 나왔다.
처음 만나는 기업이기에 설렘 반 걱정 반이었지만
역시 존경하는 선배(엄성민 프레이저스위츠 이사)가 추천해 준 회사답게 어디 한구석
나무랄 데 없는 사람으로 말하자면 그야말로 모범생 같은 중소기업이었다.
바로 화이트정보통신(주)이 그랬다.
김진유 대표의 첫인상은 조금은 깐깐한 듯하면서도 부드럽고
도시적인 이미지 속에서도 신뢰감과 여유가 풍겼다.
릴레이 인터뷰를 하는 내내 창업한 지 18년 된 HR 전문기업으로서
업계 선두주자라는 이름값에 걸맞게 신속한 조직력과 다양한 기업 문화가 돋보였고,
CEO의 대답 속에서는 여유가 묻어났다.
"왜 이런 회사를 몰랐을까?"
중소기업 전문기자라는 명함이 부끄러워지기도 했지만
이런 기회를 통해 알게 된 게 그나마 다행이 아닌가싶었다.
"대한민국 100대 기업 안에 드는 회사라면 우리 회사를 모르는 회사가 없을 겁니다."
라는 김진유 대표의 말이 아직도 생생하게 머릿속에 남아 있는 건 아마도 저자가 찾
고자 했던 모범 답안지 같은 기업이 바로 화이트정보통신이었기 때문인 것 같다.

"내 사전에 접대란 없다."

10여 년쯤 지난 일이다. 김진유 대표에게 잘 알고 있는 후배로부터 전화가 걸려왔다.

"선배님, 이번에 큰 건 하나 하셨다면서요. 날로 번창하시는 것 같아요."

"정보도 빠르다. 어떻게 알았어."

"H회사 J차장이 고등학교 동창이거든요. 진작 알았으면 제가 거들었을 텐데. 그런데 선배님 술이라도 한잔 사주지 그러셨어요. 그 친구가 고개를 흔들던데요."

"왜? 뭐라고 하던데……."

"북창동서 술 한잔 사는 거는 기본이잖아요. 그런데 선배님은……."

"야. 그런 소리 하려면 전화 끊어라. 내 사전에 접대란 없다. 그렇게 지저분하게 비즈니스하고 싶진 않거든. 일로써 승부를 걸어야지. 지금이 70년대야. 젊은 사람들이 정신을 못 차리고 있어."

김진유 대표를 만나는 사람들은 그를 두고 부드러우면서도 자상한 스타일이라고 말한다. 하지만 그의 성격 중 강렬한 것 한 가지는 '아닌 건 아니다' 라는 것이다. 요즘 소위 '잘 나가는 중소기업' 이라는 소리를 듣는 회사들치고 투명 경영 하지 않는 회사는 거의 없다. 직원들은 땀 쏟으며 일하고 있는데 사장은 호텔 가서, 룸살롱 가서 비싼 술 접대하면서 비즈니스를 한다면 그것은 하지 않은 것만 못하다는 게 깨끗한 경영을 하는 사장들의 한결같은 생각이다. 김 대표는 그런 면에서 유독 더 결백한 쪽이다. 그는 말한다.

"나는 창립 이후 18년간 단 한 번도 비즈니스를 위해 접대해 본 적이 없습니다."

이런 대쪽 같은 성격 탓에 사업 초기에는 "북창동도 안 가고 무슨 사업을 하냐."라던가 "물고기는 물이 너무 맑으면 죽는다."라는 식의 핀잔을 들어야

176

했다고 한다. 하지만 지금까지도 그에게는 불변의 법칙(?)이 바로 '수주하기 위한 접대는 하지 않는다'는 것이다. 그렇다고 김진유 사장에게 인간적인 매력이 없는 것은 결코 아니다. 접대 좋아하지 않고 술 싫어하는 사람들 중에는 앞뒤가 막혀 인간 관계가 그다지 시원하지 못한 이들도 적지 않다. 그러나 김 대표는 다르다. 비즈니스가 끝난 관계에서는 얼마든지 편하게 대해 주고 술도 마시고 유쾌한 대화도 즐긴다. 15년 전 고객이 지금까지 친구 관계로 유지되어 올 만큼 인간 관계에서도 꽤 인기가 있는 스타일이다. 자신 역시 "한 번 인연 맺으면 오래 가는 스타일"이라고 말할 정도다.

'술과 비즈니스'. 예전에 비해서 많이 사라졌다고는 하지만 아직도 국내에서는 봉투(?)가 아니면 술이라는 비즈니스 공식이 유효한 게 사실이다. 다만 겉으로 신랄하게 드러나지 않는 경우가 흔할 뿐이다. 이런 점에서 볼 때 지난 18년 동안 사업하면서 접대를 하지 않으며 버티어온 김진유 사장의 비즈니스와 자기 관리는 대단해 보이지 않을 수가 없다. 물론 그 속내를 들여다보면 결코 쉽지만은 않았을 거라는 상상이 간다. 중소기업이 대기업 공기업 등 굵직한 상대를 대상으로 비즈니스를 하기가 어디 그리 쉬운 일인가.

단 한 가지 이 회사에는 비밀 같은 노하우가 있다. 직원들이 영업 활동 시 로비를 하지 않는 대신 매년 명절 선물을 대신하여 'VIP고객 초대 행사'를 갖는다.

'외줄 타기 심정을 아는가'
- 낮에는 영업, 밤에는 개발

"사무실도 없었어요. 왜 그런 회사 있잖습니까. 여직원이 전화 받아주는 전화대행 서비스를 통한 비즈니스 도우미 회사. 그런 회사에 월 얼마씩 내고 사업을 시작했어요. 직원 한 명 데리고 낮에는 다리품 팔면서 열심히 영업하러 다니고, 밤에는 개발에 몰두했어요."

HR 분야 전문 회사이자 선구자이다. 경쟁 상대가 없을 정도로 독보적인 존재다. 최근 몇 년 사이에 유사한 기업들이 생겨났지만 경쟁 상대로는 역부족이다.

김진유 대표는 한국과학기술연구원에서 소프트웨어개발부문 연구원으로 7년 정도 근무했다. 올림픽게임 운영시스템 사업단에 소속되어 일을 한 후 독립을 결정했고, 경험을 위해 VAN 사업 분야의 회사에 들어가 1년간 일을 하기도 했다. 컴퓨터 분야 국내 1세대나 다름없던 그는 1990년 창업 당시 데이터베이스 중심 서비스 마인드로 회사를 차렸다. 그때만 해도 IT가 기업 업무에 응용되는 것은 아주 단순한 수준이었던 시기였다. 사업 경험도 없는데다 자금이 여유가 없으니 고생은 당연시 여기면서 인내하는 시간이었다.

첫 번째 비즈니스를 따낸 회사가 코리아정보시스템이었다. MIS 소프트웨어를 개발해 주었다. 이어서 주창건설로부터 일거리를 따냈다. 천만 원도 안 되는 수주였지만 김 대표의 기억에 오랫동안 남는 회사라고 한다.

"회사 측에서 삐삐도 사주고 사장이 핸드폰도 빌려 주더라구요. 서로 연락을 자주 해야 하는데 나는 핸드폰이 없으니까 오히려 서비스 받는 회사 측 사장이 배려를 해준 겁니다. 지금 생각하면 인내심 없이는 버티지 못했던 시절이었던 것 같아요."

타고난 성실함으로 오로지 일에만 몰두했던 그는 그 덕에 4년 만에 법인을 설립하고 회사 규모도 확대시킬 수 있었다. 누구나 그렇듯이 사업 초기에는 사연이 많을 수밖에 없다. 때문에 성질 급한 사장들은 쉽게 아이템을 바꾸거나 포기하기도 하지만 김 대표는 달랐던 것이다. 그는 예나 지금이나 외유내강(外柔內剛)의 스타일로 정도를 추구하는 편이다.

사람 때문에 울고, 사람 때문에 웃다

세상은 혼자서는 살아 갈 수가 없다는 것은 누구나 잘 아는 사실이다. 하지만 사람과 사람이 어우러져 사는 세상이면서도 사람들은 이 말에 공감을 한다.

'가장 무서운 게 사람이고 가장 좋은 게 사람이다'

흔히들 어두운 밤길을 걷다가 반대편에서 사람이 걸어오면 호랑이가 나타난 것보다 더 무섭고 소름이 끼친다고 한다. 그런가 하면 세상을 다 준다 해도 바꿀 수가 없는 상대가 바로 가족이고 사랑하는 이성이라고들 한다. 그만큼 우리 사람 사는 세상에서는 주체가 사람이다.

김진유 대표는 자신의 초창기 사업 시절을 '돈 없이 머리만 갖고 사업하던 때'라고 회상한다. 실제로 그는 직원들 월급날이 코앞으로 다가왔는데도 통장에 돈이 없어 발을 동동 구르던 적이 여러 번 있었다. 중소기업 사장들이 흔히 말하는 애로점 중 하나가 한 달 중 가장 힘들어서 숨어 버리고 싶은 날이 바로 직원들 월급 주는 날이라는 말처럼 김 대표 또한 그랬던 것이다. 이런 그를 지켜보면서 도와준 친구가 있었다.

"왜 그렇게 목소리 힘이 없어."

"글쎄. 내일 모레는 되어야 결재가 나는데 당장 내일이 월급 주는 날이잖아. 생각보다 힘드네 사업한다는 게."

"이 친구야. 사업하다 보면 다 그런 거야. 오늘 내 월급날이거든 일단 그거

보내 줄 테니까 처리하고 돈 나오는 대로 보내 주라고.”

“아이구. 이거 미안해서 얼굴을 못 들겠네. 지난번에도 도와줬는데 또 이렇게⋯⋯.”

세상에 어떤 직장인이 자기 월급을 그대로 친구에게 빌려 주겠는가. 더욱이 결혼하여 가정이 있는 입장인데 정말이지 쉽지 않은 일이다. 때문에 김진유 대표는 당시 그 친구를 죽을 때까지 잊을 수 없는 고마운 친구라고 전한다.

그런가 하면 친구일지라도 돈 문제로 인해 멀어진 경우도 있다. 사무실도 없이 일하던 시절 학교 동창이 동업을 제의해 왔다. 그러면서 상대는 1500만 원을 투자했다. 그 덕에 여의도에 사무실도 얻고 차도 생겼다. 어려운 상황인데 이를 테면 투자를 해준 것이니 그 당시 김 대표는 그 친구에게 고마워했고, 그야말로 ‘하늘이 무너져도 솟아날 구멍은 있다’는 말처럼 감동했었다. 하지만 돈을 믿기에는 세상이 그리 녹녹치 않았다.

“어느 날은 자신이 기대했던 만큼 수익이 안 나오니까, 자기가 투자한 걸 다 달라고 하는 거예요. 그래서 사무실에 있는 사무집기랑 차까지 다 줘 버렸죠.”

그래도 학교 동창인데 나를 못 믿고 그렇게까지 한 것이 너무 서운하고 자존심 상하는 일이었다고 김 대표는 회상한다.

사업을 한다는 것, 무(無)에서 유(有)를 창조한다는 것은 이처럼 힘든 일이다. 더욱이 사람 사는 세상에서 일을 하다 보면 자신의 의도와는 전혀 다른 일이 벌어지고 사람들로 인해 상처를 받기도 한다. 같은 동창인데도 이렇게 두 사람이 상반되게 다른데, 하물며 사회에서 비즈니스로 만나는 수많은 사람들과의 관계 속에서야 무슨 일은 벌어지지 않을까. 그래서 김진유 대표는 말한다.

"사업하면서 겪은 일 늘어놓으면 소설책 한 권은 나올 걸요. 지금은 다 이해하고 용서하고 그렇지만, 힘들고 서운한 일이 벌어진 그 당시는 회의도 많이 했지요."

10년 동안 직원 이직률 5% 미만

기업을 이끌어가는 수장들의 얘기를 들어보면 공통점 중 하나가 사람 관리, 즉 직원 관리다. 많이 팔아서 많이 버는 것은 열심히 노력만 하면 되지만 사람은 노력만 한다고 해서 관리가 되는 것은 아니다. 더욱이 중소기업에서는 핵심 인력이나 경력자 한두 명만 빠져나가면 이 빠진 호랑이 꼴로 전체 분위기는 처지고 신선한 활력을 되찾는 데 시간이 걸린다. 이 때문에 중소기업 대표들은 장기 근속자에게는 그만한 대우를 해 주고 회사와 함께 성장해 가자는 입장을 취한다. 하지만 '열 길 물 속은 알아도 한 길 사람 속은 모른다'는 말이 있다. 일은 몰라도 사람은 그렇게 내 뜻대로만 되지 않는 게 다반사다.

화이트정보통신의 직원 수는 현재 75명이다. 이 중에서 10년 이상 근속자가 10여 명이 넘는다. 지금 서열 2위가 된 김범진 부사장은 대학 졸업 후 입사하여 지금까지 러닝메이트처럼 달려온 김 대표의 오른팔이다. 초창기에는 인원도 적었고 인력 이동도 잦았지만, 최근 들어서는 이직률 5% 미만을 유지한다. 이제는 조직이 확실하게 자리매김한 상황이다. 하지만 그간 크고 작은 속앓이가 왜 없었겠는가.

김진유 사장을 두고 직원들은 유비와 같은 스타일이라고 말한다. 직원들이 자신의 의견을 충분히 피력할 수 있도록 배려하며 의견을 경청하고 수용하는 편이다.

"지금까지 직원 때문에 가장 속상했던 일이 있었지요. 지금이야 마음속으로 용서는 했지만 정말 큰 상처를 받았던 것 같습니다. 그 당시에는 배반감 때문에 참을 수 없을 정도였으니까요."

1999년 어느 날 옛날 직장 동료로부터 연락이 왔다. 아주 절친한 사람인데 IT사업을 하다가 부도를 맞아 하는 수 없이 택시 운전을 하게 되었고, 당시 90일 정도 했으나 너무 힘들어서 못할 지경이라는 거였다. 그래서 부장으로 입사를 시켰다. 그때는 "백의종군 하겠다."면서 머리를 조아렸던 사람이다. 그를 긍정적으로 받아들인 김 대표는 힘을 실어 주기 위해 이사로 진급을 시키기도 했다. 그리고 그를 믿었다. 그러나 믿는 도끼에 발등 찍히는 일이 발생하고 말았다. 김진유 대표는 그 기억만 하면 지금도 기분이 우울해진다고 했다.

"'사람이 어디 다 내 맘 같으냐'던 옛 어른들 말씀 생각납니다. 2001년이었어요. 어느 날 갑자기 사표를 던지더라고요. 그런데 그 사람 혼자가 아니었어요. 같이 일하던 부서 직원들 5명도 마찬가지로 사표를 내더라고요. 6명이 한꺼번에 나간 겁니다. 나가도 그냥 나가나요. 우리 고객이었던 회사 일까지 잡아서 나갔어요. 난 그때 이런 생각을 했어요. 짐승보다도 못한 사람을 사람으로 대우해 준 내가 잘못이었다고요."

은혜를 갚지는 못할망정 오히려 배신감만 남겨놓고 떠난 그는 어떻게 되었을까. 지금이야 시간이 흘러 모를 일이지만 당시에는 독립한 후 1년 만에 사업이 잘 되지 않아 모두 뿔뿔이 흩어졌다는 소문을 들었었다.

지금은 매년 공채를 통해 직원을 채용하고 있는 만큼 '우는 아이 떡 하나 더 준다'는 식으로 인력난 때문에 직원들을 설득시켜가면서까지 추슬러야

할 정도는 아니다. 하지만 한창 성장을 위해 도약할 때는 여느 기업들처럼 화이트정보통신도 이 같은 씁쓸한 추억이 있었던 것이다.

270억 원대 수주 "못했어도 자부심은 있다."

화이트정보통신(주)은 자타 공인하는 HR 전문회사다. 사업 초창기에는 단순한 업무 분야의 솔루션 개발에 주력했다. 회계 인사 분야가 고작이었다. 또 글로벌 표준을 만들고자 노력을 기울이긴 했지만 나라별 문화 차이는 곧 인사 분야에 그대로 반영되고 있어 그리 쉽지만은 않았다. 하지만 김진유 대표로서는 "내 취향에 딱 맞는 사업이다."고 말할 정도로 가장 잘 할 수 있는 사업이라는 판단이 들었다. 그래서 2000년대 초반에 새로운 시장 분야에 대한 많은 고민과 시장 조사 끝에 Front office와 Back office를 하나로 묶는 토탈 솔루션 개발에 주력했다.

그간 두산그룹, 하나은행, KT&G, 신한은행 등 굵직한 국내 기업들을 대상으로 비즈니스를 성공시켰다. 100대 기업에 드는 국내 회사들이라면 화이트정보통신을 모르는 곳이 없을 정도로 사업은 성공적으로 확대되었다. 때문에 1, 2년 전만 해도 경쟁 회사가 전혀 없을 정도로 HR 분야에서 독보적인 기업이었다. 최근 들어서야 경쟁 상대 정도는 안 되지만 후발 업체들이 참여하고 있는 정도다. 이쯤 되고 보니 자긍심도 강하고 국내에서는 불가능한 게 없다는 입장이다. 하지만 몇 년 전 한 번쯤은 이 회사도 아쉬움이 크게 남는 일이 있었다.

여느 회사에서는 찾아보기 드문 다양한 문화를 실시하고 있다. 특히 1년 4회에 걸쳐 실시되는 독특한 행사들은 기업 문화라고 해서 직원들이 즐기는 문화가 아니라 사회적 책임을 직접 행동으로 실천하는 문화다.

"정부 프로젝트였어요. 60만 대군을 대상으로 한 프로젝트인 만큼 오랜 시간 준비를 했고 자신도 있었지요. 규모가 자그마치 270억 원대의 일이었어요. 그런데 결과는 미국계 회사로 결정되었지요."

김진유 대표는 비록 수주는 못했지만 직원들의 정신적 고양과 PT기술 업그레이드 등으로 회사가 진일보하는 계기가 되었다고 한다. 국내 최고의 기업으로서 최종 입찰에서 떨어졌을 때는 자존심도 상하고 6개월에 걸쳐 고생한 것에 대한 아쉬움도 컸던 게 사실이지만 CEO의 생각은 달랐다. 김 대표의 생각은 매우 긍정적이고 미래지향적이다.

"하는 일마다 다 좋은 성과로 이어질 수는 없습니다. 사람도 경험을 통해 아픈 만큼 성숙해지는 것처럼 기업도 때로는 이런 경험을 해보아야만 한층 더 성숙해지잖아요. 결코 헛된 시간이 아니었다고 봅니다."

하루아침에 떼부자 되려는 욕심 많은 기업인이라면 이런 생각을 할 수 있겠는가. 김진유 대표, 겉으로는 쉽게 드러나지 않지만 대화가 길어지면 길어질수록 하나둘씩 발견되는 인내와 성실이 그에게서는 독특한 매력으로 풍겨 나온다.

열려 있는 특별한 기업 문화

2000년대 접어들면서 IT 벤처를 중심으로 중소기업들 사이에는 기업 문화 만들기가 한참 동안 유행병처럼 번졌던 때가 있었다. 그 이면에는 코스닥 등록을 앞두고 성급하게 기업 문화를 만들고 매스컴을 통해 홍보를 일삼던 기업들도 적지 않았다. 때문에 언론 PR용 문화라는 눈총을 받기도 했다.

화이트정보통신은 다르다. 코스닥용도 아니고 PR용 문화도 아니다. 이들의 기업 문화에는 진실성이 묻어나고 실제로 그렇게 인정받고 있다. 이 점에 대해 김진유 대표는 아주 자신 있게 말한다.

"우리는 연 4회 추진되는 4가지 대표적인 문화가 있습니다. 다른 기업의 흉내를 내는 문화는 거부합니다. 우리만의 것이고 보다 현실적이고 사회적인 문화를 추구합니다. 기업의 가치는 사회 환원에 있다고 생각합니다. 때문에 우리는 '나누자'는 데 문화의 초점이 모아집니다."

3월 14일 '화이트 데이'는 백설기와 속내의를 준비하여 요양원과 같은 노인복지 시설을 찾아간다. 진정한 사랑 나눔을 위해서다. 또 8월에는 공채를 실시하여 지원자 수만큼 일정액을 실업기금 또는 장학기금이나 채용인력 육성자금으로 활용한다. 물론 회사 측이 내놓는다. 지난해의 경우 12명 채용에 500명이 지원할 만큼 기업 인기도가 높은 편이다. 추석을 전후로 'VIP고객 초대 행사'도 펼친다. 평소 영업사원들이 고객사에 로비를 하지 않는 게 원칙인 만큼 직원들의 부담을 덜어 주고자 고객을 초청하여 클래식 연주회, 뮤지컬 등의 공연으로 감사의 마음을 전한다. 남은 한 가지는 12월에 실시하는 청소년폭력 예방재단인 '청예단' 후원이다. 학교폭력 예방을 위해 문화를 통한 자연스러운 치유와 소통을 장려하는 활동을 실시하고 있다.

이외에도 토요기업 문화를 통한 조직 내 커뮤니케이션 강화, 교육비 지원 등을 실시하며, 직원들로 하여금 비전을 갖고 미래를 준비해 나갈 수 있도록 사장이나 영업부 직원들은 영업력을 보완하는 접대가 아닌 영업 성사 후 고객과의 파트너십을 강화하기 위한 접대를 한다. 로비를 위해 거래처에 선물을 하거나 식사를 대접하는 일이 없다. 투명 경영, 도덕 경영을 실천하기 위한하는 단적인 예다.

회사 측이 적극 지원해 준다.

김진유 대표에게 물었다.

"중소기업에서 이렇게 다양한 기업 문화를 실천하는 게 쉽지 않은 일인데요."

김 대표의 답은 간단하다.

"함께 살아야 되잖아요."

직원들이 모두 한 배를 타고 미래를 향해 가는 것 못지않게 우리 사회의 어렵고 힘든 이들과 함께 걸어가는 것은 당연한 일이라는 거다. 이런 마음을 갖는 것, 이런 말을 하는 것은 누구나 가능한 일이다. 중요한 것은 실천하느냐 하지 않느냐이다. 화이트정보통신이 아름다운 회사인 것은 그간 꾸준히 실천해 오고 있기 때문이다.

SCENE 7

미리 보는 2015, 화이트정보통신

"김진유 대표 맞아요? 나 대학동창 ○○○인데."

"아. 어쩐 일이야?"

"김진유 너무 멋있어. 어느새 그렇게 괜찮은 회사를 일궜어. 오늘 자네 회사 기사를 읽었지 뭐야. 축하하고. 정말 친구로서 자랑스럽다."

"그랬군. 전화 줘서 고마워."

　김진유 대표는 최근 몇 년 동안 이런 식의 전화를 종종 받는다. 기업을 운영하면서 가슴 뿌듯하고 흐뭇한 일이라고 한다. 칭찬이 즐거운 게 아니라 언론에 뉴스거리를 만들어낼 만큼 회사가 성장했다는 점, 그리고 대외적으로 인정받고 있다는 점에서다. 하지만 한편으로는 앞으로 더 잘 해야 한다는 책임감을 느낀다고 한다.

　"우리 회사는 HR 전문 1호 기업으로 알려져 있습니다. 대외적인 이미지와 신뢰에 책임을 다하는 기업이어야 한다고 봅니다. 때문에 우리는 '2015 HR 전문 글로벌 기업'이라는 목표를 정하고 2007년 1월부터 전 직원이 이에 맞게 각자의 비전을 밝히고 그것을 이루고자 실천으로 옮기는 중입니다."

　2015년 세계 5개 지역 이상 거점을 확보한 HR 토탈 서비스기업으로 거듭나겠다는 것이다. 따라서 김 대표는 신뢰경영, 책임경영, 참여경영, 밀어 주는 경영을 경영 철학으로 삼고 있다고 말한다. 특히 밀어 주는 경영이란 가장 먼저 직원들 개인의 삶의 목표를 달성할 수 있도록 밀어 주는 것으로, 전 직원이 2015비전에 동참 의식을 보여 주고 있는 만큼 회사 측도 직원들을 위한 밀어 주기 경영에 많은 신경을 쓰고 있다고 전한다. 그 단적인 예로 매년 초 직원들이 비전을 밝히면 사장 또는 임원과 면담을 통해 지원 방법을 찾아 적극 지원해 주는 정책을 펴고 있다. 교육비의 경우 연간 3천여만 원이 소요될 만큼 아끼지 않고 지원한다는 방침이다. 기업의 가장 큰 재산은 사람이다. 사람에 대한 투자에 인색한 기업은 미래를 보장받지 못하는 게 사실이다. 따라서 한발 앞서가는 회사일수록 직원들에게 눈앞의 돈(?)이 아닌 미래를 위한 자기 역량 강화를 유도하고 지원한다. 김진유 대표가 진두지휘하는 화이트정

회사의 이익보다도 기업의 사회적 책임과 기여에 관심을 쏟는다. 산행을 하더라도 쓰레기 줍기 산행을 하고, 복지 시설 등에 찾아가 직접 봉사 활동을 하는 일도 마다하지 않는다.

보통신이 바로 그런 기업인 셈이다.

18년 전 사무실도 없이 출발한 화이트정보통신. 지금 이 회사의 문을 열고 들어가 보면 가장 먼저 눈에 띄는 것 한 가지가 있다. 직원들 얼굴이 밝다는 것이다. 그것은 아마도 2015의 비전을 공유하고 있기 때문이 아닐까 싶다. 그래서 미리 보는 화면 하나가 떠오른다.

2015년 1월 2일 오전 9시. 화이트정보통신의 대회의실에는 다섯 개의 와이드 화면이 밝혀지고 전세계 5대 거점에 나가있는 직원들을 포함한 전 직원이 화상 시스템에 의해 동시에 시무식을 갖는다. 이는 꿈이 아닌 현실이다.

[회사 개요]
대표 : 김진유
창립일 : 1990년 3월
직원수 : 75명
주력사업 : HR 토탈 서비스
매출규모 : 100억 원(2008 예상)
주   소 : 서울시 서초구 서초동 1679-5번지 가동 2층
홈페이지 : www.win.co.kr
전화 : 02-3474-2980 / 팩스 : 02-3474-2970

회사 연혁

2008년	5월	H5 조직진단솔루션 출시
2008년	4월	차세대 HR솔루션 H5 제품 발표
2007년	6월	한국정보통신기술협회 "GS(Good Software)" 인증획득
2007년	5월	"디지털경영혁신 대상" 디지털경영부문 중소기업청장상
2007년	4월	2007 고객만족 경영大賞(정보통신 부문 / HR솔루션 분야) 수상
2006년	12월	대한민국 신성장 경영대상 정보통신분야 특별상 수상
2006년	12월	하이테크 어워드(Hi-Tech Awards) 베스트솔루션 부문 수상
2006년	2월	대한민국SW사업자대상 특별상 수상
2005년	11월	국방부 산학협 협의회 회원가입
2005년	6월	한국 IBM과 ISV 최상급 기술협력 협약 체결
2005년	5월	중기청 주관 중소기업 모범인상 수상
2004년	2월	정보통신부 과제 국내 CBD방법론-마르미IV 프로젝트 수행
2003년	12월	"성공하는 e-HR시스템 구축" 정기 세미나 런칭
2003년	11월	Application Framwork "Waffle" 제품 발표
2003년	5월	머서 휴먼 리소스 컨설팅사와 e-HR 사업제휴
2002년	1월	e-HR 전문기업 비전 선포
2001년	11월	"제1회 우수 소프트웨어 컴포넌트 공모대전" 우수상 수상
2001년	6월	웹기반의 HR패키지 "White HMS" 솔루션 발표
2001년	1월	"WIN4Class EAServer" 제품 발표
2000년	3월	벤처기업 인증(서울 지방중소기업청)
1999년	1월	WIN4Class for PowerBuilder7.0 발표
1997년	12월	정보통신부 ERP표준 정보 시스템 과제 수행
1997년	7월	White Way 정립, 부설 연구소 설립
1996년	7월	HR패키지 "White HMS" 솔루션 발표
1995년	9월	EIS(임원정보 시스템) 구축
1995년	4월	HRIS(인적자원 종합정보 시스템) 구축
1994년	10월	Power Manager95(인사화상정보시스템) 발표
1994년	9월	"화이트정보통신(주)"로 사명 변경
1993년	4월	인사급여 시스템 구축
1990년	3월	"코리아 정보시스템" 설립

일송영농조합
법인

김춘호 대표

성공가도를 달리는 CEO 12인의 풀스토리

양양 송이, 가공식품으로
세계에 선보인
지역 특화 사업의 선구자

양양을 갈 때는 늘 그랬다.
고속버스 차창 밖으로 동해 바다가 보이면
그제야 '멀리 왔구나' 하는 생각을 하면서
'양양송이' 홍보용 옥외 광고물을 보면 먼저 수첩을 펴고 전화번호를 뒤적인다.
김춘호 대표와 별도의 친분 관계는 없다.
그런데 늘 기억 속에 떠오르는 회사 중 하나다.
요리사 출신의 김 대표의 아이디어와 열정에 반했기 때문인 것 같다.
게다가 농부의 아들로 태어난 저자로서는
지역 특산물을 가공하여 새로운 제품으로 탄생시킨
일송영농조합법인의 브랜드 '일송정'이야말로
척박한 땅에서 오로지 흙만 믿고 살아가는 산골 사람들의
내일에 희망을 주는 메신저인 것만 같다.
그리고 또 이 기업을 예뻐할 수밖에 없는 또 다른 이유 하나는
외국인들의 입맛을 맞추기가 힘든 식품으로 해외 수출까지 하고 있다는 것이다.
오늘보다는 내일이 기대되는 회사,
그래서 관심이 저절로 가는 회사,
이런 회사를 이끌어가는 김춘호 대표를 만나면 아주 특별한 즐거움이 있다.

"형님 나 목숨 걸었습니다"

"형님, 저 좀 도와 주셔야겠습니다."

"지금 무슨 말 하는 거야. 갑자기 뭘 도와달라고."

"형님, 저 식품회사 차렸습니다."

"요리사 하던 놈이 무슨 제조업을 하겠다고 하는 거냐. 생각 잘해 봐라."

"저는 자신 있습니다. 맛은 제가 내겠습니다. 형님은 기술 좀 지원해 주십시오."

"갑자기 이 무슨 귀신 씨 나락 까먹는 소리를 하나."

"형님, 나 목숨 걸었습니다."

김춘호 대표는 2001년 창업 후 한동안은 생송이 수출 판매와 송이버섯 장조림 수출에 주력했다.

하지만 장기적인 차원에서의 경쟁력과 발전을 고려하여 2004년부터는 송이버섯 가공 신제품 개발을 통한 제품 다양화에 주력하기로 결정하고 팔을 걷어붙였다.

이때 그는 가장 먼저 당시 영남대에서 강의를 하던 최수근(경희대) 교수에게 지원을 요청했다. 신라호텔 요리사로 일하던 선배로서 믿고 따랐던 터였기에 송이를 이용한 가공식품 아이템을 얻기 위해서였다. 요리를 잘 하는 것과 경영을 잘 하는 것은 엄격한 차이가 있는 만큼 선배가 말리는 것은 어쩌면 당연한 일이라고 생각했다.

하지만 본인 스스로 선택한 사업인 만큼 비전이 없다고 포기하기보다는 일을 저질러서라도 새로운 돌파구를 마련해야겠다는 마음이 절실했다. 또 이미 송이버섯 장조림으로 좋은 반응을 얻고 있던 터라 송이가공식품 사업이야말로 연 2회 채취하는 생송이 사업에만 연연하지 않아도 되는 최선의 길이었다.

지인을 통해 새로운 아이템을 찾고 제조 방법은 개발하기까지 쉬운 일은 아니었지만 1년에 걸친 노력 끝에 송이차, 송이절편, 송이정과, 송이청 등 4가지 신제품을 개발할 수 있었다.

하지만 문제가 있었다. 비싼 송이버섯으로 이들 제품을 만들 경우 개별 비용이 너무 높아 판매 시에도 아주 높은 가격을 매기지 않으면 안 되었다. 이는 다시 말해 최상류층이 아니면 수요가 없는 고가 제품으로 시장이 좁다는 얘기다.

게다가 제조 원가가 높기 때문에 100만 원에 팔면 10만 원도 못 건진다는 것이 문제였다.

김춘호 대표의 고민은 또다시 시작되었다. 과연 방법은 없는 걸까?

한동안 눈만 뜨면 이 문제에 대해 고민을 반복했다. 그리고 혼자서 다양한 실험을 해보았다.

그때 그는 한 가지 아이디어를 떠올렸다. 메주였다. 시골에서 장을 담그려면 메주를 만들어서 된장도 담그고 고추장도 담그는데, 간장을 만드는 데 활용한 메주는 다시 된장으로 활용한다는 사실을 떠올렸다. 그렇다면 송이버섯도 한 가지 재료를 이용해 여러 방법으로 재활용하고 그 성분을 다양하게 활용하는 방법을 찾으면 되겠다는 거였다.

하나의 원료로 네 가지 제품을 만들다

사업이든 사냥이든 동시에 두 마리 토끼를 잡기란 쉽지 않은 게 사실이다. 그런데 동시에 네 마리 토끼를 잡는다는 것은 무리가 아닐 수 없는 일이다. 하지만 김춘호 대표는 이를 성공시켰다.

그는 먼저 생송이 버섯에서 50%만의 원액을 추출했다. 워낙 향이 강해서 100% 추출 시나 50% 추출 시 느껴지는 향의 강도는 비슷했다. 따라서 50%의 원액만 추출하여 이를 포도당과 함께 동결 건조시킨 후 '송이차'로 만들었

김춘호 대표는 호텔 요리사 13년 경력의 베테랑으로 송이를 이용한 가공식품 개발에 직접 아이디어를 내고 제품에 자신의 기술 노하우를 십분 발휘하고 있다. 앞으로도 그의 전문 노하우가 어떤 신제품을 만들어낼지 기대되고 있다.

다. 또 나머지 50% 원액은 추출 후 꿀과 함께 농축시켜 '송이청'을 만들었다.

다음은 원액을 추출하고 남은 송이를 꿀을 이용하여 '송이정과'와 '송이절편'으로 만들었다.

이렇게 하여 기존의 경우 판매가 대비 10%의 수익을 냈다면 이 방법에서는 30~40%의 순이익을 남길 수 있게 된 것이다. 하지만 제품만 개발하면 곧 돈이 되던 시대는 지났다. '어떻게 파느냐'가 더 관건이 되는 게 요즘 시대다. 이른바 마케팅이다.

마케팅을 위해서는 브랜드화 작업과 포장은 필수다. 이 과정에서 김춘호 대표는 중진공이 매년 진행하는 지역특화 기술혁신 선도기업 지원사업을 신청하여 이때 지원되는 자금을 제품 포장디자인 홍보 등에 사용키로 했다. 이에 따라 2006년 사업계획서를 제출했으나 문제가 발생했다.

실사 교수진들은 '어떻게 한 가지 원료로 4가지 제품을 만드는지 이해가 안 된다'는 입장을 보였던 것이다. 방법은 한 가지. 제조 과정을 일일이 설명하여 설득시키는 수밖에 없었다.

또 실사 교수진은 '향이나 영양 성분에서 부족하지는 않은가?'에 대해 의문을 제기하기도 했다. 김춘호 대표 역시 개발 이전에는 그야말로 꿈같은 일이라고 생각했기에 실사 교수진들의 의문 제기를 충분히 이해할 수 있었다고 한다.

어찌 됐든 결과는 매우 성공적이었다. 지원자금으로 포장디자인을 세련되고 깔끔하게 만들고 브랜드 네임을 '일송정'으로 만들었다. 잘 되는 집안은 좋은 일이 꼬리를 물고 이어지듯이 경사는 또 다른 경사를 불러왔다.

194

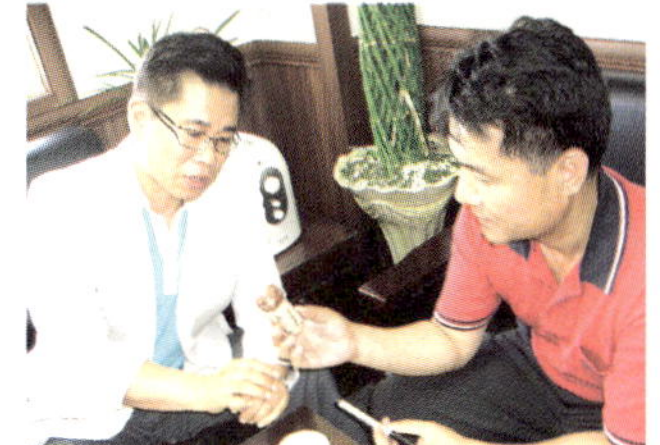

　지역특화 기술혁신 선도기업 지원사업 주관처인 산자부에서 진행한 우수 기업에 대한 사례집 제작 및 평가에서 최우수 기업으로 선정되는 영광을 안았다.

　그런가 하면 양양군 지역특산물 관광 상품전에서도 디자인 우수 제품으로 선정되는 기쁨도 누렸다.

　새롭게 개발한 신제품은 디자인과 브랜드화를 통해 고품격 지역 특산품으로 거듭 태어났고, 시장에 선보이자 반응은 매우 좋았다.

　때문에 개발 첫 해인데도 불구하고 이들 4종 제품이 총 5억 원의 매출을 올렸다. 총 매출 12억7천만 원인 회사에서 5억 원이란 아주 큰 비중을 차지하는 것이다.

　특히 기존의 송이버섯장조림 한 가지뿐이던 가공 식품이 이들 제품으로 인해 종류가 늘어나자 공항 면세점, 백화점 명품관, 골프숍, 호텔 등에서 판매되기 시작했으며 인터넷 홈페이지 내 쇼핑몰에서도 판매가 활성화되기 시작했다.

지역 경제 활성화에 뛰어든 13년 경력의 요리사

　강원도 양양은 국내 최대 송이 산지다. 하지만 송이는 초여름 가을 단 두 차례 걸쳐 채취하게 되고 생송이 보존 기간은 한계가 있어 신속하게 유통되어야 한다.

양양은 송이 고장이다. 이 지역 특산품을 가공 식품화하여 농가 소득증대, 지역 경제발전에 일익을 기하고 있다. 농촌을 발전시키는 성공적인 모델이다.

때문에 송이는 '한 철 장사'로 통했고 지역 특산물이면서도 지역 경제를 살리는 데는 그 한계가 드러나는 아이템이었다. 김춘호 대표의 사업 시작은 이와 무관한지 않다.

양양이 고향인 김 대표는 스무 살 시절 서울로 올라가 호텔 업계에 근무하기 시작했다. 하지만 서비스직으로 근무하던 그는 요리에 관심이 끌려 호텔을 나와 일반 업소에서 몸으로 부딪혀가며 요리를 배우고 자격증을 취득하여 호텔 입사를 꿈꾼 젊은이였다.

그런 그에게 기회가 주어졌다. 신라호텔 공채에 합격하여 꿈에 그리던 호텔 요리사로 일하게 된 것이다. 그 후로 13년간 오직 한 곳에서 요리사 경력을 쌓았다. 그런데 1998년 이변이 일어났다. 아내가 고향으로 내려갈 것을 권유했다.

"그때 고향으로 내려와 속초에서 송이를 테마로 '버섯마을'이라는 음식점을 창업했습니다. 당시만 해도 서민들은 생송이 버섯을 먹는다는 자체가 부담스러운 시절이었지요. 그래서 요리에는 자신이 있었지만 마케팅이 은근히 걱정되더라고요. 더욱이 대도시도 아니니까 불안했지요. 하지만 나름대로 제 음식 솜씨가 입소문으로 번지면서 장사가 정말 잘 되더라구요."

장사가 잘 되어 돈 많이 벌면 그것으로 만족스러운 일이다. 하지만 김 대표는 지역 특산물인 송이를 어떻게 하면 좀 더 대외적으로 알려 볼까 하는 욕심이 생겨났다.

혼자 잘 먹고 잘 사는 것보다는 함께 잘 사는 길을 택하고자 나름대로 애를 썼던 것이다.

그 결과 양양군에 '송이 축제'를 제안하여 1회부터 3회까지 전면에 나서서 홍보에 주력했다.

『송이요리』 책자를 발간하여 국내외 관광객에게 무료로 배포하는 한편 무료 시식회를 통해 송이요리 홍보에도 힘썼다.

그 후 그의 송이 요리가 소문이 나자 매스컴의 취재가 이어졌고, 속초시여성회관에서는 요리 특강의 기회가 주어졌다.

이쯤 되자 1999년 속초시에서는 그에게 '신지식인' 이라는 이름표를 만들어 주었다.

승승장구하던 그는 식당을 100평 규모로 늘리면서 양양에 자리를 잡았다. 이때 자신이 만든 송이장조림을 찬으로 내놓았는데 고객들이 먹어보고는 맛있다면서 상품화를 제의했다. 그러던 중 2001년 초 주변에서 사업화를 유도했다.

이로 인해 2001년 4월 투지지 7명이 모여 법인을 만들고 송이 채취 농가 50인이 조합원으로 구성되어 일송영농조합법인이 출발을 하게 되었다.

정부와 지자체 지원을 적극 활용한 사업 테크닉

"사람들은 사업한다고 하면 다 돈 좀 있고 모자라는 건 빚 좀 내서 그렇게 한다고 생각합니다. 하지만 저는 다릅니다. 빚내서 사업하고 욕심내다 보면 자신도 모르는 사이에 추락할 수도 있거든요. 가능한 안전하게 사업하면서

7명의 이사진이 각각 현장 실무를 맡아 처리하는가 하면 상근 직원은 이산진 포함 총 10명이다. 생산 현장은 자동화를 통해 인력을 최소화시키고 필요 인력은 농한기 조합원들을 적극 활용한다.

무리하지 않으려고 합니다. 그리고 또 한 가지 제가 기업 운영하면서 잘 한 게 있다면 정부나 지자체의 정책과 지원 제도를 잘 활용했다는 겁니다.”

사업이란 처음 시작은 쉽지만 일단 문을 열고 나면 큰 돈 벌기 전에는 지속적인 투자는 접어두고라도 돈 들어갈 일이 날마다 발생하기 마련이다. 초창기 투자자들의 투자가 있었지만 신제품을 개발하고 브랜드를 만들고 홍보와 마케팅을 하는 등의 과정에서 소요되는 비용은 만만치가 않다.

일송영농조합법인의 경우 사업 초창기는 생송이 수출과 송이버섯 장조림 제조 판매가 전부였다.

하지만 창업 이듬해인 2002년도 송이 가격이 급상승하면서 일본 시장 수출도 부진했다.

이때부터 김춘호 대표가 고민한 것이 송이 가공식품의 다양화와 대량 생

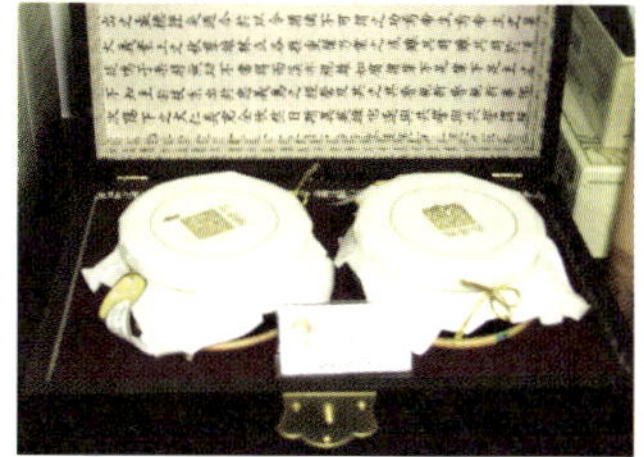

산이었다. 이를 실현시키려면 자금이 필요했다.

이때 그가 생각한 것이 바로 정부차원의 중소기업지원정책과 제도, 그리고 지자체들의 지원 제도를 적극 활용하는 것이었다.

대부분 장기 저리금리로 대출을 해 주는 형태지만 일부는 무상 지원도 있었기에 제대로만 활용하면 은행 가서 사정하며 돈을 빌리지 않아도 되고 그야말로 공짜(?) 수혜였다.

정부의 기술혁신 지원자금, 양양군 신활력사업 지원자금, 중진공 지역특화 기술혁신 선도기업 지원사업 등의 지원 자금을 받으면서 제품 다양화와 대량 생산을 시도하게 됐다.

올초 신사옥을 지어서 임대 공장에서 자가 공장으로 이전한 것도 강원도 융자금, 산림조합 지원자금, 양양군 신활력 사업지원자금 등 여기저기서 십시일반으로 지원 자금을 받아서 총 8억 원의 비용 중 절반에 달하는 4억 원을 충당했기에 가능했다.

김춘호 대표는 말한다.

"컴퓨터를 잘 하지는 못합니다. 하지만 산자부, 강원도 중기청, 산림조합중앙회 등의 홈페이지를 수시로 방문하여 각종 지원 제도를 알아 보는 것은 제 주특기입니다. 조금만 부지런하면 이런 중소기업 지원 기관의 정책과 제도를 빨리 알아내서 이용하면 기업 활동에 엄청난 도움이 됩니다."

그는 돈 없다고 좌절한 적은 한 번도 없다고 한다.

각종 지원 제도를 알아 본 후 그 해에 당장 신청할 만한 자격 여건이 안 되면 1년 동안 차분히 준비하여 이듬해에 신청을 할 정도로 정책이나 지원 제도 이용을 생활화했다고 한다.

사실 어떤 중소기업들은 이용 가능한 좋은 제도나 정책이 있음에도 불구하고 정보를 몰라서 제대로 활용하지 못하기도 한다. 하지만 의외로 정보에 발 빠른 기업들은 일송영농조합법인의 김 대표처럼 자사에 적합한 지원 제도를 찾아내 지속적으로 지원을 받아 성장의 기틀을 마련하는 편이다. 이는 중소기업 사장으로서 반드시 알고 챙겨야 할 중요한 일이다. 제 몫을 제대로 챙겨먹는 것은 당연한 일이기 때문이다.

SCENE 5
일본인들 "놀라워요"

'구슬이 서 말이어도 꿰어야 보배다'는 말이 있다.

송이 가공식품이 아무리 맛이 좋은들 사 주는 사람이 없으면 그만이다. 국내에서는 호텔이나 유명 백화점을 통해 고소득층 고객들에게 팔리고 있었지만 그것만으로는 대량 생산으로 이어가기가 힘들었다.

김춘호 대표는 가까운 일본을 타깃으로 정했다. 이미 생송이가 일본으로 수출되고 있는 만큼 경제적으로 한발 앞서 있는 그들에게 송이가공식품을 선보이면 판로가 열릴 것이라는 생각에서였다. 이에 2005년 일본 식품 박람회에 개발한 가공 식품을 들고 참가했다. 기대 이상으로 반응은 좋았다. 바로 옆 부스가 김치 홍보 부스였는데 사람들은 오히려 일송정의 송이 제품에 더 많은 관심을 보였다.

200

“아! 놀라워요.”

“정말 신기해요.”

“우리나라에도 이런 요리는 없습니다.”

일반인은 물론이고 일본인 바이어들도 매우 놀라워했다. 일본에서도 송이로 만든 차나 반찬류는 볼 수가 없었다는 것이다. 아이디어가 정말 독특하다면서 많은 관심을 보였다.

전시회를 통해 일본 시장에서의 가능성을 엿보자 김춘호 대표는 마음이 설레이기 시작했다. 게다가 전시회 때 다녀간 바이어들로부터 수시로 전화가 걸려왔다.

문제는 전화를 통한 상담은 지속적으로 이어지는데 선뜻 계약하는 이들이 없었다.

이유는 무엇일까. 김 대표는 고민에 빠졌다. 뒤늦게야 알아낸 것은 제품은 문제가 없는데 신상품이다 보니 과연 일본 소비자들이 얼마나 구입할 것인지 알 수가 없어서 선뜻 결정을 내리지 못한다는 거였다. 매사에 신중을 기하는 일본인들의 심리가 그대로 느껴졌다.

그 후로도 일본 바이어들이나 국내 바이어들로부터 상담 전화는 지속되었지만 좀처럼 거래로 이루어지진 않았다.

그러던 중 그해 11월 일본 수출업을 하는 국내 바이어가 양양으로 김 대표를 찾아왔고 공장 견학을 했다. 이로 인해 2006년 초 첫 일본 수출이 시작되었다.

북해도 지역에 1억5천만 원 상당의 송이 장조림을 수출한 것이다. 수출 규모는 크지 않았지만 드디어 해외 시장에서도 선보인다는 점에서 김 대표의 가슴은 벅차올랐다.

그동안 국내 식품 수출은 김치가 그 대명사였지만 송이 가공식품의 일본 시장 진출이 이루어졌으니 미래에 대한 희망을 갖게 하는 일이었다.

대량 생산을 위한 균사체 배양

'일송정'이라는 브랜드를 달고 현재 생산 판매되는 일송영농조합법인의 송이 가공제품은 송이차세트, 송이찬세트, 송이다과세트, 송이명품찬세트, 생송이 등 총 7종 14가지가 된다. 현재 총 매출의 60%는 생송이 판매가 차지하므로 가공식품의 매출이 아주 큰 것은 아니다. 하지만 장기적으로는 송이 가공식품의 종류가 더 다양해져야만 전체 매출은 물론이고 수출도 늘어나며 브랜드 파워도 강해진다.

송이 가공식품의 종류가 늘어나면서 가격도 대중화 추세로 흘러가고 있다. 고가 제품은 20만 원대도 있지만 송이차의 경우 1만 원에서 3만 원 선의 대중적인 제품도 있다.

따라서 향후 제품 종류만 지속적으로 늘어난다면 일송영농조합법인의 성장은 걱정하지 않아도 될 것으로 보인다.

김춘호 대표는 제품 다양화를 위해 송이빵, 송이명란 같은 제품을 이미 개발해놓고 양산을 준비중이며, 올 초 신축한 자체공장 내부시설을 자동화시설

로 구축시켜놓았다.

이제 제품개발에는 자신감이 붙어 있는 그지만 김 대표도 걱정하는 것이 있다. 국내에는 아직까지 후발업체들이 없는 상황이어서 시장선도업체로서 자리를 확고히 다지고 있는 중이지만 문제는 중국이다. 유사제품을 만들어 시장을 교란시키는 데는 감히 따라갈 자가 없을 정도로 이미 전산업 분야에서 문제를 일으키고 있기에 장기적인 차원에서는 중국 현지에 공장을 설립하여 자체 브랜드로 중국시장에서 자리매김을 시켜놓아야 한다는 게 김춘호 대표의 생각이다.

또 한 가지 문제는 국내에서는 송이 생산량의 한계가 있어 제품 다양화와 양산에 어려움이 따른다는 것이다. 이에 일송영농조합법인은 균사체 배양을 통한 원료 대량생산 준비도 하고 있다.

최근 들어 일송영농조합법인은 직원 수도 10명으로 늘어났고 마케팅에 보다 충력을 기울이겠다는 전략이다.

일본만이 아니라 미국, 대만, 홍콩 등으로 해외시장을 개척해 나갈 작정이란다.

불과 5~6년 전만 해도 '송이'는 가을철에만 등장하는 고가의 생송이만을 사람들은 기억했다. 하지만 이제 '송이' 하면 다양한 가공식품을 떠올릴 수 있게 되었다.

이는 고향의 특산물에 애정을 지닌 한 요리사가 일구어 놓은 소리 없는 혁명이고 승리다. 때문에 일송영농조합법인의 매출이 적고 많은 것은 그다지 중요하지가 않다.

정말 중요한 것은 지역특화 산업의 성공작이라는 점이고, 넓게는 이 회사의 성공은 갈수록 위축되어가는 우리 농촌이 새롭게 태어나야 할 해법 중 하나를 제시해 주는 것이 아닐까 싶다.

[회사 개요]
대표 : 김춘호
창립일 : 2001년 4월
주력사업 : 송이 가공식품 제조
직원수 : 15명
취급물동량 : 30억 원(2008 예상)
주소 : 강원도 양양군 포월리 257-2
홈페이지 : www.ilsong21.co.kr
전화 : 033-671-8115 / 팩스 : 033- 673-8117

회사 연혁

2001년 4월	일송영농조합 법인 설립
2002년 9월	일본 수출 유망 중소기업 선정
2004년 12월	서울국제식품박람회 참가(농수산물 유통공사 주관)
2005년 12월	서울국제식품박람회 참가
2006년 6월	강원도 관광기념품 일반부문 은상 수상(송이찬세트 & 송이복차)
2006년 9월	관광기념품 고유상표 사용승인서 인증(강원도-제211호)
2006년 10월	푸른강원 마크 사용승인서 인증(제강원18-04호)
2006년 12월	무역의 날 우수중소기업으로 선정, 강원도중소기업청장 표창
2006년 12월	서울국제식품박람회 참가(농수산물 유통공사 주관)
2007년 3월	2007동경식품박람회(FOODEX) 참가(농수산물 유통공사 주관)
2007년 4월	2007동경상품전시회 참가(한국무역협회주관)
2007년 4월	서울국제식품전 참가(일산 킨텍스)
2007년 5월	부산 국제축제박람회 참가(부산 벡스코)
2007년 12월	산업자원부 장관상 수상
2008년 3월	동경식품박람회(FOODEZ JAPAN 2008 : 농수산물유통공사)
2008년 5월	2008서울국제식품전(코트라)
2008년 5월	강원도 유망중소기업선정

(주) 슈프리마
이재원 대표

성공가도를 달리는 CEO 12인의 풀스토리

기술력 세계 1위 인정,
세계 시장을
싹쓸이하다

"사장님, 의자에 걸터 앉아 주실래요."
"네. 이렇게 하면 되나요."
훤칠한 키에 동안인 얼굴 덕에 한결 젊어 보이는 이재원 대표. 두 번의 인터뷰와
두 번의 사진 촬영을 하면서 적극적이서 좋다는 생각을 했다.
카메라를 들이대면 모델이 따로 없다.
요구하는 표정과 몸짓을 프로답게 아주 자연스럽게 연출하는 이 대표가 그랬다.
요즘 성공하는 CEO들은 하나같이 팔방미남이라더니 그 말이 맞는가 싶다.
(주)슈프리마는 2000년 5월 대기업 연구소 출신의 연구원인 이재원 대표가 대학원
실험실 후배들과 함께 설립한 지문인식 전문벤처다. 영상처리기술과 신호처리기술
두 분야의 전문가였던 이 대표는 2년간의 연구 개발 끝에 차별화된 지문인식 모듈
을 개발하고 내수 시장을 두드렸다. 그러나 한결같이 외면당했다. 기술력이 아니라
시장 상황이 그랬다.
하지만 해외시장으로 눈을 돌린 그는 시장 개척 5년 만에 100개 국 500여 개 사에
제품을 팔아 연간 매출 112억 원을 올렸다. 그리고 창업 7년 만에 당당하게 코스닥
시장에 진출했다.
세계 지문인식 분야의 최강자로 떠오른 (주)슈프리마.
IT강국 대한민국의 역사를 새롭게 쓸 수 있는 저력이 있는 기업 중 하나다.

지멘스에 모듈 납품,
신뢰도 증가로 매출 불붙다

2004년 초까지만 해도 슈프리마는 해외 인지도가 없는 한국의 작은 벤처일 뿐이었다. 홈페이지와 전시회를 통해 회사와 제품 홍보를 지속했지만 신뢰도가 문제였다. 이때 구세주 같은 역할을 한 것은 다름 아닌 지문인식 세계대회였다.

창업 이래 이재원 대표가 가장 잊을 수 없는 한 해가 바로 그해였다. 2004년 제3회 대회에서 (주)슈프리마는 2002년 아시아권 1위에 이어 세계 1위를 차지하는 기쁨을 안았다. 전 세계 지문인식 대표주자 45개 사가 참여한 가운데 일군 쾌거였다.

이로 인해 '코리아 슈프리마'는 순식간에 기술력과 품질력을 인정받는 한편 바이어들의 신뢰를 확보하는 계기를 마련했다. 외국 고객사들로부터 메일이 쇄도했다.

"Are you the company, suprema who occupy fingerprint realization 1st? Can you send the product sample to us? It is our curt introduction and address. Let me know the sample expense, I will make a remittance."

("지문인식 1위를 차지한 슈프리마 맞는가요. 제품 샘플을 보내 주겠습니까. 우리 회사 간략한 소개와 주소입니다. 샘플 비용을 먼저 알려 주시면 송금하겠습니다.")

때마침 겹경사가 일어났다. 미국의 금고제작회사인 'Personakey' 사로부터 주문을 받아 모듈 300여 개 납품이 성사됐다. 첫 수출이었다.

이어서 벤처캐피탈로부터 15억 원의 투자를 받았고, 회사는 상승 무드를 타고 그 해 영국, 미국 등 3회의 해외전시회에 참가했다. 여기저기서 주문을 받게 된다. 세계대회 1등의 몫이 컸다.

또 투자 자금으로 2005년에는 'BioEntry Series' 지문인식 보안 제품을 출시하게 된다. 2005년의 가장 큰 수확은 글로벌기업인 지멘스에 모듈을 납품하게 된 것. 우리의 모듈을 가져다가 자사의 보안시스템에 접목시켰다. 이는 매출의 규모를 떠나 세계적인 기업으로부터의 인정인 만큼 그로 인해 자연적으로 마케팅은 활기를 띄었다. 매출에 불이 붙기 시작한 것이다.

"미국의 총기 보관함 제작사에도 1천 개 이상의 모듈이 판매되었어요. 수출이 본격화되는 신호탄이었습니다. 2005년에 100만불 수출탑을 수상했거든요. 이때 이미 40여 개 국 200여 개 사가 우리의 고객이 되어 있었습니다."

가뭄 속의 단비였다. 이 대표는 창업 후 5년 동안 애타게 기다렸던 수출이 봇물처럼 터지는 것을 보면서 '이젠 뭔가 되는구나' 하는 강렬한 느낌을 받았다고 한다.

더욱 더 가슴터질듯 기뻤던 일은 수출이 본격화되자 초창기 홀대하던 국내 시장의 변화였다. 관련 업체들이 제 발로 (주)슈프리마의 제품을 찾았다. 국내 도어록(Doorlock) 시장의 60%를 차지하는 대표적인 기업 아이레보가 자사제품에 이 회사의 모듈을 채택했고, 이는 이어서 무인경비 전문업체인 에스원으로 이어졌다. 보안 분야 국내 대표적인 기업들도 고객이 된 셈이다.

게다가 2006년 4월 제4회 지문인식 알고리즘 세계대회에서 다시 또 2회 연속 1위를 차지하고 나니 '슈프리마'라는 이름은 세계 지문인식업계에 확고하게 각인되었다.

하지만 (주)슈프리마가 이런 영광을 맞이하기까지는 이재원 대표는 물론이고 창립 멤버들이 감당해야 했던 인내와 심적 불안은 말로 다할 수 없을 정도였다.

내수 시장에서 찬밥대우 받다

"선배, 손에 100도가 넘는 된장찌개를 올려놓을까? 말까?"

글로벌 시장에서의 한국 중소기업제품이 인정받는 데 가장 중요한 과제는 기술력이다. 이 회사의 경우 해외전시회 참가를 통한 홍보 마케팅도 중요했지만 수출의 1등공신은 지문인식 알고리즘 세계대회 1등 수상을 통한 기술력 품질력 인정이다.

이재원 대표는 화가 나는 걸 참으면서 진지하게 말했다. 이 질문에 대해 선배는 말이 없었다. 물론 진담 같은 농담이지만 그로서는 자신이 뱉어놓은 말이 있었기 때문에 입이 열 개라도 할 말이 없는 것이다.

1990년대 후반부터 2000년대 초기까지 국내 벤처시장에서는 '지문인식' 아이템이 급부상했다. 하지만 '소문난 잔치에 먹을 게 없다'는 말처럼 실체는 화려하지 못했다.

2천년대 초반 벤처버블이 발생하고, 자체 기술력 또한 떨어져 대외적인 인식만 떨어뜨리는 결과를 초래했다. 그리고 보니 2001년부터 2년여에 걸쳐 연구 개발한 끝에 2003년 1월 'SFM Module 1000/2000 Series' 지문인식 솔루션 제품을 세상에 내놓았지만 '기술력만 있으면 국내시장에서 인정받을 수 있다'고 여겼던 이 대표의 예측은 빗나갔다.

그때 한 선배가 이렇게 말했다.

"너희가 똑똑하고 노력하는 건 아는데 쉽지 않을 걸. 매출 20억 넘기면 내 손에 장을 지지겠다."

이뿐만이 아니다. 지문인식 모듈을 이용해서 제품을 만드는 한 회사는 (주)슈프리마를 한심한 존재처럼 치부하기도

했다.

"투자해서 원금도 못 건진 상황입니다. 당신들이 보기에 지문인식으로 성공한 회사가 어디 있습니까. 지금 우리 머리 아프니까 다음 기회에 오세요."

응용 범위가 무궁무진하므로 시장 규모도 클 것이며, 기존의 제품과는 기술력 차이가 확연하니 잘 팔릴 것이라고 믿었던 창립 멤버들의 작은 희망은 이처럼 내수 시장에서 된서리를 맞았다.

한 마디로 절망적이었다. 국내에서는 그 누구도 이 회사의 제품에 관심을 주지 않았다. 이미 2002년 제2회 지문인식 알고리즘 세계경연대회서 아시아권 1위를 수상했건만 한국에서는 무의미한 일이었다.

당시 회사 직원 수는 총 7명이었다. 하나같이 의욕이 꺾인 채 돌파구를 어떻게 찾을 것인가를 놓고 고민에 빠져들었다. 직원들을 먹여 살려야 하는 이 대표로서는 막막했다.

그간 연구 개발을 하면서도 정부정책 과제를 비롯한 기술개발 용역으로 근근이 버티었는데 계속해서 그렇게 가야 한다면 차라리 하지 않는 것이 현명한 판단이라는 생각이 들었다.

구글 검색 키워드, 마케팅을 대신해 주다

3개월에 걸쳐 시도한 국내 마케팅에서 좌절감만 안게 된 이 대표와 직원들은 '해외에서 먼저 성공하지 못하면 회사 문 닫아야 한다'는 데 의견을 모았고 해외 200여 개국에 퍼져 있는 고객들을 위해 수백여 개의 거점을 만들기는 어렵다. 이에 홈페이지, 메신저, 이메일 등을 적극 활용하여 테크니컬 서포트(기술 지원)를 한다. 특히 홈페이지에 신제품의 특징 적용범위 활용방법 등을 상세히 소개해주는 것은 아주 효과적이다.

그 해법으로 두 가지 행동에 들어갔다. 온라인 광고와 해외전시회 참가였다.

시대에 따라 마케팅 방법도 달라져야 한다.

이재원 대표는 이 말에 확신을 갖고 있다. 세계적인 포털사이트인 구글(google) 검색 키워드 창에서 'fingerprint' 를 치면 슈프리마(suprema) 가 나온다. 해외 마케팅을 고민하다가 그가 생각해낸 아이디어는 '전 세계에 우리 회사를 알리자' 는 것이었다. 그는 곧장 부사장을 불렀다.

"우리 구글에 키워드 광고를 하는 것이 어떨까?"

"설마 다른 회사가 먼저 등록하지 않았을까요?"

"내가 검색을 했더니 없더라고. 우리가 등록하면 세계 최초야. 문제는 광고비가 월 3백만 원 대거든."

"그러면 한 명 인건비인데요. 차라리 홍보 직원을 채용하면……."

"내 생각은 달라. 홍보 직원 채용해야 국내 이미지 홍보, 언론 기사노출 정도는 잘 하겠지. 하지만 우리 제품이 지금 국내서 마케팅이 안 되니까 수출을 생각하는 거잖아. 구글에 올려놓으면 24시간 날마다 전 세계에서 바이어나 관계자들이 볼 수 있거든. 어디에 광고를 한들 그만한 효과가 나올까."

부사장은 고개를 갸우뚱거렸다. 하지만 구글 광고에 앞서 먼저 홈페이지에 신경을 썼다. 어느 나라 사람이든 방문객이 들어오면 회사와 제품을 빨리 이해하고 이메일 또는 메신저로 연결될 수 있도록 영문으로 만들고, 콘텐츠 구성은 가능한 심플하면서도 테크니컬 서포터 역할이 가능하도록 했다. 구글은 광고 비용에 대한 제몫을 했다. 하루 3~4개의 외국 업체나 바이어들로부터 연락이 왔다. 바이어 접촉 후 제품 판매로 이어지기까지는 보통 6~12개월 정도의 시간이 소요되므로 당장 매출이 발생하지는 않았지만 가시적인 성과는 나타난 셈이다.

구글 광고에서 용기를 얻은 (주)슈프리마는 2003년 4월 처음으로 해외전 시회에 참가했다. 미국 라스베가스에서 열리는 '미국보안기기전시회'였다. 살림이 넉넉지 못하던 시절이었다.

이재원 대표와 부사장, 그리고 2명의 직원은 저마다 대형 트렁크를 끌고 비행기를 탔다. 경비를 줄이기 위해 부스에 전시할 제품과 자료들을 직접 들고 나갔다. 현지에 가서는 숙식 비용을 줄이기 위해 전시장으로부터 50여 분 떨어진 외진 곳의 싼 호텔 그것도 방 하나 잡아서 네 명이 잤다. 짐은 날마다 트렁크에 넣어 끌고 다녔고 하루 두 끼는 햄버거 같은 패스트푸드로 해결했다. 그래도 일행의 마음은 즐거웠다고 한다. 대형 전시회에 가보니 세계 동향 파악을 할 수 있었고 수많은 바이어들과의 상담에서 희망이 보이기 시작한 것이다.

SCENE 4

수출이 총 65% 차지
고객사가 100여 개 국 500여 개 사로 증가

"지문인식 사업은 블루오션입니다. 기술력의 차이가 극명하게 드러나는 사업이며 적용 범위는 무한합니다."

2007년 이후로 이재원 대표는 누구에게든 자랑스럽게 이렇게 말한다.

초창기에는 일단 많이 알려야 한다. 유명해지면 고객이 저절로 찾아오지만 초기에는 그렇지 않다. 해외전시회 참가를 통한 바이어 상담 마케팅 활동은 누구나 하는 일이다. 이 회사가 구글을 이용하여 광고를 한 것은 아주 잘 한 일이었다. 정보화시대 마케팅은 IT 인프라를 잘 활용하는 것도 큰 노하우다.

‘세계는 넓고 할 일은 많다’는 과거 어느 그룹 회장의 자서전 제목처럼 (주)슈프리마로서는 ‘세계는 정말 넓다’는 것을 실감했다고 한다. 그것은 다름 아닌 수출시장이 기하급수적으로 늘어나는 데서 확인할 수 있었다. 기존 거래처는 주문량이 늘고 신규 거래처는 급격히 증가하고 있다. 그리고 또 한 가지 지문인식 분야는 후진국, 선진국을 가리지 않고 모든 국가가 고객이라는 점이 아주 특별한 매력이다.

특히 인도, 브라질, 중국 등 신흥개발도상국(BRICs)으로의 수출은 놀라울 정도로 급증하고 있는 추세다.

이뿐만이 아니다. 세계 최고 수준으로 알려지자 각국으로부터 걸려오는 문의 전화도 각양각색이다.

“한 번은 중동에서 지문인식 모듈 중 특별 사양을 주문해 왔습니다. 워낙 거래처들이 많은지라 담당 직원은 아무 생각 없이 ‘그 사양은 이스라엘에 있습니다. 이스라엘은 보안시장이 넓은데다 우리로부터 모듈을 사다가 완제품을 만들어 다시 세계 여러 나라에 수출합니다’라고 전했습니다. 그런데 서로 적대 국가잖아요. 당연히 반가워할 리가

있겠습니까?"

뒤늦게서야 담당 직원은 상대에게 말실수에 대해 사과를 했다고 한다.

2007년 이 회사의 매출 규모는 총 112억 원으로 이중 65%에 달하는 750만 불이 수출이다.

지역별 비중은 유럽 30%, 미주 25%, 아시아 28%이며, 2008년 현재 총 고객사는 100여 개 국 500여 개 사에 달한다.

초기에는 모듈 판매가 주를 이루었지만 현재는 출입통제/근태관리기, 정보보안 지문 스캐너 등 다양한 완제품이 출시되어 판매되고 있으며, 전자여권 솔루션과 지문감식 솔루션도 주요 공공기관에 납품중이다.

그리고 올 들어서는 코스닥시장 진출을 위한 심사를 통과하여 곧 주식 공모를 실시했고, 앞으로는 제품 포트폴리오의 다변화와 함께 해외조달시장도 적극적으로 공략할 예정이다.

이재원 대표는 이제는 수출에 관한 한 큰 걱정을 하지 않을 성도가 됐다고 한다. 하지만 몇 가지 (주)슈프리마만의 마케팅 전략을 고수해 나갈 방침이라고 전한다.

"5년 전 시작한 구글의 키워드 광고는 지금까지 지속적으로 하고 있으며 앞으로도 그럴 것입니다. 지금까지 구글에 지불한 광고 비용만도 몇 억 원에 달하지만 아깝지가 않을 만큼 효과적이었다고 보거든요. 또 지문인식 알고리즘 세계대회 역시 지속적으로 참가하여 기술력 세계 1위의 자존심을 지켜나갈 것입니다. 물론 해외전시회 참가도 마찬가지입니다. 이 세 가지 마케팅 전략은 우리로 하여금 수출시장에서 자리매김하는데 큰 역할을 했기 때문이지요."

또 이 대표는 대한민국 중소기업 사장의 한 사람으로서 감히 말하고 싶단다.

"어느 문이든 두드리면 열린다. 중요한 것은 그 준비와 열린 문을 박차고 들어가 어떻게 살아남을 것인가이다."

리더십 강한 젊은 사장과 젊은 조직

여느 사장들에 비해 가뜩이나 젊은 사장이 얼굴까지 동안이어서 더 젊어 보이는 이재원 대표. 인상은 늘 밝지만 박사학위의 대기업 연구원 출신이라는 선입견 때문인지 비즈니스나 리더십은 다소 떨어질 수도 있다는 생각을 했다. 하지만 저자의 생각은 보기 좋게 빗나갔다.

"어느 회사든지 조직을 관리하려면 사장의 리더십은 필수잖아요. 직원 수가 갑자기 많이 늘어나니까 관리도 중요할 텐데 어려움은 없나요."

말을 해놓고서도 상대가 불편해 하는 질문은 아닐까 조금은 걱정스러웠지만 이 대표의 대답은 의외로 시원시원하다.

"학교 다닐 때는 대학교 연합 연극동아리도 만들어서 활동했습니다. 학창 시절에 리더 역할을 많이 했습니다. 흡연은 안하지만 가벼운 술자리는 좋아하거든요. 지금도 고등학교 친구들과 가족 모임을 갖고 있는데 제가 주동을 합니다. 등산도 좋아하고요."

조직 관리에 있어서는 나름대로 리더십을 잘 활용하고 있다는 얘기다. 최

216

근 몇 년 사이에 회사가 커지다 보니 슈프리마의 직원 수는 60여 명에 달한다. 사장 부사장이 40전후이고 직원들 대다수가 20대, 30대이다. 더욱이 분야가 IT쪽이다보니 더욱 그렇다.

어찌 보면 정말 '벤처다운 벤처다'라는 생각이 든다. 처음 보는 얼굴인데도 미소띤 얼굴로 먼저 인사를 하며 신속하게 움직이는 직원들의 분위기가 '역시 젊은 조직답다'는 생각을 갖게 한다.

이런 젊은 조직의 장점과 특성을 너무도 잘 하는 그는 회사 입장에서 볼 때 신분야라서 직원들에 대한 기대치가 높으며 일하는 강도가 세다고 말한다. 때문에 화합, 인내력, 체력 이 세 가지를 중요시 여긴다고 한다.

힘이 들어도 목표를 향해 같이 가야만 하는 상황이어서 특히 체력은 중요하다는 것이다.

(주)슈프리마 전직원은 해마다 야간 산행을 한다. 2006년에는 가야산을, 또 2007년 설악산 대청봉 야간산행에 이어 2008년에는 16시간 지리산 야산 종주를 다녀왔다. 직원들로 하여금 자신의 체력 테스트를 하면서 체력과 인내력을 키우라는 무언의 메시지가 담긴 것이다.

그는 말한다.

"무엇이든 해봐야만 합니다. 생각했던 것보다 실제 상황은 많이 다르거든요."

그간 사업을 하면서 여러 차례 그런 심정을 느꼈고 특히 코스닥 상장 과정에서 지금까지 지문인식 분야의 성공 사례가 없다보니 신뢰성을 많이 인정받지 못했던 것에 대한 서운함도 있었음을 내비친다.

SCENE 6

2012년 목표,
매출 1천억 원, 순이익 300억 원 이상

(주)슈프리마는 지난 7월 코스닥시장에 상장되었다. 바이오인식 업계에서는 최초다. 남다른 기술력으로 세계로부터 인정받은 기업인 만큼 이 회사가 만들어내는 제품도 그 영향력이 강하다. (주)슈프리마는 최근 자회사를 통해 삼성 SDS에 전자여권 판독기 및 관련 소프트웨어 공급 계약을 체결했다. 전 국민 대상의 전자여권 발급이 전면 시행됨에 따라 전국 187개소의 국내 여권사무 대행기관 및 39개소의 해외공관 등의 여권 교부 현장에 전자여권 판독기가 설치될 예정인데 (주)슈프리마의 기술력이 빛을 발하게 되는 것이다.

이번에 공급되는 전자여권 판독기는 ICAO 국제 표준을 준수하는 전 세계 여권 및 전자여권을 판독하기 위한 최적의 장비이다. 따라서 (주)슈프리마는 미국 비자면제 프로그램 가입을 위해 전 세계적으로 전자여권 도입국이 늘어남에 따라 전자

여권 판독기 수요가 창출될 것으로 기대하고 있다. 출입국심사대 · 항공사카운터 · 무인심사게이트 · 대사관 · 카지노 · 면세점 · 환전소 등으로 전자여권 판독기 시장이 확산될 것으로 전망되고 있기 때문이다.

지문인식 알고리즘 세계경연대회서 두 차례나 1위를 차지했고, 이미 100여 개 국 500여 개 사를 거래처로 확보하고 있는 만큼 (주)슈프리마의 발전은 큰 이변이 없는 한 합격점을 받은 상황이다.

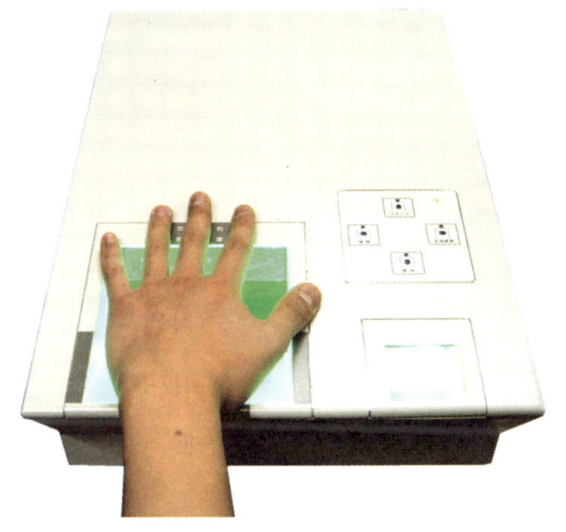

이재원 대표에게 향후 마스터플랜에 대해 밝혀달라고 주문하자 역시 준비하고 있었던 것처럼 사신있게 말한다.

"2012년쯤이면 매출 1천억 원에 순이익 300억 원 이상 내는 기업이 되어 있을 겁니다. 직원 수는 120명 정도 될 거라고 예상합니다."

그런데 마지막 그가 남긴 말이 인상적이다. 매출이 크게 상승한데 비해 직원 수는 많은 편이 아니다. 이유는 뭘까? 소수정예부대로 기술력이 강한 회사를 지향하겠다는 말이다. 과거의 경우 직원 수가 곧 규모의 성장처럼 보였지만 이제는 달라졌다.

앞서가는 기업일수록 기술력을 앞세운 고부가가치 제품 전략을 통해 '조직은 슬림화, 순이익은 높게' 라는 슬로건을 강조한다.

두 번째 만나 인터뷰를 했는데 이재원 대표는 좀처럼 흐트러짐이 없어 보인다. 젊은 CEO답게 질문에 대한 대답은 늘 정확하고 솔직했으며, 거품이 섞인 말은 아예 농담으로도 하지 않을 만큼 자기 관리에도 철저하다.

세계 지문인식 분야의 최강자로 떠오른 (주)슈프리마. IT강국 대한민국의 역사를 새롭게 쓰는 기업으로 거듭나길 기대해 본다.

[회사 개요]
대표 : 이재원
창립일 : 2000년 5월
직원수 : 60명
주력사업 : 지문인식솔루션 및 시스템
매출규모 : 250억 원 (2008 예상)
주소 : 경기도 성남시 분당구 정자동 파크뷰 오피스타워 16층
홈페이지 : www.suprema.co.kr
전화 : 031-783-4505 / 팩스 : 031-783-4506

회사 연혁

2000년	5월	㈜슈프리마 설립
2001년	6월	병역특례업체 지정 (한국산업기술진흥협회)
2002년	7월	21세기프론티어연구개발사업자 선정 (과학기술부)
2003년	1월	SFM1000/2000 Series 지문인식 모듈 제품 출시
2004년	4월	제3회 지문인식 알고리즘 세계 경연대회에서 세계 1위 수상
	10월	SFM3000/3500 Series 지문인식 모듈 제품 출시
2005년	7월	해외 제품 수출국 70개국 돌파
	12월	모듈판매량 세계 1위
2006년	6월	BioStation 굿디자인 마크 획득
	7월	지문인증 모듈 부문 세계일류상품 선정 (산업자원부)
	11월	BioStaiton, 유럽 보안전문지 "Detektor" 선정 '
2007년	4월	제4회 지문인식 알고리즘 세계 경연대회에서 세계 1위 수상
	11월	무역의 날 "오백만불 수출의 탑" 수상 및 무역진흥 표창 (산업자원부)
	12월	해외 제품 수출국 100개국 돌파
2008년	5월	전자여권 판독기 세계 최초 'ARINC' 국제인증 획득
	7월	코스닥 상장
	8월	지문라이브스캐너, 아시아권 최초 FBI 국제인증 획득

모든 기업은 개인 사업이나 소기업에서 출발한다.
기업의 건실함과 비전을 보는 잣대는 규모가 아니라 내실이다.
현대의 기업들은 기술력과 자금력만으로 성장하지 못한다.
성공하는 기업, 성공하는 CEO 그들에게는 그들만의 공통분모가 있다.

100년을 내다보는 기업은 향기가 난다

CEO를 말한다

1

기업의 꽃은 역시 CEO다. 같은 떡을 만들어도 어떤 사람이 어떻게 만들어내느냐에 따라서 외형도 달라지고 맛도 달라진다. 기업은 떡과는 또 다르다. 기업은 성공과 실패 그 두 가지 중 하나로 남게 된다. 수많은 사람들이 창업을 하여 CEO가 되지만 언제 어떻게 성공할지 무너질지는 미지수다. 그렇다고 안개 속 같은 미지수에서 방황할 수는 없는 노릇이다. 어떤 장비를 챙겨서 어느 길로 가야 할 것인지 미리 생각하고 준비했다면 안개 속을 빨리 벗어날 수 있을 것이다. 안개 속을 벗어나면 햇빛을 먹으며 꽃망울이 터뜨릴 수 있지 않을까.

장기적인 마스터플랜을 짜라

이제 막 창업을 앞두고 있는 사람이라면, 신생기업을 꾸려나가는 사장이라면 동양인으로서 21세기 화두가 되는 벤처의 대표적인 성공인물 손정의와 20세기 전반을 거쳐 21세기인 현재까지 무려 97년간 지속되어온 글로벌 브랜드이자 명품인 '샤넬'의 창업자 가브리엘 샤넬, 이 두 사람을

224

생각해 볼 필요가 있다.

「Forbes」지의 부자 순위에 오른 일본 국적 한국인 부호 손정의 소프트뱅크 회장은 이미 19살 때 50년 생애를 기획하였다. 즉 20여 살이 되면 자기가 할 업종에 자기의 존재를 알린다. 30여 살이 되면, 충분히 한 가지 큰일을 할 1억 달러의 종자돈을 모은다. 40여 살이 되면, 매우 중요한 업종을 택하여 전력투구하고 이 업종에서 1인자가 된다. 이때 회사는 10억 달러가 넘는 투자자금을 갖고 있으며, 1,000개 이상의 체인점을 둔다. 50이 되면, 자신의 사업을 완성한다. 이때 회사의 영업액은 100억 달러를 초과한다. 60이 되면, 사업을 다음 세대에 물려 주고 자기는 가정으로 돌아와 만년을 즐긴다. 지금 보면, 손정의는 점진적으로 그의 계획을 실현하고 있다.

1910년 파리 깡봉가 21번지에 '샤넬 모드(Chanel Modes)'라는 이름으로 모자 가게를 오픈하면서 시작된 샤넬의 역사는 3년 후면 100년을 맞이한다. 27살의 나이로 사업에 뛰어든 창업자 가브리엘 샤넬은 70살이 넘어서도 숍에 나가 피팅에 관여하는가 하면 전 세계를 돌며 자신 스스로가 움직이는 홍보, 모델, 카탈로그를 자청했다. 수십여 년에 걸친 그녀의 그런 열정과 노력이 없었다면 프랑스를 대표하는 '샤넬'이라는 브랜드는 존재하지 않았을 것이다. 특히 사람들은 꿈과 희망을 향한 그의 끊임없는 도전 정신과 정열에 갈채를 보낸다.

저자가 대학에서 강의를 할 때 일이다. 기말고사 시험지의 마지막 문제는 늘 정해져 있었다. '10년 후 자신의 모습을 그려보라'는 것이었다. 하지만 늘 전체 수강생의 25% 정도만이 자신의 목표를 세워놓고 어떻게 노력하여 그 위치에 도달하겠다는, 이를 테면 근사치에 맞는 답을 적었고 나머지 수강생들은 목표나 꿈이 정해져 있지 않았다. 20대 초반, 중반의 그들이 아직도 인생의 목적을 정하지 않았다니 이같은 현실을 어떻게 받아들여야 할지 고민스러운 일이 아닐 수 없었다.

후배나 제자들 또는 조카들을 만나면 입이 아프도록 하는 말이 있다.

"목표를 정해라. 목표를 정할 때는 몇 년 단위씩 토막을 내어 계단을 만들어라. 어떤 계단을 밟고 올라갈 것인지. 단, 막연하게 그저 좋아보이는 그런 분야를 택하지 말고 네가 가장 잘 할 수 있는 분야를 택하라. 그리고 늘 잘 될 것이라고 긍정적으로 생각해라. 물론 적극적으로 덤벼들어야 한다."

지금 사업을 하려는 사람도, 이미 사업을 시작한 사람도 체계적인 마스터플랜이 없다면 지금 당장이라도 만들어라.

어느 야무진 20대 청년이 "백지 상태의 스케치북을 펼치고 그곳에 향후 20년까지 어떻게 살아갈 것인지 그림을 그리는 일은 매우 소중한 일이다."면서 후배에게 충고를 하는 모습을 본 적이 있다.

당신이 창업 후 몇 년 내에 이름 석 자 널리 알렸다가 10년도 안 되어 소리없이 뒷전으로 밀려날 것인지 샤넬처럼 죽은 후에도 그 브랜드 파워와 사업 정신이 많은이들로부터 존경받는 주인공이 될 것인지는 당신 자신의 몫인 것이다. 만일 마스터플랜이 제대로 짜여져 있었다면 반짝 별처럼 떴다가 소리없이 사라지는 일은 없을 것이다.

작게 낳아 크게 기워라

대형 물류창고와 20여 대의 차량을 갖고 대형 유통센터에 제품을 공급해 주는 벤더사를 운영하는 E사장은 8년 전만 해도 마땅히 일할 직장도 찾지 못하고 손에 쥔 돈 한 푼 없는 가난한 가장이었다. 이미 그는 전 재산을 날려 버리고 방 한 칸에서 어린자녀 셋과 아내 이렇게 다섯이서 하루하루를 근근히 이어가야 했던 시절이 있었다. 누가 보아도 당시 그는 초라한 40대 가장이었고 향후 어떻게 살 것인지 걱정이 될 정도였다. 그

226

러나 그는 친구에게 이렇게 말했다.

"나는 가진 게 없으니 더 이상 잃을 게 없어서 마음 편하다. 앞으로 남은 것은 돈을 버는 일 뿐이다. 하루 하루가 기대되고 꿈을 키워가는 날이 될 것이다."

친구로서는 참으로 한심스럽기만 할 뿐이었다. 아무 생각 없이 태평스러운 말만 하니 아직도 정신을 덜 차렸다는 생각이 들었다. 하지만 그가 한 말은 결코 헛소리가 아니었다. 일리가 있는 말이었다.

전직 동료로부터 중간 유통업을 할 수 있도록 도움을 받은 E는 할부로 냉동 탑차 한 대를 구입해 열심히 햄, 소시지 등의 제품을 중소기업들로부터 공급받아 대형 점포에 넘겼다. 유통 마진이 20~30%가 되다보니 운전대를 잡고 달리는 하루 하루가 즐거웠다. 통장에서는 돈이 매일같이 늘어나서 1년 후에는 차량을 3대로 늘렸다. 그리고 거래하는 점포가 늘어나면서 물류센터도 마련하게 됐다. 시간이 흐르면서 그에게는 성공이라는 두 글자 가까이에 다가선 것이다.

아무것도 없는 것 역시 일종의 재산이며, 그것은 사람들로 하여금 운명을 변화시킬 충동을 느끼게 하고 창조의 열정을 만들어 낸다. 동시에 아무 것도 가진 게 없으면 아무런 걱정거리가 없기 때문에 철저하게 역량을 발휘할 수 있다.

가진 것이 없다고해서, 작게 시작한다고해서 위축되지도 말고 두려워하지도 마라. 아직 이루지 못했다는 것은 그만큼 이룰 수 있는 가능성이 있는 것이며, 아무것도 없다는 것은 앞으로 하나 둘씩 쌓아가는 일만 남았다는 것이다.

옛말에 '애는 작게 낳아서 크게 키우라'고 했다. 사업도 마찬가지다. 무작정 크게 하는 것만이 성공으로 가는 지름길은 아니다. 사업은 '꽝' 아니면 '당첨' 식의 복권이 아니다. 사업은 안정적이고 장기적이어야 한다. 그렇다면 처음부터 무리하게 대규모로 시작하기보다는 자신이 지닌 경제력에 맞게 현실적으로 감당할 수 있는 만큼의 공급량에 맞게 생산설비를 갖추고 시작해야 한다.

가끔씩 규모만 클 뿐 처음부터 방만한 경영으로 사업 실패를 자청하는 이들이 있다. 그들은 10억 원을 투자하여 연간 3~4억 원의 수익을 올리려고 하기보다는 50억 원을 투자하여 20억 원을 버는 쪽을 택한다. 욕심이 많은 것이다. 사업을 시작했다고 해서 반드시 첫 해부터 엄청난 수익을 올릴 수 있을 거라는 담보는 없다. 실제 사업은 머릿속으로 계산한 것과 많은 차이가 있다. 또 사업이란 정치, 경제, 사회 분위기 등의 영향을 받기 마련이다. 따라서 정권만 바뀌어도 잘나가던 기업이 하루아침에 무너져 내리는 일은 수없이 많았다. 처음부터 실패를 두려워한다면 사업은 하지 못한다. 그러나 만일의 경우는 항상 염두에 두어야 한다. 만일 자기 자본 15억 원 중 10억 원을 투자한 사람과 자기 자본은 물론이고 은행 대출, 주변사람들의 돈 등을 다 끌어들여 50억 원을 투자한 기업 둘 다 창업 2년 만에 망했다고 치자. 대규모로 투자를 한 기업주가 감당해야 할 고통은 소규모 투자자의 수십 배에 달할 것이다.

세계적인 기업이 된 유명 그룹들도 처음에는 작은 점포 하나, 종업원 100명도 안 되는 소규모 공장에서 시작했다. 10년, 30년, 50년, 100년 그렇게 시간을 두고 계단을 밟아 올라가면서 규모가 확대되고 성장한 것이다. 벤처기업들은 어떠한가? 성공한 벤처기업들의 다수가 시작은 아주 작았다. 혼자서 또는 동업자와 함께 각자의 집을 담보로 자금을 융통하여 작은 사무실이나 창고 같은 공장에서 시작했다.

암웨이는 그 대표적인 기업 중 하나다. 네트워크마케팅으로 글로벌 기업으로 거듭난 암웨이는 1959년 미국에서 두 명의 젊은 기업가 리치 디보스와 제이 밴 엔델에 의해 지하의 조그만 창고에서 시작되었다. 한국의 대표적인 글로벌기업 삼성그룹도 1938년 대구시 수성동의 '삼성상회'에서 출발했다. 70여 년이라는 세월을 거치면서 세계적인 기업이 된 것이다.

사업은 분명 묘미가 있는 일이다. 규모가 커지면 커질수록 그에 반해 들어오는 수입도 많아진다. 설령 처음에는 10원짜리 면을 하루에 100상자 생산했다 할지라도 그로 인해 얻어진 수익이 재투자되어 생산 시설을 늘리고 제품은 업그레이드되는 방식으로 지속적인 발전을 하게 되는 원리다. 그만큼 무형의 자산인 노하우와 기술력도 쌓인다.

사람이 사업을 하는 데는 돈을 많이 벌기 위한 것이 가장 큰 목적이지만 과정 과정을 거치고 나날이 성장해 가는 회사를 보면서 얻게 되는 만족감 또한 큰 것이다. 자신의 요리 실력을 발휘하고 싶은 주방장에게 이미 푸짐하게 차려놓은 밥상을 손님 앞에 나르라고 하면 그는 오래 버티지 못하고 밥상을 내동댕이칠 것이다. 그가 원했던 것은 자신이 갈고 닦은 요리 실력으로 무언가를 보여 주고 그것을 통해 자신감과 만족감을 동시에 얻고 싶었을 것이다. 처음에는 몇 안 되는 단골손님이 1년 후에는 몇백 명, 3년 후에는 몇천 명이 되는 꿈을 꾸었을 것이다.

사업을 하는 목적이 단지 돈 하나만이 아니라면 작게 현실감있게 시작해라. 그리고 하루 하루 성장해 가는 모습을 즐겨라.

가장 잘 할 수 있는 일을 해라

20여 년 전만 해도 '연구원 출신이 기업을 설립하면 100% 망한다'는 말이 통했다. 이는 다시 말해 머리에 전문지식이 쌓였다고 해서 그것만 믿고 사업했다가는 성공하기 어렵다는 얘기다. 즉 경영을 잘 하는 사람은 따로 있으며, 특히 영업력이 없는 사장은 시장 경쟁에서 불리하다는 뜻이기도 하다.

하지만 세상은 변한다. 21세기는 전문화 시대이며 전문가만이 살아남는 시대다. 기업도 전문성이 없으면 성장하기 어렵다. 하다못해 열 평짜리 식당을 열어도 아이템이 전문화되어 있지 않고 다른 점포와 차별화된 점이 없으면 문을 닫기 마련이다.

CEO는 경영 전문가이다. 하지만 대기업이나 그룹의 계열사가 아니고서야 시작은 누구나 작을 수밖에 없다. 개인 회사가 아닌 법인으로 출발한다면 그나마 다행이다. 신생기업에서 작은 중소기업에서 CEO가 한가하게 경영서적 읽으며 아이디어 고민할 시간이 있을까.

최근 창업하여 고속 성장을 누리는 기업들을 보면 대다수의 사장들이 해당 업종의 전문가 출신들이다. 유난히 연구원 출신의 박사 CEO들이 많은 것도 새로운 트랜드 중 하나다.

신생기업 즉 작은 기업에서는 사장이 제품 기획부터 마케팅 홍보에 이르기까지 전 분야에 걸쳐 모르는 것이 있으면 그 자체가 문제가 된다. 직접 모든 일을 다 처리는 하지 못하더라도 적어도 어떻게 처리되어야 한다는 것은 알고 있어야 한다. 그리고 제품 개발 생산의 핵심 기술은 그 누구보다도 잘 알고 있어야 한다. 모든 분야에 핵심 인력이 자리를 잡고 기업이 체계적으로 움직일 만큼 자리를 잡은 후라면 몰라도 최소한 창업 후 몇 년간은 생산현장에 나가 직접 참여도 하고, 만든 제품 들고 전시회에 나가 상담도 해야 한다. 얼굴마담(?)이나 바지사장(?)이 아닌 다음에야 21세기 사장은 전문가이어야 한다.

해당 분야의 전문가이어야 하는 이유는 또 있다. 사람에게는 열정이란 것이 있다. 단지 돈이 된다는 이유만으로 자신의 적성이나 재주와는 무관하게 비전문 분야에 뛰어들었을 경우 사업이 잘 되어 돈이 들어오면 신이 나지만 당장 돈이 안 되면 쉽게 포기하기 마련이다. 그만큼 그분야에 대한 애정이 없으며 열정도 생기지 않는다.

하지만 반대로 자신이 좋아하는 일 잘 할 수 있다고 자부하는 일에 뛰어든다면 얘기가 달라진다. 어렵고 힘이 들어도 도중에 문제가 발생하더라도 열정이 있기에 쉽게 포기하지 않으면 어려운 난관도 극복하게 된다.

두 남녀가 만나 서로 사귀는 과정에서 서로에 대한 열정이 없으면 더 이상의 진전이 없으며 헤어지게 된다. 마지못해 하는 것과 좋아해서 하는 것은 그 과정과 결과에서 엄청난 차이가 있다. 사업에도 그때 그때 트렌드가 있다. 하지만 그것은 단순히 대중의 선호도에 크게 좌우되는 점포 사업이나 먹거리 사업이다. 장기적인 비전에서 창업을 하였고 20년, 30년 기업의 역사를 써내려가고 싶다면 진정으로 자신이 좋아하는 일보다 잘 할 수 있는 일에 뛰어드는 것이 바람직하다.

긍정적인 사고가 성공을 불러온다

제너시스 BBQ 윤홍근 회장. 성공한 기업인 중 한 사람인 그는 긍정적으로 사고하고 일에 대한 열정을 가지면 건강은 물론 인생·사업에도 성공할 수 있다는 생각을 갖고 있는 사람 중 한 사람이다. 그는 매사를 긍정적으로 바라보는 게 가장 중요하며, 말과 생각이 바뀌면 행동이 바뀌고, 행동이 바뀌면 습관이 바뀌므로 그 습관이 결국 인생을 바꾸게 된다고 말한다. 윤 회장의 이같은 긍정적 사고에 대한 견해는 인정할 만하다. 실제로 우리가 생활 속에서 '잘 될 거다' 또는 '할 수 있다'는 긍정적인 사고를 갖게 되면 자신도 모르게 적극적으로 임하게 되고 그 결과는 좋게 나타나곤 한다.

저자는 지난 18년간 수없이 많은 사람들을 인터뷰했다. 기업인은 물론이고 연예인, 외국인 등 많은 이들을 만났고 그들로부터 성공에 대한 이야기도 많이 들었다. 성공한 유명인들의 십중팔구는 자신의 성공 요인 중 하나를 '긍정적인 사고'라고 말했다.

이런 연유 때문일까. 저자는 강단에 서면 늘 '긍정적인 사고를 갖고 적극적으로 살아야 한다' 고 강조한다. 어찌보면 누구나 다 아는 내용이고 가장 보편타당한 말일지도 모른다. 중요한 것은 긍정적인 사고를 가지려고 노력해야 한다는 사실이다.

긍정적인 사고를 갖기 위해서는 먼저 마음속으로부터 불신이나 의심을 없애는 것이 중요하다. 또 새로운 것에 대한 걱정이나 부담으로부터 자유로워져야 한다. 일상생활에서 웃는 얼굴로 살아가는 사람일수록 긍정적인 사고를 갖는 데 유리하다. 부정적 사고는 불안과 초조, 걱정에서부터 오지만 긍정적인 사고는 즐거운 마음, 편안한 마음으로부터 생겨나기 때문이다.

기업을 이끌어가야 하는 CEO라면 당연히 긍정적인 사고가 필수다. 늘 미소 띤 얼굴로 직원들을 대하고 고객을 대할 때 자신은 물론이고 자신을 지켜보는 많은 이들을 즐겁게 해 줄 수 있다. 내가 즐겁고, 직원들이 즐겁고, 고객이 즐거우면 어떤 일을 시작하더라도 긍정적일 수밖에 없다.

어떤이들은 웃는 얼굴을 연출하고자 거울을 보고 웃는 연습을 한다고 한다. 거울을 보고 연습하는 것을 나무랄 수는 없지만 웃는 얼굴은 마음가짐만 편안하고 가볍게 가지면 얼마든지 쉽게 가능하다.

감히 제안하건대 CEO라면 아침에 집을 나설 때 웃는 얼굴로 나서라. 회사로 들어갈 때는 빌딩 관리인이나 수위를 보면서 웃는 얼굴로 인사를 하고 직원들을 만났을 때는 눈가에 미소만 머금고 스쳐지나가도 좋다. CEO의 미소는 직원들로 하여금 즐겁게 일할 수 있게 하는 활력소가 된다. 이런 습관이 길들여지면 긍정적인 사고는 자연적으로 생겨날 것이다.

국내에서도 베스트셀러가 된『긍정의 힘』저자 조엘 오스틴은 책을 통해 삶에 대한 긍정적인 자세가 미래를 열어 준다는 희망을 제시한다. 매사에 긍정적으로 생각하면 즐거움은 저절로 생겨난다는 조엘 오스틴의 말에 100% 공감한다.

경영마인드를 갖춰라

투명 경영

Moral Hazard로부터 자유로운 CEO가 되어라

분기별 한 번씩 기업 회계를 전 직원에게 공개한다. 소액 주주들 역시 홈페이지를 통해 기업의 회계 상황을 알 수가 있다. 사장은 자신의 업무 활동비 외에는 단 1원도 회사 돈을 건드리지 않는다. 이익이 발생하면 그만큼 전 직원들에게 인센티브가 주어지고 주가 상승으로 이어진다.

이런 기업들이 있다. 투명 경영을 실천하는 기업들이다. 우리 기업들은 투명 경영 앞에서 대체적으로 자유롭지 못하다. 2천 년대 들어 초에 벤처 기업, 코스닥기업들의 도덕적 해이(moral hazard)가 문제가 됐다. 분식회계로 자금을 빼돌리는 CEO, 주가조작 및 자금횡령을 일삼은 CEO, 로비를 통해 부실감사를 자행한 CEO들이 적지 않았다. 한동안 잠잠한가 싶더니 최근 다시 Moral Hazard가 거론되고 있다.

경영의 투명성은 곧 회계의 투명성과 관련 있다. 올바른 장부 정리와 정확한 재무제표 작성만 이루어져도 투명 경영은 그리 어렵지 않은 일이다. 우리나라의 경영자들은 '회사는 내 것'이라고 생각하는 이들이 적지 않으며 그러다보니 회사 돈을 자기 마음대로 인출하여 접대를 하고 개인의 유흥과 안락에 사용한다. '주머니 돈이 쌈지 돈'이라는 식의 그릇된 사고 방식과 지나친 접대 문화는 우리 기업들의 투명 경영을 저해하는 대표적인 요인들이다.

기술 및 아이템(item)이 아무리 훌륭하고 성장 비전이 밝다 할지라도 CEO가 정직하지 못하면 내부로는 종업원으로부터 신뢰를 얻지 못해 조직이 흐트러지고 대외적으로는 투자자 및 소비자에 대한 기업의 이미지 제고에 실패하여 결국 성장의 걸림돌이 되고 만다. 회사돈을 횡령하고 해외로 도피했다고 치자. 그 사람의 인생이 과연 행복할까?

정도 경영

대한민국 벤처 1세대이자 성공한 기업인으로서 '정도 경영'의 대표적인 인물로 통하는 전 미래산업 정문술 회장은 자신의 기업운영 시절을 회상하면서 '친인척 경영을 하지 않았다'고 말했다.

일본의 경우 작은 기업인데도 불구하고 3대, 5대째 이어서 경영을 하는 기업들이 부지기수며 우리나라 역시 2대, 3대째 경영이 이어지는 기업들이 많다. 친인척이 기업에 있다는 자체가 반드시 나쁘다고는 볼 수 없는 일이다. 다만 능력도 없는 조카, 사촌, 사돈의 팔촌까지 기업 내 곳곳에 심어 놓고 그들을 마치 작업 감독관처럼 활용하고 엘리베이터식 승진을 시켜 기업내 조직의 분위기를 썰렁하게 만들고 경영진에 대한 불신감만 커지게 한다면 그것은 아닌 것이다. 정 회장이 거론하는 친인척 경영은 아마도 후자에 가까운 것으로 기업이 깨끗하게 제대로 성장하려면 친인척을 많이 끌어들이는 것은 좋지 않다는 쪽으로 해석하면 좋을 것 같다.

기업이 개인의 것이 아니고 주주와 지원 모두의 것이라고 본다면 CEO 마음대로 기업을 떡주무르듯 하는 것은 그다지 옳지 않은 방법이다.

정도(正道)! CEO가 교과서에서 배운 대로 바른 길을 걸어가면 정도 경영은 자연스럽게 이루어진다. 돈에 눈이 멀어 편법을 이용한 비정상적인 방법의 비즈니스를 선호하거나 학연, 지연, 혈연에 얽매여 인사를 단행하는 일은 훗날 반드시 문제를 일으키는 불씨를 키우는 일이 된다.

234

원칙을 중시하고 정해진 대로 법이 허락하는 선에서 누가 보아도 오해가 없는 방법을 택하는 것 그것이 바로 정도 경영으로 가는 길이다.

도덕 경영
학창 시절 스승과 부모로부터 배운 대로만 일해라
사람들은 말한다
"○○회사 사장 세컨드가 ○○○라던데."
"경리과 미스 공, 사장이 빨간 스쿠터 사줬다더라."
"G회사 사장 정말 나쁜 ○○이더라고. 예전에 한 9개월 정도 근무하면 내보내고 다시 뽑고 그랬다더라고. 퇴직금 안주려고."

CEO는 공인이다. 연예인과 고위층인사만 공인이 아니다. 자신이 운영하는 회사의 전직원만이 아니라 거래처들 소비자들 모두가 CEO를 주시한다.

"내가 기업 운영하여 돈 벌어서 내 마음대로 산다는데 누가 뭐래."

만일 이런 식의 사고를 지닌 CEO가 있다면 이제는 장기적인 경영자가 될 수 없다. CEO는 모범이 되어야 한다. 많은 이들의 눈과 귀로부터 자유로울 수 없는 입장이다. 과거처럼 자신이 저지른 실수나 부도덕한 언행이 자고 나면 감춰지고 사라지던 시대는 지났다. 설령 직원들과 소비자들이 아닐지라도 기업이나 CEO의 이름 석 자가 제법 알려진 경우라면 언론의 감시(?)로부터 자유롭지 못한 입장이 된다.

어떤 이는 바람둥이로, 또 어떤 이는 자식의 폭행 사건에 연루되고, 또 다른 이는 항공기 내에서 음주 사건의 주인공이 되어 세상에 불명예스러운 뉴스거리를 남겨놓기도 했다. 수없이 많은 CEO들이 열심히 경영에 몰두하여 좋은 성과를 내놓고서도 한순간의 실수 내지는 이미 만성화된 개인적인 단점의 표출로 인해 세상으로부터 지탄을 받기도 하고 기업 이미지를 실추시키는 결과를 초래했다.

도덕 경영은 아주 간단하다. 어린 시절과 청소년기를 거치면서 부모와 선생님들로부터 배운 것, 아니 귀따갑게 들은 것 '이렇게 하면 안 된다', '이런 사람이 되어야 한다'는 것만 잘 지켜도 도덕적으로 문제되는 CEO가 되지는 않는다.

CEO들이여! 생각하라. '나는 거울 앞에서 내 모습에 떳떳한가'에 대하여.

지식 경영

전 직원이 유익한 정보를 공유하도록 해라

지식 경영이란 회사 내 조직 구성원 개개인이 각자의 지식이나 노하우를 발굴하여 조직 내 보편적인 지식으로 공유하여 조직 전체의 문제해결 능력을 향상시키는 경영 방식이다. 따라서 지식 경영은 전사적인 '생산성'과 '혁신' 조직, 학습조직 구축, 전 직원 지식자본가(Knowledg Entrepreneur) 양성에 그 목적을 두고 있다.

지식 경영에서의 '지식'이란 기술과 정보(information)를 포함한 지적 능력과 아이디어를 말하는데 여기에는 겉으로 나타나지 않는 무형의 지식까지 포함된다.

스웨덴의 글로벌 금융기업 스칸디아는 지식 경영으로 유명한 기업이다. 이 회사는 지식 경영을 통해 지적 자본의 평가뿐아니라 지적 자본을 개발해 의사결정 지원, 프로세스 혁신, 마케팅, 인적 자원의 능력 계발의 도구로 활용하고 있다. 특히 정보시스템을 활용, 조직 내 축적된 지식과 노하우를 전사적으로 공유할 때 지적 자본 개발이 더욱 활성화된다는 면을 강조한다. 스칸디아는 전략결정 지원, 최선의 실행방안(Best Practice)

공유, 고객과의 파트너십 구축, 프로세스 혁신 등 다양한 측면에서 지식을 공유하고 있다.

국내에서는 LG전자, 이랜드, 에버랜드 등이 지식 경영의 성공 케이스로 꼽힌다. 에버랜드의 지식 경영은 지식 경영을 하나의 경영 패러다임으로 인식하고 고객만족 경영, 6시그마 등 세부적 경영혁신 기법들을 지식 경영이라는 테두리 안에서 실행시켰다는 점이다. 또 지식 경영을 단순히 지식관리시스템(KMS) 구축으로 파악하지 않고, 지식 창출과 구성원들의 공유 마인드 구축이라는 조직 문화의 형성으로 승화시켰다는 점이 높이 평가받고 있다. 지식 경영팀은 먼저 자신이 갖고 있는 지식을 공유하도록 유도했다. 이를 테면 서비스스타, 날리지스타 제도 등을 운영해 신지식인에 대한 포상 및 인정제도를 실시했다. 에버랜드의 지식공유 시스템 e-KISS로 사내 인트라넷으로 구현되는 e-KISS는 경쟁정보, 경험지식, 전문지식, 학습조직 등 크게 4개 분야로 구성돼 있다.

경쟁자와도 Win-Win 해라

아무리 잘난 사람일지라도 아무리 괜찮은 기업일지라도 혼자서는 살아남기 어렵다. 그래서 옛어른들은 말했다.

"독불장군이란 없다."라고.

세상 모든 것은 상생의 원칙에 의해 유지되며 발전한다. 상대를 위하고 상대를 존중하고 상대를 돕는 일은 결국 나 자신을 돕는 일이나 마찬가지인 것이다. 기업이나 사람이나 매한가지다. 성공의 화두는 '투게더(Together)'다.

만일 당신이 사장이라면 회사에 원료를 납품하는 업체, 기계장비를 설비해 주는 업체, 포장을 담당하는 업체, 제품 유통을 담당하는 벤더사 등 당신의 회사와 손을 잡고 일하는 모든 회사들과의 관계에서 '윈윈

(Win-Win)' 전략을 구사해야 한다.

"내 회사가 규모가 더 크고 완제품을 만드니까 당신들처럼 작은 회사나 일부 역할만 담당하는 회사들은 시키는 대로만 해라."는 식의 경영은 장기적으로 성공하지 못한다. 시간이 흐르면 흐를수록 협력회사들과의 관계에서 신뢰만 깨어지고 기업의 이미지는 좋지 않은 쪽으로 소문이 무성하여 결국 회사는 위기를 맞이할 수도 있다.

최근에는 기업의 이미지가 좋지 않으면 네티즌들 사이에 불매운동이 일어나는 일도 비일비재하게 발생한다. 기업 입장에서는 제품 판매에 큰 변동이 없다 할지라도 신뢰면에서는 엄청난 타격을 입게 되는 일이다.

현명한 기업들은 협력업체들과의 관계 유지를 수직 관계가 아닌 수평 관계로 유지하려고 힘쓴다. 같이 공존공생하는 길, 같이 잘 되는 길을 찾고자 '윈윈(Win-Win)' 전략을 펼친다. 협력회사들이 보다 더 질 좋은 부품을 만들 수 있도록 유도하고자 품질경진대회를 통해 시상을 하고 협력회사 직원들과 단합을 위해 체육대회를 하기도 한다. 정기적으로 회의를 통해 서로에게 어떤 도움을 주어야 하는가에 대해서 고민을 하며 해법을 찾기도 한다. 그들에게는 일방적인 지시나 명령이 없다. 상호 합의 하에 일을 추진하고 문제점이 생기면 함께 고민하며 풀어가는 것을 원칙으로 삼는다. 이뿐만이 아니다. 같은 업계의 기업일지라도 상대를 비방하거나 비정상적인 방법으로 시장을 흐려놓는 일은 사회적 지탄을 받는 한편, 해당 업계에서 퇴출당하게 된다. 선의의 경쟁을 하면서 서로에게 동반자적인 협력자이어야 한다.

최근의 기업들은 그 어느때보다도 기업간의 상생(相生)의 마인드를 중시여긴다. 기업이 고객과 함께 사는 아름다운 세상 만들기 일환으로 사회적 책임 경영을 하듯이 이제부터는 늘 '투게더(Together) 마인드'를 유지해야 한다.

곳간에 쌀이 쌓이듯 기업에 신뢰가 쌓여간다

A사는 어디서든 어떤 방법을 사용하든 질 좋은 제품을 만들어서 팔면 된다고 생각했다. B사는 일단 인기 좋고 얼굴 예쁜 모델을 광고에 내보내면 마케팅 효과는 클 것이라고 믿었다. 하지만 A사는 환경오염 물질을 많이 배출했다는 뉴스로 인해 소비자연맹에서 불매 운동에 돌입했고, B사는 모델의 과거 문란했던 남자 관계가 인터넷을 떠돌게 되면서 제품 이미지가 뚝 떨어졌다. 사회직 책임경영에 실패한 케이스다. 21세기, 이제부터는 사회적 책임 경영이 화두로 떠오르고 있다.

국제 표준 'ISO26000' 이 만들어진다

1996년 미국 잡지 『라이프』에는 축구공을 꿰매는 12살짜리 파키스탄 어린이 모습이 실렸다. 소년이 꿰매던 축구공은 다름 아닌 글로벌 스포츠메이커인 나이키였다. 이듬해인 1997년에는 나이키 베트남 공장에서 유해 물질인 톨루엔이 검출되었다. 사회적 책임을 무시했던 나이키는 곧장 주가가 39%나 곤두박질치는 위기를 맞이했다. 그 후 나이키의 주가는 노동자 연령을 제한하고 하청업체에 사회적인 책임을 강조하는 지침을 내린 후에야 다시 제자리를 찾을 수 있었다.

새로운 건축 자재를 개발하여 해외 전시회에서 히트를 친 국내 중소기업은 전시회 후 유럽의 여러 나라에 수출 계약을 맺어 선적을 했지만 한 달 후 제품은 몽땅 창고로 돌아왔다. 유럽의 환경 기준치를 초과한 화학 원료 사용이 문제였다.

최근 들어 사회책임경영(CSR · Corporate Social Responsibility)의 중요성이 날로 부각되고 있다. 미국의 사회책임경영 컨설팅 업체인 콘 로퍼사(社)가 실시한 조사에 따르면 '가격이 같다면 사회적 책임을 다하는 기업의 제품을 사겠다'는 응답이 1993년 66%에서 2004년 86%로 20% 늘었다. 삼성경제연구소도 이미 정도경영, 환경경영, 사회공헌 이 세 가지를 사회책임경영의 3대 축이라고 밝힌바 있다.

사회적 책임은 주로 재벌 기업이 더욱 책임 있고 성숙한 기업 행동을 보여 주어야 한다는 개념으로 1980년 중반 이후 사회적 관심이 높아지기 시작했다. 하지만 사회적 책임이 강조되고 있는 것은 단지 일시적인 유행이 아니고 사회 변화의 기본적인 방향이다. 중소기업이라고 예외일 수는 없다. 특히 코스닥 상장 이전에는 대외적 인지도가 없어 사회적 책임에 대한 요구를 덜 받았던 기업들도 상장이 되면 여기서 자유로울 수가 없다. 기업의 대외적인 신뢰와 이미지를 무시하고서는 성장이 불가능한 게 현실이기 때문이다.

국제표준화기구(ISO)는 기업의 사회적 책임에 대한 국제 표준인 'ISO26000'을 제정하고 있다. 2009년까지 환경, 인권, 노동, 지배구조, 공정한 업무 관행, 소비자 이슈, 지역사회 참여 등 7개 분야에서 국제 표준이 만들어진다. ISO26000은 수입 업체가 수출 업체에 사회적인 책임과 관련 국가 규격에 따른 인증서를 요구하면 새로운 무역 장벽이 될 수 있다. 이제는 기업이 스스로 알아서 사회책임경영에 나서야 할 때이다.

소비자 없이 기업은 존재하지 못한다.

"고객 중시 없이 오래 가는 기업은 없다. 우리들의 일은 비행기를 날게 하는 것이 아니라 사람들의 여행에 봉사하는 것이다. 우리의 업무 가운데 반드시 최우선적으로 고려되어야 할 것은 서비스를 좀 더 향상시키는 일뿐이다. 고객을 중시하지 않는 기업치고 오래 가는 기업이 없다."

스칸디나비아 항공의 전 회장 얀 칼슨의 말이다. 그의 말처럼 모든 기업에게 있어 가장 중요한 대상은 '소비자'다. 제품과 서비스를 생산해도 그것을 필요로 하는 대상이 없고, 소비하는 주체가 없다면 무용지물이 된다는 사실은 누구나 쉽게 파악할 수 있지 않은가. '손님은 왕'이라는 말이 괜히 나온 것이 아니다.

현대의 경제 구조는 수요, 공급의 균형을 넘어서 공급 과잉이 심화되고 경쟁이 치열한 환경이다. 이러한 상황에서 소비자의 욕구와 그들이 기대하는 만족을 경쟁자보다 효율적으로 전달하는 것이 기업 목적을 달성하는데 중요한 부분을 차지한다. 즉 소비자 만족을 통해서 이익을 추구하는 것이 기업에게 직결되는 문제다.

기업들은 만든 제품을 팔기 위해서 소비자가 원하는 것을 찾고, 그들의 요구를 만족시키기 위해 전사적 통합적 마케팅을 활용한다. 소비자의 욕구를 충족시켜주는 대가로 기업은 이익을 얻을 수 있다. 기업은 보다 더 나은 이익을 내기 위해서 소비자의 요구에 민감하게 반응하며 기업의 지속적인 성장을 추구한다. 제품 생산뿐아니라 각종 서비스 제공 등으로 소비자를 만족시키기 위한 전력을 기울인다.

이러한 순환 고리 안에서 1차적으로는 고객이 무엇을 원하는지를 정확히 간파해 내고 이를 충족시키는 제품 및 서비스를 혁신적으로 만드는 '고객 중심 경영'이 중요하다. 하지만 더 나아가서는 고객들로 하여금 기업도 사회를 구성하는 일원으로서 사회적 관심에 동참하고 잇다는 모습을 보여 주어야 한다. 고객들의 입에서 "그 회사는 제품만 팔아먹는 게 아니라 사회의 구석구석도 챙기고 있다."라는 말이 나올 수 있도록 이어가야 한다. 기업의 지속적 성장의 근간이 되는 것, 그것이 바로 사회책임경영이다.

불매운동의 타깃이 되지 마라

기업의 지속적인 성장의 근간은 '고객 중심 경영'이다. 그러나 간혹 소비자와의 관계에서 마찰을 피할 수 없게 되기도 한다. 특히 기업의 입장에서는 불매운동의 타깃이 되지 않도록 해야 한다.

해당 기업의 제품 및 서비스에 대한 불만에서부터 기업에 대한 부정적인 이미지, 사회적 책임 등에 대한 견해 차이 등 불매운동의 원인은 다양하다. 정치, 사회, 역사적인 이슈와 맞물려 더 큰 반향을 불러일으키기도 한다.

소비자들은 더 이상 가격과 품질로만 제품을 선택하지 않는다. 과거보다 현재의 소비자들은 점점 똑똑하고 현명해지고 있으며, 기업의 사회적 책임까지 살펴 상품이나 서비스를 선택하고 있다. 무엇보다 인터넷 이용의 생활화로 소비자들은 자신들의 생각을 여론으로 공론화할 수 있는 강력한 힘까지 갖추고 있다. 소비는 물론 제품 개발과 유통 과정에도 직접 참여하는 생산적 소비자를 일컫는 '프로슈머'가 인터넷과 만나 그 힘이 더욱 증폭되고 있는 것이 현실이다. 인터넷 여론, 즉 '넷심'의 파워는 만만치 않다. 이제 그들은 비합리적이고, 불공정하다고 판단이 되는 일에 대해서는 조직적인 불법운동도 전개해 나간다. 실제로 넷심에 항복해 신문 광고를 철회한다든지, 대대적인 공개 사과를 한다든지 하는 사례가 늘어나고 있다. 이러한 소비자와 소통할 길을 찾지 못하면, 즉 기업이 소비자들의 본심을 이해하지 못한다면 불매운동의 타깃이 되는 것은 시간 문제다. 불매운동은 단순한 제품 판매의 하락으로 그치지 않는다. 기업 이미지에 큰 타격을 줄 수 있기 때문에 간과해서는 안 된다.

한 마케팅 연구소에서는 소비자 힘이 커진 만큼 집단 손해배상 소송이나 소비자 단체 소송 등이 잦아질 것으로 전망하며, 소비자들의 요구를 적극적으로 수용하는 모습이 필요할 것으로 진단했다.

여기에서 반드시 기억해 둘 것은 '시간이 지나가면 잊혀 지겠지' 하는 생각은 옛날 얘기라는 사실이다. 소비자들은 수십 년 전의 자료도 찾아낼 수 있는 정보력과 자신의 의견을 대중에게 관철시킬 수 있는 설득력, 제품에 대한 철저한 비교, 분석력까지 갖추고 있기 때문이다.

소비자들에게 정직하라. 잘못이 있으면 사과를 하고, 그들의 요구에 대해 열린 마음으로 대하라. '눈 가리고 아웅' (?) 하는 식의 대처는 자칫 문제를 더 키울 뿐이다.

현지화(국내에서는 지역화)에 강해야 한다

어느 날, 한 농촌 지역에 새로운 공장이 들어섰다. 한가로운 농촌 지역에 낯선 사람들의 등장은 그리 달갑지 않은 일이다. 게다가 농촌 지역에 공장이라니, 지역 주민들의 반발은 당연한 일인 듯 싶었다. 이 회사 대표는 이 문제를 정면 돌파했다. 우선 공장이 가동되기 전부터 지역 주민들을 찾아가 공장으로 인해 환경오염이 생기지 않는다는 사실을 알리기 시작했다. 처음은 어려웠지만 꾸준히 찾아가 얼굴을 익히고, 마을의 각종 행사에 지원을 아끼지 않았다. 무엇보다 지역민들에게 일자리를 우선적으로 제공했다. 처음에는 냉담했던 주민들도 지역을 위해 일하겠다는 사장의 진심을 알아주기 시작했다.

이러한 일은 국내 여기저기서 비일비재하게 일어나고 있다. 지자체에서는 각종 혜택 등을 지원해 지역 내 기업들을 유치하고 있다. 덕분에 서울과 경기권에 있던 업체들도 상당수 지방으로 이전하고 있는데, 그때 중요한 것이 얼마만큼 지역화에 성공하느냐에 따라 달려 있다. 기업들은 지역 환원에 대해 적극적으로 노력할 필요가 있다. 지역 행사 참여, 불우 이웃 돕기, 장학금 지원 등 다양한 활동이 가능하다.

이는 해외에서는 더욱 중요한 문제로 부각되고 있다. 검색과 게임 전문업체 NHN은 2000년 일본에 진출하면서 철저하게 일본인들의 성향을 분석해 그들의 입맛에 맞는 서비스를 개발해 성공한 케이스다. '화(和)'를 중시하는 일본 특유의 공동체 의식을 감안해 채팅, 서클 등의 기능을 강화했고, 아기자기한 캐릭터를 좋아하는 일본인 특성에 맞춰 독특한 아바타 개발에도 주력했다. 단순히 국내 서비스를 번역하는 정도로 시장 진입을 노렸다면 실패했을 것이다.

이처럼 해외 진출 기업의 경우 그 지역의 문화, 성향, 종교 문제 등을 철저히 파악해서 접근해야 한다. 방글라데시에 공장을 운영하고 있는 영원무역은 직원 대다수가 이슬람교도라는 점을 감안, 공장에 기도실을 별도로 마련하는 등 현지 문화에 적응하려고 노력했다는 일화를 보더라도 현지화에 대한 중요성은 두말할 필요가 없다.

인종차별, 미성년자 고용으로 기업이미지 먹칠하다

최근 소비자들은 제품을 구입할 때 가격 경쟁력만을 따지는 '합리적 소비' 일변도에서 벗어나 제품을 생산하는 기업이 사회적 책임을 다하고 있는지 여부를 꼼꼼히 따지는 '윤리적 소비' 행태를 보이고 있다. 이러한 윤리적 소비에 치명타를 가할 수 있는 것은 바로 기업에 대한 '부정적' 인 뉴스다. 인기 있는 연예인이 사생활 문제로 구설수에 올랐을 때 대중들로부터 철저하게 외면을 당하듯이 기업도 마찬가지의 운명이다.

일부 악덕 기업들의 부당 노동행위와 인권 침해에 대한 경고가 잇따르고 있다. 외국인 노동자를 인격적으로 대우하지 않는 것은 기본이고, 폭언, 구타를 일삼고 휴식도 없이 장시간 일을 시킨다. 대부분 임금도 제대로 주지 않는다. 이러한 소수 기업의 몰지각한 행위로 오도 가도 못하게 된 외국인 노동자들은 불법 체류자 신세로 전락하게 되어 또 다른 사회적인 문제를 일으키는 악순환이 반복된다. 한국에서 억울하게 차별당했던 티베트인이 자국으로 돌아가 한국인 여행객을 살해한 사건도 있다. 한국에 대한 분노가 이유였다고 한다.

국내뿐아니라 해외에 진출한 기업도 마찬가지다. 현지인들을 무시하고, 업신여기는 경우가 종종 있다. 한국인 관리자가 벌을 준다며 현지 노동자들을 불볕더위 속에 세워놓거나, 도난 방지를 들어 속옷 검사까지 하는 등 비인격적인 대우를 하는 사례도 있었고, 한국인 사장들이 임금 체불 뒤 부도를 내거나 도주해 버리는 일도 있어 국제적으로 문제가 되고 있다. 외국인 노동자뿐아니라 미성년자들을 불법으로 고용하고, 이런저런 이유를 덧붙여 최저임금도 보장해 주지 않는 경우도 있다.

'한 순간의 실수'로 공든 탑은 무너진다. 아무리 좋은 제품을 만들고, 튼실한 기업이라 할지라도 기본적인 인권도 보호하지 못하고 불법 고용을 일삼는다면 소비자들은 주저 없이 '퇴출'을 명령할지도 모른다. 기억하라, 기업도 이제 이미지로 먹고 사는 세상이라는 것을.

현지인들의 신뢰를 온몸으로 받다

한국에서 일손을 구하지 못해 중국으로 진출한 염색, 피혁, 가방, 섬유 업체 중에서 성공한 기업들의 공통점은 노무 관리를 잘해 이직률을 줄였다는 점이다. 제조업의 경우 숙련공이 많이 필요하기 때문에 직원들의 이직률이 낮다는 것은 그만큼 회사의 제품 품질과 직결되는 문제다. 효율적인 노무 관리를 통해 품질을 안정시키고, 거래처와 긴밀히 협력해

오더를 꾸준히 확보해 기업의 성장 발판을 마련할 수 있다.

이를 위해 중요한 것은 현지인들에게 신뢰를 얻는 것. 해외 진출 기업은 우선 기본적으로 국제규칙과 현지 법률은 물론 현지의 문화와 관습을 존중하고 발전에 공헌할 수 있는 활동을 시작해야 한다. 상대방에 대해 아는 것만큼 중요한 것은 없다. 나라마다 역사와 문화, 민족 성향과 종교 등이 각기 다르기 때문에 기본 예의도 상당히 다르다. 아무리 외국인이라지만 그런 부분에 있어 실수를 한다면 기업 경영에도 불리한 일을 겪을 수 있다. 예전에 우리에게도 '코리언 타임'이라는 말이 있었듯이 각 나라마다의 성향과 차이를 미리 파악하고 대처하는 지혜가 필요하다. 이러한 노력이 현지인들과 신뢰를 쌓고 융화할 수 있는 바탕이 될 것이다. 또 가장 문제가 되고 있는 불안정한 인력 문제나 도난사고, 외국 기업에 대한 부정적인 감정 등의 문제점에서 자유로워질 수 있으며, 현지 시장을 개척할 발판을 마련할 수 있다. 해외 진출에 성공한 중소기업들의 사례를 보더라도 현지화에 대한 적극적인 노력이 중요한 버팀목이 된 것을 알 수 있다. 언어 문제 또는 현지 정서를 잘 알지 못해 오해를 사거나 사고가 발생해 또 다른 비용 지출과 위험을 안게 될 수 있다.

인격적으로 서로를 대하고, 신뢰를 쌓는 것이 단순한 인간관계뿐아니라 기업과 개인, 기업과 사회, 기업과 국가 간의 관계에서도 중요한 기본이 된다는 사실을 잊지 말자.

돈 안 드는 사회봉사라도 신경써라

기업은 더 이상 상품만 판매하는 것이 아니다. 사회적 가치를 창출해야 한다는 책임이 있다. 다양한 사회공헌 활동을 펼치는 나눔 경영 실천으로 기업의 사회적 가치뿐아니라 브랜드 가치도 자연스럽게 높아지게 마련이다.

‘아름다운 기업’을 기업 슬로건으로 내건 금호건설은 사회공헌 활동 실적 관리를 위해 아예 윤리경영 조직을 경영기획본부 내에 두고 있을 정도이다. 또 사회봉사활동 임직원들이 항상 소지할 수 있는 윤리경영 핸드북도 발간했다. 이러한 기본 정신은 기업이 이윤에만 집착하면 영속성을 보장받을 수 없다는 신념에서 나왔다.

금호건설은 2004년 ‘아름다운 자원봉사단’을 만든 뒤 연 1,000회 이상의 사회공헌 활동을 펼치고 있다. 대표적인 활동이 바로 ‘사랑의 집짓기 운동’. 이는 인근 지역 불우이웃 가구를 방문해 리모델링이나 신축 작업을 해 주는 봉사활동이다. 2004년 12월 시작 이후 지금까지 국내에서 24호의 ‘사랑의 집’을 지었다. 국내뿐아니라 해외에서도 활발히 활동을 하고 있어 주목을 끈다. 이미 베트남에서는 1년 만에 총 9가구를 짓기도 했다. 국내뿐아니라 해외 사업장에서도 사회 환원에 주력해 기업 위상을 높이겠다는 의도다.

이러한 봉사활동뿐아니라 문화지원 활동에도 각별한 지원을 했다. 2003년 11월 한국메세나협의회 회원사로 가입해 매년 다양한 문화예술 지원활동을 펼쳐 왔다. 특히 대전·광주·충남 등 현장이 있는 곳마다 금호건설 직원들이 나서서 저소득층 청소년들과 함께 연극·뮤지컬 등을 관람하기도 했다. 환경 캠페인도 펼치고 있다. 인왕산 야생화 학습장 조성과 중랑천 정화활동, 각 시·도 현장 인근 진입로 가꾸기, 국토대청결운동 등 각 단위 현장별로 매달 ‘1산, 1거리, 1하천 가꾸기’ 환경운동을 전개하고 있다. 금호건설의 사회봉사가 더욱 특별한 것은 단편적인 사회 봉사활동으로 그치지 않고, 기업의 중요한 과제로서 인식하고 전방위적인 활동을 펼치고 있기 때문이다.

1사 1촌이라도 해라

1사 1촌은 하나의 기업과 하나의 농어촌 마을이 자매 결연을 맺음으로써 도시와 지역이 지속적으로 교류하는 것을 말한다.

기업에서는 기업 광고에 '농촌사랑' 등의 이미지를 삽입하여 홍보하는 데 이용하기도 하고, 농촌 체험 프로그램을 고객 사은행사로 개발하는 등 '1사 1촌 자매결연'을 활용한 마케팅 전략을 활발히 전개하고 있다. 이는 기업의 사회봉사 활동을 농촌과 연계함으로써 기업의 이미지를 제고하는 데 도움을 주기 때문이다. 또한 주5일 시대를 맞아 주말농장, 팜스테이 이용 등 농촌에서 여가를 보내는 다양한 활동을 펼치기도 하고, 직원 야유회를 자매결연 마을에서 정기적으로 보내기도 한다. 때로는 일손이 부족한 시기에는 달려가 도와 주기도 한다. 태풍으로 피해를 입었다든지, 산불 피해가 났다든지 할 경우 성금을 지원하기도 하지만, 함께 아픔을 나누고, 재건을 위해 땀방울을 흘리며 또 하나의 가족이 되어 준다.

1사 1촌 자매 결연을 맺고 있는 기업들이 공통적으로 입을 모으는 것은 기업과 농촌 지역 모두 윈—윈을 하게 된다는 것이다. 기업에서 주문하면 결연마을에서 좋은 상품을 저렴한 가격으로 보내 준다. 소비자는 저렴한 가격으로 좋은 상품을 구매할 수 있으니 좋고, 농촌 지역에서는 직거래로 소득을 올릴 수 있으니 일거양득, 이것이야말로 누이 좋고 매부 좋다는 것 아닌가. 뿐만 아니라 업체 임직원들은 때에 따라 농촌을 찾아와 일손을 거들기도 하면서 인간적인 정을 맺어간다. 직원들이 농가를 찾을 때마다 지역 주민들은 손주와 자식을 반기듯 따뜻하게 반겨 준다고 한다. 이렇게 서로의 마음을 어루만져 주는 것이 결연의 참뜻이 아닐까. 1사 1촌으로 따뜻한 정을 맺어가는 기업과 마을이 많아질수록 지역 경제 발전에도 도움이 되고, 국가 경쟁력도 강화될 것이다.

248

통(?)하려면, 세대의 특징 먼저 알아라

보릿고개를 경험한 세대, 민주화를 위해 시위를 하던 세대, 86아시안게임 88올림픽을 보면서 소위 '88꿈나무'로 통하던 세대, 피자와 모바일 인터넷 문화에 길들여진 세대, 이들은 제각각 다른 문화와 다른 사고로 성장했다. 2008년 대한민국 직장은 서로 다른 환경에서 자라나고 교육받은 그들이 한 곳에서 얼굴을 마주보며 일한다. 서로를 이해하고 감싸안으려면 먼저 상대가 자라온 환경과 문화, 그리고 사고를 알아야 한다.

세대별 특징

M 세대(83년생~)

"난 나야." 인터넷, 모바일 마니아들

20대 초 중반의 직장 초년병들이다. 이들은 모바일 세대(Mobile Generation)로 불린다. M세대의 가장 큰 특징은 휴대전화로 전화를 걸고 받는 것 외에 다양한 용도로 사용하며 나 자신(Myself)을 중시하는, 이른 바 '나 홀로'족. 자신들 세대만의 모바일 언어, 즉 386세대나 기성세대는 알아듣기 힘든 은어나 속어에 익숙해 있다. 경제적으로 어려움없이, 그리 고 민주주의적 사회 환경에서 자라면서 문화적으로도 다양성을 맛보았 다. 때문에 생산보다는 소비에 익숙하고 중독된 세대로 통한다. 이들에게 는 절박한 것이 없고 정치와 사회에 관심이 없다.

직장 내에서 이들은 대화가 통하지 않아도 불편하다거나 고민하지 않 는다. 남의 시선은 전혀 개의치 않으며 자기 중심적이다. 상사가 자신을 싫 어하든 좋아하든 크게 개의치 않으며 양보나 이해보다는 자기 편의주의 적이어서 타협에도 약하다. 이들에게는 잘 잘못을 따지기 이전에 기업과 조직의 특성 문화 등을 이해시키고 집중적인 교육과 실전 경험의 기회를 자주 갖게 해야 한다.

新세대(70년생~82년생)
"우린 서태지 세대" 개성, 실속주의자들

주임, 대리, 과장급 직원들이 여기에 해당한다. 경제 부흥기에 태어나 비교적 여유있는 환경에서 성장한 이들이 대부분이다. 새로운 음악과 문 화를 스스로 재창조하며 PC통신을 접하고 인터넷 1세대로 불리운 세대 다. 일명 서태지 세대. 386세대에 비해 의식적인 면에서는 떨어지지만 문 화적인 면에서는 천편일률적이던 문화에 다양한 개성을 입히며 새로운 생산자가 되었다. 이들은 청소년기나 청년 시절 IMF를 겪으면서 합리주 의적인 소비자로 등장했다.

새로운 시도에 적극적이며 386세대의 정서에 비해 쿨(Cool)하게 문화 를 즐긴다. 자신이 좋아하는 것에는 아낌없이 투자하지만 그 이면에는 할인 또는 포인트 적립서비스 등으로 실속을 추구한다. 유신세대와는 문

250

화나 대화가 전혀 통하지 않는다는 입장이다. 그럼에도 불구하고 자신이 속한 조직 내에서의 인간 관계는 매우 중요시하며 매사에 안정주의, 합리주의 입장을 취한다. 이를 테면 여우(?) 같은 스타일이어서 일에 대한 보상을 확실하게 해 주고 일하는 분위기만 잘 만들어 주면 훨씬 더 좋은 성과를 만들어낸다.

386세대(55년생~68년생)

70, 80 민주화와 청바지의 자유

주로 차장, 부장급 직원들로 중소기업에서는 이사급들도 있다. 2000년을 전후로 생겨난 벤처기업의 사장들이 대부분 386세대다. 흔히 70, 80세대라고 부른다. 대학가요제에 익숙하고 캠퍼스 낭만을 느끼면서도 독재정권에 대해 불만을 드러냈던 세대. 민주화운동에 앞장섰고 단합이 잘 되었다. 독서를 많이 했고 지적인 문화를 추구하며 정치나 경제 분야 참여에도 적극적이다.

신세대들처럼 자유롭게 표현하고 싶지만 마음속 한구석에는 '나는 한국사람' 내지는 '그래도 윗사람인데' 라는 애국심과 배려가 강한 세대다. 기성세대의 보수적이고 독선적인 스타일을 버리고자 가정이나 직장에서 대화를 통해 문제를 풀어가려고 한다. 선후배 관계를 중시하면시 지나치게 이기적이거나 튀는 사람들을 싫어한다. 아래 위를 동시에 이해하면서 할 말 다 못하고 사는 사람이 자신이라고 여긴다. 휴머니즘 차원의 의사소통을 선호하므로 직장 내에서만이 아니라 사외에서도 관계 관리가 필요하다.

유신세대(55년생 이전~)

전무, 상무이사나 CEO들이다. 6·25 전쟁을 경험했고 박정희 전대통령 집권 당시 청소년기 청년시절을 보냈던 세대다. 유신정권 하에서 성장한 그들은 현대문물을 받아들이긴 했지만 여전히 유교적이고 보수적인 성향을 지녔으며, 국가와 민족 앞에 충성을 다하는 게 도리라고 생각했던 세대다. 가난에 한맺힌 그들은 70년대부터 90년대에 이르기까지 경제성장 및 호황기를 통해 재산을 축적시켰으며, 자식들에게는 가난을 대물림하지 않겠다는 의식이 강하다.

젊은 시절 팝송을 접하고 영화관을 찾았지만 한국적 문화에 길들여져 있다. 남성 중심의 문화다. 절약이 미덕이며 자신들을 위해서는 맘껏 소비하지 못한다. 사회나 직장에서는 가부장적인 의식이 강하여 다소 독선적이며 대화 중심이 아닌 행동 중심의 사고가 강하다. 新세대 M세대 직장이나 사회 조직에서는"너희가 뭘 알아."라고 말한다. 여성에 대해서도 그녀들의 능력이나 사회적 참여 등에 대해 무시하는 경향이 짙다. 때문에 커뮤니케이션에서는 그때 그때 맞대응보다는 우회적인 접근 또는 상황을 고려한 후 카드를 내미는 방식의 의사소통 노력이 필요하다.

HINT BOX

40, 50은 모르는 20, 30의 언어

- **므훗** 기분이 좋다는 의미다.
- **쌩얼** 화장하지 않은 맨 얼굴을 말한다.
- **지름신** 충동 구매를 부추기는 신으로 여성들이 인터넷 쇼핑몰, 홈쇼핑 등을 통해 물건을 충동적으로 구입하는 습관을 말할 때 '지름신이 왔다' 라고 말한다.
- **간지** 느낌이 온다는 뜻으로 일본어에서 유래했다.

- **영자** 인터넷에서 운영자를 말한다.
- **지못미** 지켜 주지 못해서 미안할 때 사용한다.
- **디큐스럽다** 디지털큐브의 늑장과 불성실한 AS 처리와 고객을 무시하는 처신을 비꼬는 말로 남에게 피해를 주고 기분을 나쁘게 한다는 의미다.
- **쌩까** 아예 모른 척하다.
- **갈비** 갈수록 비호감이다.
- **에이스** 엉뚱한 행동을 하는 사람을 비꼬아 말할 때 사용한다.
- **망치까다** 어떠한 사물을 훔치거나 음식을 먹고 돈을 안냈을 때 쓰는 말.
- **불펌** 주인의 허락없이 게시물을 퍼가는 행위를 말한다.
- **메롱스럽다** 난감하다, 뻘쭘하다, 어색하다, 우울하다 등의 의미다.
- **무지개매너** 무지+개매너. 즉 매우 매너가 없다는 뜻이다.
- **쳐닥** 입 닥쳐라.
- **안습** 안구에 습기가 차다. 슬퍼서 눈물이 나올 지경일 때 사용한다.
- **단무지** 이를 테면 욕으로 단순, 무식, 지랄의 줄임말로 상대방을 비방하거나 욕할 때 쓴다.

커뮤니케이션 활성화를 위한 몇 가지 제안

신입사원 후견인 제도

신입사원이 입사하면 6개월 또는 1년 동안 경력 직원 한 명을 후견인으로 정해 주는 제도다. 직장생활에서의 크고 작은 어려움을 느끼는 신입사원에게 선배로서 도움을 주고 멘토가 되어 주는 것이다. 요즘 젊은 신입사원들의 경우 회사 적응력이 예전 사람들에 비해 떨어지는데다 의지력도 약한 편이어서 쉽게 포기하거나 수시로 이직을 생각하는 이들이 적지않다. 후견인이 자신의 경험담도 들려 주고 회사의 비전도 전해 주는 등 좋은 카운슬러가 되어 줄 수 있다. 경력 사원들의 후견인 활동을 위해 일정 수당을 지원하는 것도 좋다. 이를 테면 한 달에 한두 번 퇴근 후 가볍게 소주 한 잔 할 수도 있고 차라도 마시면서 좀 편안한 커뮤니케이션 시간을 가질 수 있다.

런치타임

점심 식사 시 타부서 직원과 함께 식사를 하는 직원들에게는 식사 비용을 회사 측이 대신 부담해 주는 것이다. 이를 테면 자재부 김 대리는 수출팀 직원들하고는 의사소통할 기회가 부족하다. 이런 경우 김 대리가 수출팀 과장과 점심식사를 요청하는 것이다. 식사를 하면서 상대방의 업무에 대한 궁금한 것도 물어보고 개인적인 대화도 나누다보면 전 직원에게 각각 한 달에 두 번 또는 한 번씩 기회를 주는 방식이다. 이럴 경우 다른 부서 직원과의 대화를 통해 부서간의 이해와 신뢰를 쌓는 계기가 되며 화합을 위해 매우 좋다. 특히 직원 수 100명 이내의 중소기업에서 실시하면 더욱 효과가 좋은 제도이다.

동호회 지원

동호회는 대체적으로 많이 활성화되어 있는 기업커뮤니케이션 1번 창구다. 등산, 음악, 스포츠, 독서 등 다양한 모임이 구성되면 회사에서는 각 동호회마다 월 일정 금액의 활동 비용을 지원하게 된다. 동호회 활동은 주1회 또는 주2회 식으로 근무시간외에 활동하게 되는데 가장 흔히 찾아볼 수 있는 동호회는 스포츠다. 동호회 활동은 간부나 임원들도 함께 참여하는 게 좋다. 업무를 떠나 선호하는 취미생활 한 가지에 서로의 힘과 마음을 모으는 활동인 만큼 개인적인 유대 관계를 쌓는 데 아주 소중하며 동호회에서 맺어진 유대 관계 업무시 상호협조 관계로 이어지는 한편, 전체 화합을 이끌 수 있어 회사 측으로서는 적극 권장하는 것이 좋다.

CEO가 동호회에 지원하는 비용이 아깝다고 생각한다면 이건 문제가 된다. 동호회 지원 비용으로 인해 기업이 얻는 이익은 당장 돈으로 환산될 수는 없지만 장기적으로 볼 때 기업의 문화로 발전되기도 하고 커뮤니케이션과 화합을 위해서는 아주 중요한 역할을 한다.

사보 제작

직원수 200인 이하의 중소기업이라면 계간지(봄, 여름, 가을, 겨울) 형태의 사보를 만들어 전직원이 회사에 대한 자세한 뉴스는 물론이고 타부서 직원들의 소식, 업계 트랜드, 사회문화정보 등을 공유할 수 있는 장으로 활용하면 좋다. 굳이 사보기자를 별도로 둘 필요는 없다. 부서별 뉴스 취재원을 정해 그들로 하여금 원고를 모으고 홍보 부서나 총무 부서의 한 명이 이를 종합하여 잡지 형태로 묶으면 된다.

CEO는 중요하다고 생각하지 않는 부분에 대해서 직원들은 아주 중요하다고 생각할 수 있다. 직원 입장에서는 자재과 김 대리의 결혼생활이 궁금하고 생산 1팀의 회식 장소도 궁금하다. 또 회사의 하반기 매출 전망도 알고 싶고 사회 문화적으로는 M세대들이 즐기는 게임 문화도 들여다보고 싶다.

이뿐만이 아니다 사보 제작 과정을 통해 부서간의 융화와 단결의 끈이 형성되고 기업의 투명성으로 인한 신뢰도 쌓여진다. 인쇄물로서의 사보 제작이 비용으로 인해 부담스럽다면 저비용으로 해결할 수 있는 웹진도 추천할 만하다.

직원들은 자랑할 것이다.

"우리 회사는 사보도 있다."라고.

사보 제작을 위한 진행 순서

부서별 사보 기자단 / 총책임자 구성 – 편집회의(목차 구성, 내용 토의) – 원고수집(부서별 사보기자) – 원고 종합(담당자) – 원고 교정 – 편집(전문업체) – 인쇄(인쇄소)

40. 50은 간부 임원들의 역할

1. 웃는 얼굴을 유지해라.

직원들은 상사가 웃는 얼굴로 대하는 것을 좋아한다. 설령 대화 시간이 아니고 사내에서 스쳐지나갈 때라도 미소 띤 모습은 자상함과 친근감을 느끼게 한다. 부하들과의 거리감을 줄일 수 있다. CEO라면 더더욱 미소를 잃지 말아야 한다.

2. 지시형 명령형 말투를 바꿔라.

"해라.", "하지 마라.", "반드시 해야 돼." 식으로 일방적인 지시나 명령형 말투는 아랫사람들로 하여금 거부감을 갖게 하고 강제적인 분위기를 만든다. "이렇게 하면 좋을 것 같은데.", "그래 그건 문제가 될 것 같으니까 다른 방법을 찾아보는 건 어때." 이런 말투로 대한다면 한결 친근하고 부드러운 분위기가 연출된다. 말 한 마디 때문에 감정을 아랫사람이 불쾌해 하거나 감정을 쌓는 일은 없을 것이다.

3. 20년 전 사무실과 현재의 모습을 비교하지 마라.

"예전에는 말이야. 부장이 들어오면 다 일어서서 인사하고 그랬다고."
"요즘 신입사원들은 정말 편한 거야. 청소를 하나. 커피 심부름을 하나."
시대는 변했다. 상하 관계가 주종 관계를 강조하는 관계여서는 안 된다. 서로에게 인격적으로 대해 주어야 한다. 과거 자신의 초년병 시절과 비교한다고 해서 M세대 직원들이 고분고분한 자세로 바뀌지 않는다. 오히려 거부감만 생기게 한다.

4. 함께 어울려라.

축구, 등산, 농구, 인터넷게임 등 직원들의 동호회 활동에 함께 참여해라. 서로의 공통 분모를 찾아서 활동하다 보면 상호 신뢰와 이해는 저절로 이루어진다. 특히 동호회 활동은 업무를 떠난 활동이므로 한결 더 인간적인 모습을 보여 줄 수 있는 기회다.

5. 잔심부름은 시키지 말고 직접 해라.

물 한 잔, 서류 복사, 팩스 전송, 워드 작업 등 자신이 충분히 할 수 있는 일인데도 아랫사람들을 부려먹는 상사가 있다. 요즘 젊은 직원들은 자신의 일이 아니면 결코 따르지 않는다. 설령 따를지라도 마음속으로는 스트레스를 받는다.

6. 공개적인 장소에서 단점을 꼬집지 마라.

직원들이 여러 명 있는 자리에서 "김 대리는 정신 어디다 놓고 일하는 거야.", "○○○씨 이 정도 능력밖에 안 돼." 식의 질타나 짜증은 상대로 하여금 마음의 상처를 받게 하는 일이다. 잘못한 것에 대해 지적하고 시정시키려면 조용하게 감정을 섞지 말고 말하거나 가능한 사람들이 없는 미팅실에서 말해라.

7. 칭찬해라.

'칭찬은 고래도 춤추게 한다' 는 책이 있었다. 아이들이 부모와 선생님의 칭찬을 먹고 자라듯이 직장에서 부하 직원들은 상사의 칭찬에 의해 자신의 능력을 한층 더 이끌어내게 된다. 아주 작은 것일지라도 칭찬해라. 칭찬은 부하 직원들의 마음을 즐겁게 하는 것은 물론이고 그 파급 효과는 생산성 향상으로 이어진다.

이보다 더 좋을 수는 없다

4

경부고속도로를 타고 가다 보면 평택 부근을 지날 무렵 왼쪽으로 병풍처럼 야산으로 둘러싸인 채 자리잡은 한 회사가 있다. 넓은 잔디정원에서는 금요일마다 직원들이 삼겹살 파티를 열고, 복지동 건물에는 외부 손님이 방문할 경우 호텔처럼 이용할 수 있는 숙박 시설이 마련되어 있다. 화장실에 들어가면 음악이 흘러나오고 자료실은 대학 도서관보다 더 쾌적한 공간으로 다양한 책들이 서고에 꽂혀 있다. 연말이면 인센티브 300%를 받고 자녀 학비는 회사가 다 책임져 준다. 이런 회사가 어디 있냐고요?

2008년 대한민국의 한 중소기업 이야기다. 이제는 기름 냄새가 펄펄 나고 어둠침침한 작업장들이 사라져가고 있다. 회사가 휴양시설은 아니지만 일하기에 가장 환상적인 공간이라면 이를 싫어할 사람은 없다.

시설

페인트가 떠서 부스러지는 벽, 냄새가 나는 화장실, 달랑 의자 서너 개

놓인 휴게실. 10여 년 전만 해도 지방 공단의 제조업체를 방문하면 이런 모습은 특별한 모습이 아니었다. 이젠 달라졌다. 공장들이 바뀌고 있다. 새로 짓는 공장들의 경우는 두말할 나위도 없고 기존의 허름한 공장들은 리모델링을 통해 새 옷으로 갈아입고 있다. 회색이나 미색이던 내부 벽들은 분홍색, 청색 등 화려한 컬러들이 들어가고 공장 자동화로 인해 공장 내부는 깔끔하게 정리 정돈되어 있다. 화장실에 비데가 설치되어 있는 것은 기본이고, 호텔 화장실을 뺨치는 수준의 청결과 고급 자재를 쓴 곳도 있다. 일례로 부산의 R기업은 국내에서 가장 유명한 특급호텔에 준하는 시설로 화장실을 꾸며 놓았다. 이유는 뭘까. 업체 사장의 말이 그럴 듯하다.

"화장실은 아이디어를 찾아내는 가장 좋은 공간이다. 가장 편하고 맑은 상태에서 생각을 하라는 의미에서 화장실에 특별히 신경을 썼다."

화장실이 이럴 정도면 나머지 공간은 보지 않아도 답이 나온다. 저자가 전문기자로 활동하는 중소기업진흥공단 발행 월간잡지 『기업나라』에서는 한동안 '아름다운공장'이라는 코너를 마련하여 전국 각지에 있는 아름다운 기업들을 찾아가 공장 레이아웃, 휴식 공간과 업무 공간의 인테리어, 조경 등을 일일이 소개하기도 했다.

따라서 최근의 제조업체 현장들은 크린사업장, 휴게실, 샤워장, 흡연실, 체력단련실 등은 기본으로 갖추고 있으며, 시설에 더 신경을 쓴 기업들은 농구장, 영화감상실, 수면실, 칵테일 바 등도 갖추고 있을 정도다.

기업들이 돈을 들여가면서 왜 이렇게 세세한 부분까지 디자인과 컬러를 도입하여 시설을 마련하는 걸까?

혹자는 이런 의문을 가질 수도 있겠다. 그렇다면 직원 입장에서 생각하면 답이 나온다. 이왕이면 다홍치마 아니던가.

일할 맛 나는 공간과 생산성 향상이라는 두 마리 토끼를 잡기 위해서

다. 직장인들은 집에서 생활하는 시간보다 오히려 회사에서 있는 시간이 더 많다고 볼 수도 있다. 그렇다면 깔끔하고 안전하고 편한 공간에서 일하고 싶은 게 당연지사다. 또 일할 맛 나는 그런 공간에서 일할 때 생산성도 훨씬 좋게 나타나기 마련이다.

시설면에서의 이같은 관심과 배려는 바로 CEO의 몫이다. 높은 매출과 큰 순이익을 원한다면 이제는 먼저 직원들의 근무 여건에 대한 애정을 쏟아야 한다. 사장실만 궁궐처럼 화려하고 크던 그런 시대는 지났다.

이제부터는 달라져야 한다. 사장실은 업무 보기에 적당한 합리적인 공간으로 구성하고, 회의실을 크게 마련해야 하며, 직원들의 휴게실 벽에 그림 한 점이라도 걸어놓으려는 생각이 필요한 시점이다. 한 마디로 일꾼들이 일 잘 할 수 있도록 환경을 만들어 주고 지원해 주는 것이 사장의 역할인 것이다.

구내식당

기계금속 제품을 생산하는 인천의 A사는 1층 로비 한쪽으로 고급 레스토랑으로 착각할 만큼 고급스러운 자재로 인테리어를 한 구내식당을 갖추고 있다. 식당 창가에는 대나무들이 사계절 내내 푸른 자태를 뽐낸다. 식당 한쪽에는 칵테일 바가 자리해 있어 외부에서 손님들이 오면 그곳에서 차를 마시며 미팅을 한다. 직원 수 200여 명인 중소기업이다.

부산의 한 공단에 자리한 반도체 관련 장비를 만드는 한 회사는 회사 건물 2층에 식당이 자리해 있다. 2면이 유리로 되어 있어 밖으로는 시원한 전경을 자랑하며 식당 벽면에는 이 회사 직원들의 캐리커쳐가 붙어 있다. 외국 유명회사의 임원진들도 이 회사를 방문하고는 놀라서 입을 닫지 못한다고 한다. 회사 잔디밭에는 토끼가 뛰어 놀며 직원들을 위한 골프 퍼팅 연습장과 영화 감상실까지 마련돼 있다. 그런가하면 오창과학산업단지 내에 자리한 M사는 1사 1촌 운동을 통해 자매 결연을 맺은 마을에서 재배하는 유기농 야채만을 식단에 올려놓는다.

인간의 원초적인 즐거움 중 식(食)은 가장 첫 번째로 꼽힌다. 열심히 일한 직원들이 안락한 공간에서 식사를 하는 것은 아주 만족스러운 일이 된다.

직원 수가 40~50인 이하의 회사라면 구내식당 운영은 사실상 적자 운영이 되므로 다른 방법을 찾아야 한다. 하지만 어차피 구내식당이 있어야 하는 기업이라면 적어도 먹거리와 식당 만큼은 최상의 시설을 갖추어 놓는 것이 직원들의 건강을 북돋우고 기를 살려주는 일이 된다.

돈을 아끼지 말아야 하는 것 중 하나가 바로 구내식당이 아닐까.

연봉

"우린 중소기업이니까 많이 못 줍니다."

"대기업도 아닌데 어떻게 그렇게 많이 줄 수 있나요."

생각이 있는 사장이라면 이렇게 말해서는 안 된다.

적어도 "더 많이 줘야 하는데 형편이 그렇지 못해 늘 미안한 마음이지요."라고 말해야 한다.

중소기업이라서 개인회사라서 연봉을 적게 준다는 논리는 더 이상 통하지 않는다. 회사 차원에서는 적어도 업계 평균 임금은 보장해 주려는 노력이 필요하다. 특히 회사의 매출 및 수익률에 대비하여 직원들의 임금도 그에 상응해야만 한다. 임금은 대졸자들이나 우수 인력들이 중소기업 취업을 피하는 이유 중 하나가 되기 때문이다.

중소기업이라고 해서 대기업만큼의 연봉을 줄 수 없다고 단정한다면 그것은 잘못된 생각이다. 일부 중소기업들의 경우 직원 수 100명 이내인데도 불구하고 직원들의 연봉은 대기업 수준에 준한다. 조직이 크다고 해서 반드시 임금도 높다는 것은 편견일 뿐이다.

단적인 예로 헬스기구를 생산하는 M사의 경우 생산현장 근로자들의 임금이 국내 유명그룹사의 연봉에 준하는 수준이다. 직원들의 임금을 만족시켜 주는 요인은 먼저 인재를 중시하는 CEO의 마인드가 필요하며, 다음은 고부가가치 사업을 통한 고수익 사업을 전개하거나 불필요 경비는 최소화시키고 생산성 향상을 위해 최대의 노력을 기울여 수익률을 높이는 것이다.

어떤 CEO들은 말한다.

"나라고 해서 왜 직원들 월급 많이 주고 싶지 않겠습니까."

하지만 직원들의 생각은 이렇다.

"사장이 지출하는 비용만 줄여도 월급 인상은 가능하다."

"사장도 자신의 정해진 월급만 가져간다면 불만이 없다. 하지만 그렇지 않다."

이런 불신이 존재하는 한 직원들의 이직률은 줄어들지 않는다. 이는 투명 경영과도 직결되는 문제로 직원들 입장에서는 임금이 높은 것을 당연히 원하지만 직원도 사람인이상 CEO나 간부들이 어떠한 모습을 보여 주느냐에 따라서 임금은 큰 불만이 되지 않을 수도 있다. '함께 고생하여 함께 나누자'는 확신이 선다면 말이다. 이는 중소기업이 인력을 잘 활용할 수 있는 강점이 될 수도 있다.

인센티브

사람에게는 동기 부여가 필요하다. 80점 맞은 아이에게 일단 "80점이나 맞았어. 정말 잘 했는데. 다음에 90점으로 성적을 올리면 네가 원하는 게임 CD를 사줄게."라는 약속을 해 주면 아이는 더 많은 노력을 기울이고, 90점을 맞아 게임 CD를 얻게 되면 다음은 100점을 목표로 노력하게 된다.

직원들이 일하는 시간은 8시간. 그들의 월급은 이미 정해져 있다. 이 상황에서 변화가 없다면 직원들 중 적지 않은 인원이 좀비족이 될 확률이 많다. 대충 대충 일하고 시간 때우면 월급이 나온다고 생각하기 때문이다. 혼자서 아무리 열심히 일한들 별다른 성과급이 주어지지않으니 시간이 갈수록 일에 대한 의욕이 생기지 않는다. 이렇게 되면 회사나 직원 모두 실패로 갈 확률이 높다.

이에 따라 최근 많은 기업들이 인센티브제 또는 성과급제 등의 제도를 적용하고 있다. 생산직이나 영업직이 아닐지라도 업무 성과에 대한 평가를 통해 직원들의 적극적인 자기 역량 발휘를 유도하는 포상 제도를 마련한다. 이는 매우 바람직한 현상이다. 기업의 규모나 업종을 운운하면서 "우리는 그런 제도 필요없어."라고 말한다면 회사의 발전은 없다. 직원들 역시 애사심이 줄어들고 업무 능력 향상이 이루어지지 않는다.

기업의 혁신 추진은 그에 상응하는 보상 제도가 반드시 병행되어야 한다. 사람은 누구나 동기 부여에 민감하게 반응하며, 동기 부여가 성공적일 경우 당사자는 잠재적인 능력까지 발휘하게 된다.

주택자금 지원

20~30 직원들의 가장 큰 걱정은 결혼과 내 집 마련이다. 대기업이나 공기업의 경우 지원 시스템이 정해져 있어 직원들로서는 큰 걱정 없이 자기 업무에 충실하게 된다. 하지만 중소기업 직원들은 다르다. 결혼은 해야 하는데 당장 전세자금조차 마련돼 있지 않아 고민스러울 수밖에 없다. 국내 실정상 주택마련 자금지원은 무리가 쉽지 않은 일이지만 전세자금 지원 정도는 회사차원에서 보증을 서서라도 지원하는 것이 바람직하다. 일단 내 집 마련에 대한 부담과 걱정이 없어야만이 이직률이 줄어들고 회사에 충성도도 높아진다.

이미 일부 중소기업들은 직원들의 전세자금이나 내집마련 은행대출에 적극적으로 나서고 있기도 하다. 중소기업 직원의 경우 개인적으로 금융권대출을 원해도 불가능하므로 회사 차원에서의 지원은 필수다. 이 제도를 시행하는 기업과 그렇지 않은 기업의 직원들 이직률은 현저하게 차이가 난다.

자녀학비 지원

"내 등록금은 우리 아빠 회사에서 대신 내 준다."

자녀들이 친구들에게 이렇게 말할 수 있는 가장이라면 정말 행복할 것이다. 감히 회사를 떠나야겠다는 생각을 할 수가 없으며 회사에 더 충실해야겠다는 생각을 갖게 될 것이다. 모든 기업의 CEO들은 아마도 우리 직원들의 자녀들이 "우리 아빠는 ○○○회사 다니신다."라고 자신있게 말하기를 희망한다. 하지만 잘 나가는 그룹사나 공기업이라면 몰라도 중소기업에서는 쉽지 않은 일인 게 사실이다.

반드시 직원자녀 대학학비를 지원해 준다고 해서 그 회사가 최고의 회사라고 말할 수는 없다, 하지만 자녀 교육비로 어깨가 처진 대한민국의 가장들에게는 오랫동안 다니고 싶은 회사일 수밖에 없다.

현재 중소기업들 중에서도 직원 자녀들의 학비를 지원하는 회사는 많다. 다만 수백만 원에 달하는 대학학비까지 지원해 주는 기업은 소수인 게 사실이다. 중요한 것은 고등학교 학비, 대학 학비가 아니다. 기업에서 자녀교육에 대한 직원들의 애로점을 덜어 주기 얼마나 관심을 갖느냐이다. 이는 기업의 이익이나 자금력과 직결되는 문제인데다 '반드시 이렇게 해야 한다'는 의무 사항이 아니므로 제3자로서는 '콩 나라 팥 나라' 하기에는 부담스러운 문제다. 다만 더 많은 기업들이 직원 자녀들의 대학 학비까지 지원해 줄 수 있었으면 하는 바람일 뿐이다.

들어오면 나갈 줄 모르는 인재들이 넘친다

중소기업 CEO들에게 기업을 이끌어가면서 가장 속이 상하고 실망스러울 때를 꼽으라고 하면 바로 사람 문제다. "애써 몇 년 동안 키웠더니 월급 많이 준다는 회사로 가더라고요"라는 말을 한 두 번 들은 게 아니다. 그런가 하면 "분신처럼 여기고 일해 왔는데 어느 날 갑자기 사표를 내고 나가 똑같은 회사를 차리더라고요."라는 말도 자주 들었다. 이유야 어찌 됐든 경력 많은 유능한 인력이 회사를 떠나는 것은 회사 차원에서 엄청난 손실이다. 하지만 열 길 물 속은 알아도 한 길 사람 속은 모른다는 말이 있지 않은가? 사장들로서도 풀기 힘든 문제 중 하나가 바로 인력 관리다.

그들은 왜 중소기업을 싫어하는가.

청년 실업자 수는 가파르게 늘어 가는데, 중소기업에서는 사람이 부족하다고 아우성이다. 어렵사리 중소기업에 취업한 젊은이들도 1년 이내

퇴사하는 경우가 많다. 이러한 불균형의 이유는 무엇인가. 왜 그들은 중소기업을 기피하는가.

젊은이들은 중소기업이 급여나 처우가 떨어지고, 미래에 대한 비전을 주지 못한다는 이유로 중소기업을 기피한다. 게다가 중소기업에 근무한다고 하면 어딘가 부족한 것처럼 인식하는 낮은 사회적 인식 또한 젊은 직장인들이 중소기업에 뿌리내리지 못하는 커다란 이유가 된다. 현실적으로 상당수의 중소기업은 인력이나 자금이 부족해 인력 개발에 엄두를 내지 못하고 있다. 이는 중소기업 기피 현상을 심화시켜 앞서 말한 양극화의 악순환을 되풀이하는 요인 중 하나로 작용한다.

이러한 악순환의 고리를 끊기 위해서 중소기업의 CEO나 경영진이 '인재 개발 및 투자' 에 욕심을 부릴 필요가 있다. 상시 채용이 일반화되어 있는 요즘 대부분의 중소기업들은 결원이 생기면 입사 지원자 중에서 서류 검토와 면접을 거쳐 직원을 채용한다.

그런데 이 채용 과정에서 많은 중소기업이 회사의 비전과 직원의 비전이 일치하는지, 서로가 발전할 수 있는지를 고려하기보다는 당장 직원을 채용해서 어떻게 써먹을 수 있을지에 따라 채용을 결정하는 것이 대부분이다. 그러다보니 직원의 충성심도 낮고 더 나은 직장이 생기면 바로 떠나 버리는 현상이 끊이지 않는 것이다. 따라서 중소기업의 경영진은 직원 채용 단계부터 회사의 비전을 보여 주고 젊은 인재가 이 회사에서 어떻게 자신의 꿈을 실현시켜 나갈 수 있을지 도와 줄 수 있어야 한다.

또한 중소기업 경영진은 우수한 인재를 붙들어 두는 전략 을 세워야 한다. 우수 인재들은 개별 인사 관리를 통해 연봉을 차별화한다든지, 연수, 교육 기회를 제공한다든지 하는 방법을 통해 회사에 대한 충성심을 높여야 한다. 중소기업 특유의 가족적인 분위기를 살리는 감동경영전략도 필요하다. CEO가 직원들과 직접 커뮤니케이션을 하거나, 여러 가지 다양한 이벤트를 통해 경영진과 직원들 사이의 거리감을 좁히고 직원들 사이에 긴밀한 유대감을 형성하도록 적극적으로 돕는 감동경영전략은 대기업이 따라오지 못할 중소기업만의 인재 유치 전략이 될 수 있다. 일하고 싶은 환경을 만들면 인재도 따라올 것이다.

노력하는 자 동기 부여를 해주어라

'달리는 말에 채찍질한다'는 말이 있다. 잘 하고 있는 사람에게 더 잘하라고 독려함을 뜻한다. 경영자라면 잘 하는 직원을 어떻게 하면 더 잘하게 할까, 잘 못하는 직원은 어떻게 하면 잘 하게 할 수 있을까에 대해 늘 고민하기 마련이다. 이럴 때 경영자에게 동기 부여 능력은 필수 요소 중 하나다. 경영자가 탁월한 통찰력으로 전략 방향을 수립했다고 하더라고, 그것을 실행할 직원이 없다면 또는 직원들이 그 방향대로 움직이지 않는다면 그 전략은 무용지물에 불과하다. 직원들이 잘 움직일 수 있도록 확실한 동기 부여를 해야만 한다.

그렇다면, 동기 부여는 왜 중요한가? 능력이 있다고 무조건 좋은 결과를 내는 것은 아니다. 예를 들어, 매우 유능한 목수가 있는데, 그가 새로운 집을 지을 동기가 전혀 부여되어 있지 않다면 성과는 나타나지 않는다. '성과=동기×능력'이라는 공식이 성립하기 때문이다.

성공하는 경영자는 이러한 점을 정확히 파악하고 있다. 그들은 구성원들의 능력을 향상시키는 데에만 집중하지 않고, 구성원들의 동기를 어떻게 늘릴 것인가 고민하고 실천한다.

최근에 일부 학자들은 성과창출 공식이 '성과 = (동기×동기)×능력'으로 표현하여 동기의 중요성을 더욱 강조하고 있다.

토마스 제이 왓슨 전 **IBM** 회장은 이러한 동기 부여의 중요성에 대해 '어떤 기업이 성공하느냐 실패하느냐의 실제 차이는 그 기업에 소속되어 있는 사람들의 재능과 열정을 얼마나 잘 끌어내느냐 하는 능력에 의해 좌우된다' 고 설명했다.

동기 부여의 방법은 다양하다. 각자에게 업무 책임 영역을 명확히 하는 것이다. 각자의 현재 실적보다 약간 더 높은 목표를 설정하는 것은 더 높은 기대치를 보이는 것도 격려를 포함한 동기 부여의 방법이 될 수 있다. 또한 노력에 대한 보상도 동기 부여가 될 수 있다. 포상금 등 금전적인 것뿐만 아니라 휴가, 승진 등을 통한 능력 인정, 감사와 자부심, 애사심 고취 등이 중요한 부분을 차지한다.

또 하나 중요한 것은 권한 위임이다. 책임은 있는데 일을 추진할 수 있는 권한이 없을 때 대부분의 능력 있는 직원들이 좌절하게 된다. 그런 면에서 유능한 직원들이 이직하는 경우도 무척 많다. 또 권한을 주고도 실패를 인내하지 못하는 경우도 마찬가지이다. 실패했을 때 격려해 주고 실패를 통한 교훈을 배우게 하는 것 또한 중요한 동기 부여가 된다.

인센티브와 성과급! 그것은 기본이다

동기 부여가 충분히 이루어져서 원하는 성과를 이뤘을 때 그에 상응하는 보상이 없다면, 혹은 다른 사람에 비해 놀라운 결과를 이뤄냈을 때 똑같은 보상을 받는다면, 어떨까? 대부분의 사람들이 더 열심히 해야 할 이유를 찾지 못할 것이다. 의욕도 잃어 버리게 될 것이다.

스티븐 레빗의 『괴짜경제학』에서는 인센티브를 '현대의 삶을 지탱하는 초석이며, 모든 수수께끼를 푸는 열쇠' 라고 설명했다. 인간은 기본적으로 인센티브를 원하는 존재이기 때문이다. 이러한 심리를 잘 이용했을 때 인류의 역사는 진보와 발전을 이루어왔다.

모바일 멀티미디어 SoC (시스템온칩) 전문기업인 코아로직은 개인별 성과에 따른 인센티브, 직급에 따라 연봉의 일정 비율을 지급하는 성과급으로 직원들의 근무 만족도를 높여가고 있다. 중소기업이지만 인센티브와 성과급을 지급하고, 복지제도를 확충한 것이 우수한 인재를 확보하고 있는 비결이다. 직원들의 만족도 고취는 회사 매출과 성장에 직접적으로 이어져 5년간 5000% 가까운 놀라운 성장을 거뒀다. 우수한 인재를 추천하거나, 혁신적인 아이디어를 낼 경우 별도의 성과급을 지급한다. 연구 실적이 뛰어난 직원을 매달 선정해 성과급을 전달하기도 한다.

누구나 자신의 능력을 인정받고 싶어 한다. 다른 사람들에게 인정받고, 실적을 냈을 때 성취감과 자신감도 얻을 수 있다. 자본주의 사회에서 인센티브와 성과급은 최소한의 인정을 받았다는 표시일지 모른다. 능력 있는 직원을 원하는가. 직원들의 능력을 120% 표출하고 싶은가, 그렇다면 아낌없이 '당근'을 주어라. 그것이 기본이다.

교육으로 업그레이드시켜라

경북 포항의 한 중소기업에서는 회사의 핵심 역량인 철강제품 포장기술 인력양성을 위해 국내 최초로 사내 기술자격 제도를 도입했다. 198명이 응시해 불과 65명이 합격할 정도로 엄격한 테스트를 거친다. 사내기술자격검정에 합격한 직원들은 포상금과 함께 앞으로 향후 인사에서 우선 승진의 특전을 부여받게 된다. 직원들에게 교육을 실시함으로써 직원들의 기술력을 향상시키고, 회사의 경쟁력을 확보하는 것이다.

또한 이 회사는 직원들의 자기 계발을 위해 매년 영업 이익의 5%를 투자하고 있다. 계층별 리더십, 분야별 전문역량, 어학, IT 등 총 40여 개의 온라인 강좌를 개설하고, 자기 계발에 필요한 경비를 지원해 주기도 한다. 이밖에도 업무와 관련하여 교육과정 이수를 희망하거나 자격증 취득을 원하는 직원에게는 별도로 지원을 해 준다.

이처럼 직원들에 대한 교육을 적극적으로 하는 기업들이 많아지고 있다. 기업들이 직원을 위한 교육의 기회를 제공하고, 자기 계발을 적극적으로 지원한다는 것은 상당히 고무적이다. '인력만이 재산'인 한국 기업이 21세기에 살 길은 '지식경영'이기 때문이다. 회사가 발전하기 위해서 우수한 인재는 필수 요소이다. 우수한 인재를 유치해 오는 것도 중요하지만, 직원들을 끊임없이 업그레이드시켜 우수한 인재로 만드는 일도 중요하다. 고여 있는 물은 썩기 마련이다. 아무리 우수한 인재라도 한 곳에 머물러 있다면 도태될 위험에 처한다. 직원과 기업이 성장하기 위해서 가장 좋은 방법은 함께 상생하는 것이다. 특히 회사 차원에서 교육을 받은 경우 회사에 대한 충성심도 고취되는 것으로 나타났다.

사장은 그들의 성공 모델이 되어야 한다

누구나 성공을 꿈꾼다. 성공하기 위해서 밤잠을 줄여가며 공부를 하고, 일을 하고, 끊임없이 자기 계발을 하면서 앞으로 달려 나간다. 그럴 때 자신의 성공 모델을 정하는 것이 좋다. 자신이 원하는 분야에서 성공한 모델을 지침으로 삼고 그들을 벤치마킹하는 것이다. 성공 모델을 거울삼아 자신의 부족한 점은 채우고, 장점은 부각시키며 자신을 갈고 닦는다면 그 시너지 효과는 더욱 크게 나타날 것이다.

혹자는 성공 모델이 있다는 것만으로도 성공의 지름길 하나는 보유하고 있다고 할 정도로 성공 모델의 중요성을 역설했다. 성공 모델은 역사 속의 인물이 될 수도 있고, 유명 인사가 될 수도 있지만, 직장 내 동료나 상사에서도 찾을 수 있다.

만약 당신이 기업을 운영하는 경영자라면, 당신 스스로가 직원들의 성공 모델이 될 수 있도록 노력하라. 그들에게 본보기가 되어 그들로부터 배우고 싶은 점이 많은 사람, 인생의 목표치를 맞추고 싶은 사람이 될 수 있도록 하는 것이다. 회사를 선택할 때 자신이 하고 싶은 일을 우선적으로 고려하지만, 그만큼 중요한 것이 회사와 나의 비전이 맞느냐도 고려하는 부분이다. 회사의 경영자가 성공 모델로 삼고자 하는 사람이라면, 직원들의 사기 진작과 충성심은 자연히 상승할 것이다.

단순히 경영자와 직원의 단편적인 관계가 아니라 직원들의 성공 모델이자 맨토의 관계가 된다면 인재 관리는 한결 수월한 일이 될 것이다.

사람이 사람을 몰고 오게 하라

세상에서 가장 빠른 것은 무엇일까? 바로 '소문'이다. 기업들은 이 '소문'을 이용해 마케팅에 적절히 활용한다. 이것이 바로 '입소문 전략'. 요즘은 인터넷을 활용해 인기 블로그들을 이용하거나 인터넷 카페를 통해 입소문 마케팅을 펼친다.

이 전략이 제품 판매뿐아니라 인재 관리에도 중요하게 쓰일 수 있다. 기업이 갖고 있는 전략, 비전, 목표 등을 홈페이지에 게재하고, 언론에 수차례 노출이 된다 하여도 그보다 더 파급력이 있는 것은 "어디 회사가 좋다더라. 복지제도가 그렇게 좋다더라."하는 입소문이다. 홍보 차원의 글보다 누군가의 경험에서 나온 말에 더 신뢰를 갖기 마련이니까.

그래서 인재에 대한 꾸준한 교육도 필요하고, 인센티브 지급도 필요한 것이다. 개그 프로그램에서 '움직이는 벤처기업'이라는 유행어가 나온 적이 있다. 기업에 속해 있는 직원들이야말로 '움직이는 기업'이자 '움직이는 홍보'의 표본이다. 그들로 하여금 기업의 비전을 드러낼 수 있다면 더할 나위 없이 좋지 않을까? 그들로 하여금 사람을 몰고 오게 하는 것이다. 기업이 원하는 사람을 하나하나 찾는 것이 아니라 구직자들로부터 '일하고 싶은 기업', '찾아오고 싶은 기업', '만나고 싶은 기업'으로 자리매김하는 것이다. 사람이 모이는 데는 분명한 이유가 있다. 충분한 이유를 갖고 있는 기업이 되도록 하자.

헤드헌터 사용 방법

중소기업은 인력난이 심각하다. 인력난으로 인해 미래의 성장은 물론이고 당장 회사의 운영 자체가 어려운 경우도 종종 있는 것으로 보인다. 어떻게 하면 중소기업의 인력난과 취업난을 해결할 수 있을 것인가?

일단은 중소기업의 인력을 충원할 수 있는 방법 중의 하나가 헤드헌팅이다. 헤드헌팅은 통상 헤드헌터라고 불리는 인력 수배 전문가들이 기업의 입장에서 기업에 필요한 인력을 수배하고, 기업에 추천하는 제도이다. 그리고 헤드헌터는 인력이 충원된 이후에 기업으로부터 수수료를 받는다. 즉 취업자로부터 수수료를 받거나, 취업자와 고용주 양측으로부터 수수료를 받는 직업 소개와는 개념이 틀리다.

직업 소개는 단순히 기업과 취업자 양쪽의 중간적 입장에서 인력과 기업을 연결해 주는 시스템이고, 헤드헌팅은 기업이 필요로 한 인력을 기업의 에이전트가 되서 인력을 확보하는 시스템이다. 마치 유비가 제갈량을 스카우트하듯이 여기저기 돌아다니면서 필요한 인력을 스카우트한다는 개념의 서비스이다. 그러나 실제적으로 많은 경우는 헤드헌터가 직업소개와 비슷한 업무를 하는 경우도 종종 있고, 많은 헤드헌터들이 다 능력이 있는 헤드헌터라고 하기에 기업의 입장에서는 어떤 헤드헌터를 이용해야 할지, 어떤 헤드헌터가 기업에 맞는 헤드헌터인지도 구별하기가 쉽지 않다.

그래서 어떻게 하면 헤드헌터를 효율적으로 이용할지에 대해 간단히 알아보기로 한다.

1. 직무 분석

일단 필요 인력에 대한 직무 분석을 해야 한다. 업무가 생산직이나, 기능직 등이라면, 헤드헌터보다는 직업소개소나, 파견 회사를 선택하는 것이 더 효율적이다. 중소기업에서 필요한 인력, 예를 들면, 대기업 영업 인력이 부족하거나, 해외 영업 인력들이 필요할 경우, 또는 개발 인력이 필요할 경우 헤드헌팅을 이용하는 것이 바람직하다.

2. 헤드헌터 수배

일단 필요한 직무 분석을 한 이후에는 헤드헌터에게 의뢰를 해야 한다. 그런데 어떤 헤드헌터에게 의뢰를 해야 할지는 가장 어려운 문제 중의 하나이다. 많은 헤드헌터들이 다 자기가 최고라고 주장하기에 그냥 선택한다는 것도 쉬운 일은 아니다.

일단은 헤드헌터의 이력을 보는 것이 바람직하다. 기술 분야의 인력을 찾는다면, 기술 분야의 백그라운드가 있는 인력, 또 직무와 관련하여 회사 경험이 있는 헤드헌터가 직무를 이해하고 접근하기가 좀 더 수월할 것이다.

그리고 일단은 자기 이름을 정확히 내 놓은 헤드헌터를 이용하는 것이 필요하다. 헤드헌터는 자기의 이름을 파는 직업이다. 그렇지만 일부 헤드헌터들은 익명으로 업무를 하려는 사람들이 있다. 즉 자기 이름에 책임을 지지 않으려는 헤드헌터나, 이런 헤드헌터들이 있는 서치펌에는 가급적 의뢰를 하지 않는 것이 바람직하다.

3. 의뢰

헤드헌터를 수배했다면, 바로 의뢰를 해야 할 것이다. 이때는 찾으려는 인력에 따라 의뢰하는 사람과 상대 수배한 헤드헌터도 달라지는 것이 바람직하다. 예를 들면 부사장급 인력을 수배하는데, 대리급 사원이 과장급 헤드헌터에게 의뢰를 하는 것 등은 결코 바람직할 수는 없다.

4. Job Description/의뢰서

의뢰한 후에는 의뢰서를 보내는 것이 회사와 헤드헌터 간 시간을 아낄 수 있을 것이다. 구두로 필요한 인력에 대해 이야기하고, 이력서를 받을 때마다 즉흥적으로 인력에 대해 판단하는 경우도 종종 있다. 이런 경우는 서로 시간을 낭비할 수 있는 경우가 많이 있다. 헤드헌터와 협의하여 가급적 세부적인 부분까지 정확히 job description을 작성해야 서로 불필요한 시간을 줄일 수 있을 것이다.

5. 이력서 검토

헤드헌터로부터 이력서를 받게 되면 가급적 빠른 시간 내에 회답을 주는 것이 바람직하다. 많은 인력을 후보로 확보하기 위하여 과도하게 시간을 끌 경우 확보된 인력마저도 놓치는 경우도 종종 발생된다.

6. 채용 절차

이후 면접을 하고 채용하는 채용 절차는 보통 채용 절차의 과정과 동일하게 보면 된다.

7. 헤드헌터와 진행할 때 주의할 점

헤드헌터와 진행할 때는 회사 입장에서도 많은 부담을 가지고 진행하는 것이다. 그렇기에 가급적 중간에 다른 사유가 발생되었을 때나, 서비스 진행을 할 수 없는 경우는 바로 헤드헌터에게 통보해서 쓸데 없는 일을 하지 않도록 배려해 주는 것이 필요하다.

자료제공 : 엔지니어코리아 대표 이기운(070-7550-9690)

문화가 꿈틀대면 향기가 난다

6

기업이라고 해서 다 똑같은 기업이 아니다. 월급 많이 준다고 해서 직원들이 다 좋아하는 것도 아니고 일이 편안하다고 해서 누구나 신나는 게 아니다. 현대의 기업은 크건 작건 나름대로 색깔이 있어야 한다. 조직원들은 그들만의 독특한 색깔을 원한다. 천편일률적인 색깔은 좋아하지 않는다. 다른 기업과는 차별화된 그 기업만의 색깔 그것은 바로 기업 문화다. 'Culture!' 이것이 없는 기업은 무색무취(無色無臭) 그 자체다.

메타브랜딩, 이색기업문화를 선도하다

기업의 브랜드 네이밍 전문회사인 (주)메타브랜딩의 직원들은 매주 월요일 아침 회사로 출근하지 않는다. 그들은 시내의 극장에서 모인다. 영화 한 편 보고 점심 먹고 그리고 회사로 이동하여 오후 근무만 한다. 주 5일 근무를 하며 평일 아침 출근은 10시다. 1년 중 어느 때든지 쉬고 싶을 때는 한 달 동안 외국 배낭여행을 떠나도 된다. 단 무급 휴가다. 일하다가 아이디어가 떠오르지 않으면 가까운 카페나 갤러리로 가서 머리를 식히다 와도 된다. 자리를 비웠다고 해서 상사에게 싫은 소리를 듣지는 않는다.

'월요 시네마', '10시 출근제', 1년 중 한 달 '무급 휴가제', ' 수요스터디, '위원회 활동…….'

메타 브랜딩의 튀는 문화다. 이미 몇 년 전부터 매스컴에 '펀(fun) 경영'으로 화제가 된 이 회사의 문화는 헌신적인 업무 수행보다 스스로 재미를 찾아내고 즐거운 분위기에서 일하는 것을 강조한 신개념 경영법이다.

아침 일찍 출근하느라 차에 시달리다가 회사에 도착하면 몸은 지쳐 있기 마련. 토요일, 일요일 이틀을 쉬고 나서 월요일 출근하면 오전은 일이 손에 안 잡히는 게 당연지사. 허구한 날 머리로 아이디어 쏟아내다보면 어디론가 도망이라도 가고 싶은 게 사람 마음. 바로 이런 상황으로부터 직원들을 자유롭게 해 주는 게 회사를 즐겁게 다니는 방법이라고 생각한 CEO의 배려였다.

메타 브랜딩의 이같은 '펀 경영'은 이 회사 박항기 대표의 직원들에 대한 끔찍한(?) 관심에서 시작됐다. 기업의 신제품에 이름을 달아 주고, 때로는 회사 이름까지 새로 짓는 일을 하는 회사이다보니 틀에 짜여진 조직 문화 속에서는 신선한 아이디어가 나올 수 없다는 판단에서다. 박 대표는 "창의력을 발휘하려면 소풍 다니듯 즐거운 분위기에서 일해야 한다."는 입장이다.

직원들이 즐거우면 생산성은 그만큼 높아진다.

한국담배인삼공사의 '타임', 쌍용자동차의 '렉스턴', 한국야쿠르트의 '산타페'. GS그룹의 'GS', SK의 'OK캐쉬백', 삼성전자의 '하우젠' 등 소비자들에게 잘 알려진 500여 종 메타브랜딩에 의해 생겨났다.

CEO가 적극적으로 나서야 한다

'쇼, 쇼를 하라'

어떤 기업의 광고카피다. 쇼, 그것은 참으로 즐거운 일이다. 단 중요한 것은 보여 주기만을 위한 쇼가 아니라 쇼를 하는 당사자가 즐거워지는 쇼, 그것이 필요하다. 기업에서는 바로 기업 문화를 의미한다.

기업은 사람이 모여 이끌어가는 조직이다. 사람과 사람이 모이면 그들만의 문화가 생겨나고 그 문화는 조직 구성원들을 하나로 묶어 준다. 따라서 기업의 성장과 발전에 기업 문화가 직접적인 영향을 미치는 것은 아닐지라도 장기적으로 대내외적으로 기업 문화는 그 회사의 성숙도를 판가름하는 잣대가 되기도 하며 기업 이미지와 신뢰 구축에도 큰 영향력을 발휘한다.

하지만 2천년대 들어 한동안 벤처붐이 일면서 일부 기업들은 코스닥 진출을 위한 홍보용으로 또는 기업 신뢰를 위해 이미지를 덧칠하기 위한 포장용으로 기업 문화를 공공연하게 드러내기를 즐겼다. 이는 결코 바람직하지 않은 모습이다.

기업 문화는 전직원이 자연스럽게 하나가 되어 공유하고 즐기는 문화이어야 하며, 정신적인 만족과 즐거움을 안겨 주어야 한다. 단 중요한 것은 CEO의 열린 마인드가 절대적으로 필요하다. 구성원들이 그들만의 기업 문화를 아무리 원한다 할지라도 회사의 실질적인 지휘 통솔자인 CEO가 문화 그 자체를 거부하면 결코 형성될 수가 없다. 폐쇄적인 CEO들은 문화 그 자체에 큰 관심이 없다. 또 구성원들이 한데 어우러지는 문화에 대해서는 상당한 거부감을 표시한다. 기업 문화 자체를 자신이나 회사에 대한 세력 형성 내지는 기업 차원에서의 경제적 낭비쯤으로 여기기 때문이다.

현명한 CEO는 구성원들로 하여금 기업 문화를 만들어갈 것을 유도한다. 비용이 들어가도 적극적인 지원을 하고자 하는 입장이다. 이유는 분명하다. 장기적인 차원에서 기업 문화는 기업의 성장에 다양한 영향을 미치기 때문이다. 조직의 화합, 이직률 저하, 생산성 향상 등으로 이어지기 때문이다.

봉사활동, 나눔문화에 참여하는 기업들 갈수록 증가

최근 들어서 기업들이 선택하는 가장 일반적인 기업 문화는 봉사활동, 나눔문화, 환경보호캠페인 등이다. 봉사활동의 경우 적지않은 기업들이 참여하고 있으며, 월 분기 또는 연 1회 식으로 때를 정하고 고아원, 양로원, 재활원 등 복지시설을 찾아가 봉사활동을 펼치거나 독거노인, 소년소녀가장 등을 대상으로 직접 몸으로 참여하는 봉사활동을 하곤 한다. 하지만 이색적인 사례로 서울에 소재한 중소기업 중 S기업은 직원을 채용하면 가장 먼저 시키는 것이 이틀간의 봉사활동이다. 기업이 지속적으로 지원하는 사회복지시설을 찾아가 봉사활동을 하게 한다. 기업이 추구하는 것 중 하나가 사회 환원이기 때문에 기업의 컬러에 부응하지 못한다면 일할 자격도 없다는 강력한 정책인 셈이다. 또 일부 기업들은 연 몇 시간 사회봉사활동을 채워야 한다는 기준을 정해놓고 있기도 하며, 일부 기업들은 비영리단체인 NGO와 손을 잡고 봉사 현장을 찾아가는 프로그램을 운영하기도 한다. 기업의 사회적 관심 차원에서 볼 때 매우 바람직한 일이기도 하다.

나눔문화를 하는 기업들은 매월 월급의 일정 금액을 불우이웃돕기 성금으로 모으거나 정기적으로 사회복지 시설에 현금이나 물품을 기증하기도 한다. 전세계적으로 환경 문제가 이슈로 대두되면서 최근 몇 년 사이에 눈에 띄는 기업 문화 중 하나가 환경보호캠페인이다. 등산을 하더라도 휴지 줍기와 같은 캠페인을 벌이는 기업들이 늘고 있으며, 또 많은 기업들이 오래전부터 실시하는 문화 중 하나가 '호프데이'다. 특히 직원 수가 100인 이하인 중소기업들의 경우 월1회 날을 정해 사장을 포함한 전 직원이 생맥주를 마시면서 화합을 다지고 의사소통도 활성화시킨다는 의도에서다. 하지만 자칫하면 한차례 웃고 떠드는 술자리 이상의 의미는 없다는 비판론도 제기된다. 때문에 일부 기업들은 부서별 영화 관람이나 갤러리 투어를 통해 시간을 알차게 활용하고 문화 생활을 즐기는 쪽을 택하기도 한다.

그런가 하면 기업의 분위기가 자율적이고 아이디어가 튀는 직장인들이 많은 기업은 직원들끼리 밴드를 구성하여 수시로 작은 음악회를 열기도 한다. N기업의 경우 사장도 직접 밴드에 참여하여 악기를 다루며 직원들과 문화를 공유하기도 한다.

이색이벤트

개인 소장품 바자회

전직원이 저마다 소중히 여기는 물건 한두 점씩 가져와 사내에 전시 판매한 후 수익금을 불우이웃 돕기에 사용한다. 연말 이벤트로 적합하다. 전시시에는 친구나 가족 등 외부인들을 초대하기도 한다.

이색 패션쇼

전직원이 즐겁게 웃으며 스트레스를 날리는 이벤트로 좋다. 사장을 포함한 전직원이 자기만의 끼와 장점을 패션으로 표출시키면서 즐거운 시간을 갖는다. 창립 기념회 또는 연말 이벤트로도 적합하다.

정동진 시무식

해가 제일 먼저 뜨는 동해의 정동진역. 밤기차를 타고 가서 새해 첫 새벽 해맞이를 하면서 시무식을 갖는다. 많은 기업들이 하고 있는 시무식 이벤트다.

7080 추억의 수학여행

기차 단체예약을 통해 한두 칸을 마치 이벤트장으로 활용하는 것이다. 학창 시절 입었던 교복을 입고 기차를 타고 가면서 그 시절 게임이나 노래 등을 즐기며 여행을 가는 것이다.

고객 초청 문화행사

평소 기업과 유대 관계를 갖고 서로 협력하는 고객사 임직원들을 초대하여 이벤트를 갖는다. 팝페라가수 초청 공연, 뮤지컬이나 오페라 관람 등이 효과적이다. 초대 시에는 부부가 함께 올수 있도록 두 장의 티켓을 보내 주는 것도 센스다.

문화 송년회

직원과 직원 가족들을 초청하여 문화행사와 함께 송년회를 즐긴다. 소극장 연극관람, 연예인 초청 공연, 자체 기획한 이벤트 등 중 하나를 정하여 준비하면 좋다. 직원 가족들이 모인 자리이므로 직원 배우자들에 대한 감사편지 낭독, 가족노래자랑 등의 이벤트를 포함시키면 더욱 효과적이다. 출장 뷔페는 기본적으로 뒤따른다.

이미지에 컬러가 살아 있다

"중소기업에 홍보가 무슨 필요가 있어. 그거 할 돈 있으면 다른 데 쓰겠다. 더욱이 우리는 소비재 생산업체도 아니잖아."

홍보는 대기업이나 소비재 생산 판매업체만 하는 것으로 생각하는 CEO라면 저자와 대화의 한판 승부(?)를 해야 될 것 같다. 10년만 사업하고 말게 아니라면 홍보는 업종 규모를 떠나 필수다. 다만 돈을 들이는 광고냐 아니면 합리적인 기업이미지 PR이냐에 대해서는 생각해 볼 필요가 있다. 알리지 않으면 도태되는 21세기 현재는 정보화 시대다.

CEO의 마인드가 중요하다

현대의 기업의 성공 여부는 그것을 둘러싸고 있는 대중들과의 관계 속에서 어떠한 이미지를 창출하느냐에 달려 있다. 홍보란 기업이 대중과의 관계 속에서 좋은 이미지를 구축하기 위해 하는 모든 활동으로 기본적으로 나쁘게 보이는 것을 좋다고 말하는 것이 아니라 좋은 것을 좋다고 보여 주는 것이다. 기업의 가치는 눈으로 보이는 자산 가치만이 아니라 보이지 않는 가치가 매우 중요한 것이다. 따라서 홍보에 대한 마인드는 매우 중요한 부분이다. 홍보가 잘못되어 사라지는 기업, 언론과 여론으로부터 질타를 받고 사라지는 사례가 많은 것을 봐도 잘 알 수 있다.

홍보에 대한 중요성이 부각되면서 대기업 중에는 홍보맨 출신들이 최고 경영자나 임원진으로 승진, 발탁되는 사례가 늘고 있다. 홍보에 대한 중요성이 그만큼 커졌기 때문으로 풀이된다.

누군가는 '홍보는 경영의 정점'이라고 표현했다. 홍보 밑에 전략도 있고, 기획도 있고, 영업도 있다는 뜻이다. 그만큼 중요한 것이 홍보다.

대부분 '홍보'에 대해 중요하게 생각은 하지만 어떻게 관리하고 경영할지에 대해서는 잘 모르는 경우가 많다. 홍보팀이나 담당자가 해야 한다고 생각하지만, 이는 잘못된 생각이다. CEO의 마인드에서부터 출발해야 하는 것이 기본이다. 아무리 훌륭한 홍보 담당자가 있다 하더라도 CEO의 마인드와 맞지 않으면 무용지물이다. 최종 오케이 사인은 CEO가 결정하기 때문에 어쩔 수 없다. 홍보는 신뢰와 감동이 수반되지 않으면 결국 대중을 움직이지 못한다. 대중의 신뢰와 감동을 받아내는 일은 정직하게 실천하지 않으면 불가능한 일이다. 그렇다는 사실을 누구보다 CEO가 인식하고 있어야 할 것이다. CEO가 홍보 분야에 대해 잘 알지 못한다면 외부 전문가를 초빙, 워크숍 등을 통해 마인드를 바꾸는 것도 한 방법이 될 수 있다. 홍보의 기능에 대해 바른 이해를 갖는 것이 중요하다. 홍보에 대한 방법까지 알 필요는 없다. 다만, 홍보란 무엇이며, 어떻게 활용해야 하는 것인지에 대한 기본적인 마인드로 재무장해야 할 것이다. CEO뿐아니라 임원진, 나아가 전 직원이 홍보 마인드를 갖고 있어야 한다.

언론도 기업을 필요로 한다

경제에는 수요와 공급의 원칙이 있다. 간단히 말해서 판매자와 구매자가 있어야 가격이 결정되고 원활한 경제 활동이 이루어진다. 언론과 기업도 마찬가지 입장이다. 정보를 제공하고, 알리는 일을 해야 하는 언론에게는 마땅한 '꺼리'가 있어야 한다. 아무것도 없는 데서 창조해낼 수는 없는 노릇이다. 제품도 소개해야 하고, 기업이 제공하는 서비스를 알리기도 해야 한다. 기업인의 성공 스토리를 담아내기도 해야 하고, 잘못된 기업에 대해서는 고발 기사를 쓰기도 해야 한다. 단순한 경제 지표를 설명하기 위해서라도 기업이 필요하다. 기업이 활동을 하지 않으면 경제가 움직이지 않고, 경제가 움직이지 않는다면 사회가 정지된다. 그렇다면 언론도 운영될 수 없고, 존재의 이유도 사라지게 된다. 그야말로 올 스톱 상태가 되고 마는 셈이다.

반면 기업은 알려줄 '채널'이 있어야 한다. 제품을 알려야 하고, 기업을 알려야 한다. 소비자들에게 다가가지 못한다면 기업의 이윤 추구라는 기본 목적 달성에 어려움을 겪게 되기 마련이다. 물론 여러 가지 홍보 수단이 있지만 단시간에 가장 파급 효과가 큰 것은 바로 언론이다. 그래서 언론과 기업은 서로가 필요하고, 서로에게 도움을 주고받을 수밖에 없는 숙명적인 관계다. 물론 서로의 필요조건이 항상 일치하는 것은 아니다. 다만 서로가 필요한 부분에 있어서 적절히 요구하고 수용하는 줄다리기가 필요하다는 애기다. 때로는 노골적인 홍보 기사로 언론과 기업 모두 소비자들로부터 뭇매를 맞는 경우도 있긴 하지만, 기본적으로 상호 보완 관계로 언론과 기업은 유지가 되고 있다.

기업의 입장에서 잊지 말아야 할 것이 바로 이것이다. 기업에게만 언론이 필요한 것이 아니다. 언론도 기업이 필요하다. 올바른 정보를 제공하고, 소비자이자 독자인 대중에게 필요한 뉴스를 제때에 보도할 수 있도록 기업 차원에서의 협조도 필요하겠다.

직원 중 한 명은 언론홍보 창구를 맡아라

기업 홍보는 기본적으로 마케팅의 전략과 함께 수립되는 것이 기본이다. 일반적인 제품 관련 홍보부터 기업 이미지 홍보까지 상당히 광범위한 부분이 포함된다. 그 중에서도 기업에게 있어 언론의 중요성은 두말할 필요가 없이 중요한 부분이다. 언론 홍보에 대해서 각별히 신경을 써야 하는 이유가 바로 여기에 있다. 물론 전문 인력에게 홍보 업무를 담당하게 하는 것이 가장 좋지만, 인력이 부족한 중소기업의 경우 어려운 것이 현실이다. 그렇더라도 최소한 한 명의 직원은 언론홍보를 전담할 수 있도록 하는 것이 좋다. 단 자신의 본업무를 하면서 1인 2역 하라는 얘기다. 쉽지 않은 일이지만 이는 필수다. 신문사 방송사에서 기업에 도움이 되는 취재를 의뢰하는데도 담당자가 없어 이 직원 저 직원에게 전화를 돌리다 CEO에게까지 넘어가는 경우가 비일비재한 게 우리 중소기업의 현실이기 때문이다.

언론 홍보는 그 중요성만큼이나 체계적인 접근과 관리가 필요하다. 언론 홍보에는 보도 자료를 제작해서 언론사에 보내 기사가 게재되도록 하는 것이 가장 기본이다. 뿐만 아니라 언론에 노출된 기업의 홍보를 다각도로 분석해서 신문사 및 언론에 필요한 경우 정정 요청을 하는 일도 담당자가 해야 할 업무다. 모든 촉수를 지구상의 모든 언론을 향해 세우고 있다고 보면 된다. 특히 대기업이 아닌 중소기업에서는 언론 홍보를 위해 여러 매체를 다각도로 접해야 한다. 부정적인 기사에 대해서 발 빠르게 대처를 하거나 가능하면 사전에 최소화시킬 수 있는 노력도 해야 한다. 기자와의 유대 관계는 기업에 대한 부정적인 기사를 최소화하는 데 도움이 된다. 회사나 제품에 대한 부정적인 기사가 게재되었다고 해서 불편한 심기를 드러내서는 안 된다. 어떠한 이유에서 부정적 기사가 게재되었는가를 파악하고, 대처해야 한다.

뿐만 아니라 기자는 중요한 정보를 발 빠르게 접할 수 있는 새로운 창구가 되기도 한다. 단순히 기자에게 언론 홍보만 맡기는 것이 아니라 역으로 정보를 얻을 수 있는 관계도 성립이 가능하다. 물론 이러한 유대 관계는 하루 이틀 만에 생기는 것이 아니다. 응대하는 노하우도 시간이 지날수록 쌓아갈 수 있다. 그렇기 때문에라도 더욱 기업에서 언론 홍보를 전담할 담당 직원이 필요한 것이다.

보도자료 만드는 법을 배워라

홍보를 맡게 되면 처리해야 할 중요한 업무가 바로 보도자료 작성이다. 언론 홍보를 담당하게 되면 가장 먼저 난관에 부딪히는 것이 보도자료가 될 것이다. 홍보의 꽃으로도 불리는 보도자료는 말 그대로 신문에 기재될 수 있는 자료를 말한다. 즉 보도자료의 가장 중요한 목적은 '기사화'라는 사실을 잊지 말아야 한다. 그렇기 때문에 무엇보다 잘 써야 한다.

기자들은 날마다 수십 건씩 기사를 처리해야 한다. 자료의 홍수 속에 있는 기자들에게 우리 기업의 제품을 알리는 데 있어 '제대로 된' 보도자료는 필수. 무엇보다 그들의 눈에 띄는 것이 중요하다. 수많은 보도자료 중에서 '우리 회사' 보도자료가 선택되기 위한 방법은 무엇일까?

우선 제목으로 기자의 시선을 끌어야 한다. 보도자료의 의미와 핵심을 제대로 전달하는 제목이어야 한다. 호기심을 불러일으킬 수 있다면 금상첨화. 신문기사의 제목처럼 큰 제목 아래 두세 개의 부제목을 달아 내용을 보충해 주는 방식도 좋다.

보도자료의 첫 장에는 담당자의 연락처를 비롯한 가급적 핵심이 되는 내용이 모두 담겨 있어야 한다. 빠른 시간에 훑어봤을 때 내용이 파악이 될 수 있도록 하는 것이 중요하다. 만약 보도자료의 양이 많을 경우에는 첫 장에 요약본을 넣고, 뒤에 자세한 내용을 담는다. 본문은 사실 위주로 정확하게 쓴다. 보도자료의 문장은 '정확한 내용을, 맞춤법에 맞는, 쉬운 말을 사용해, 짧고 명료하게, 객관적으로' 쓰는 것이 기본이다. 이때 내용을 한 눈에 파악할 수 있도록 도표나 그래픽을 첨가하는 것도 좋은 방법이다. 전문가의 멘트는 기사의 신용도와 가치를 높일 수 있기 때문에 적절히 활용하는 것이 좋다. 사진 이미지를 첨부할 경우에는 2~3종류를 보내서 선택할 수 있게 한다. 디지털 이미지 파일의 경우 인쇄에 지장이 없는 용량을 반드시 체크해두는 것이 좋다.

보도자료 작성을 다 했다면, 이제 기자들에게 전달하는 방법을 고민해야 한다. 담당 기자를 찾아가는 방법도 있고, 이메일을 전송하는 방법도 있다. 아니면 기자 간담회를 열어 전체적으로 브리핑을 하기도 한다. 어떠한 방법이 가장 효과적이냐는 사안에 따라 다르다.

친환경 캠페인 활동을 벌여라

환경 문제는 이 시대를 살아가는 전 세계인에게 중요한 화두다. 기업도 이 문제에 적극적으로 개입하기 시작했다. 후손에게 잠시 빌려 쓰는 지구를 지켜낼 의무가 있기도 하지만 이로 인해 얻는 효과는 기업이 친환경 기업이라는 긍정적 이미지를 확산시킬 수 있기 때문이기도 하다.

이미 각계 각층에서 다양하게 친환경 캠페인이 벌어지고 있다. 패션 업계의 경우 단순히 제품을 출시하는 것에서 한 발 더 나아가 다양한 그린 캠페인과 환경 운동을 펼쳐 친환경 기업임을 강조하고 있다. 친환경 언더웨어, 생태적 아웃도어 문화 만들기, 베네통의 그린 캠페인, 친환경 제품 비중 확대, 천연 소재를 활용한 신제품 출시 등 친환경 기업 이미지 구축에 나서고 있다. 아예 친환경 브랜드를 출시하는 기업들도 늘어나고 있다.

미국 에스티로더그룹의 화장품 업체 '아베다'는 캠페인 차원에서 한 단계 업그레이드된 친환경 경영을 실천하는 기업으로 유명하다. 100% 풍력에너지를 이용해 제품을 생산하고 유기농 원료 구입, 친환경 패키지를 통해 환경경영을 실천하고 있다. 이 밖에도 용기 재활용과 지구의 달 환경 기금 기부 등 환경경영을 적극 실천하고 있다.

최근에 GM대우는 인터넷을 통해 친환경운전법을 제시하고 '경제 운전 캠페인(에코-드라이빙 캠페인)'을 펼치고 있어 화제를 불러 모았다. 온라인상에서 자신의 운전 습관과 연비지수 테스트 등을 직접 확인할 수 있는 캠페인이다. 친환경 알뜰운전법에 대한 상세 소개 자료도 있다. GM대우는 에코 드라이빙 홈페이지에서 이벤트 참여시 100원의 환경기부금을 자동 적립해 1000만 원이 모이면 환경운동연합에 기부할 계획이다. 주위를 둘러보면 친환경 캠페인을 벌이는 기업들이 많다. 친환경 소재 및 제품을 개발하는 업체들도 늘어나고 있다.

아직 시작하지 않았다면 이제라도 친환경을 위한 시대의 흐름에 동참하자. 친환경이 대세이기도 하지만, 무엇보다 기업으로서 감당해야 할 사회적인 책임이기 때문이다. 그에 따른 긍정적인 홍보 효과는 덤으로 따라올테니 말이다.

특별한 아이디어 기업 문화/이벤트를 알려라

'구슬이 서 말이라도 꿰어야 보배'라고 했다. 기업을 알리기 위해서는 무엇보다 특별하고 톡톡 튀는 아이디어로 널리널리 알리는 것이 중요하다. 어디선가 들어본 기업, 어디선가 본 것 같은 기업이 전혀 생소한 기업보다 호감이 가기 마련이기 때문이다.

기업 문화란 기업에 대한 이미지를 대표한다. 창의적이고 독창적인 기업의 문화가 있다면, 알려라. 어느새 소비자들은 그 기업에 대한 대표 이미지를 갖고 있을 것이다. 기업 문화를 알리기 위해서 '컬러'를 이용하는 것도 좋은 방법이다. 예를 들어 녹색 하면 풀무원이 떠오르고, 노란색 하면 레모나가 떠오르는 것이다. 왠지 녹색으로 인지되는 풀무원은 신선할 것 같고, 레모나는 비타민씨가 풍부할 것 같은 기분이 들지 않는가? 이처럼 구구절절한 설명보다 바로 인지가 가능하도록 한 가지 포인트로 각인시키는 방법이다. 티비 CF에서 간결하지만 반복적인 멜로디의 음악을 이용하는 것도 이와 비슷한 이론이다.

안철수 연구소의 온라인 사보 '보안세상'은 독특한 기업의 문화를 대표하고 있는 것으로 유명하다. 이 사보는 무엇보다 외부 고객들과 원활하게 커뮤니케이션하는 데 큰 역할을 담당하고 있다. 자신의 본업 이외에 IT 관련 홍보대사 또는 기타 활동으로 우리 사회가 좀 더 바람직하고 건전해지는 데 많은 노력을 기울이고 있는 명사들을 대상으로 한 코너가 인기. 각종 보안 관련 정보와 이슈뿐아니라 이러한 코너를 통해 보안에 관심 있는 사람뿐아니라 일반 독자에게도 사랑을 받고 있는 온라인 사보를 통해 기업을 홍보하고, 기업 문화를 자연스럽게 알려가고 있다. 제품을 알리는 것도 좋지만 기업 사체가 소비자들에게 친숙하도록 다가가는 노력 또한 중요하다.

이 회사 이런 홍보

홍보의 홍수 속에서 살고 있는 이 시대에 톡톡 튀는 아이디어로 승부해야 하는 것은 당연한 얘기다. 감성 마케팅과 시연대 설치라는 적극적인 아이디어로 이색 홍보를 펼치고 있는 두 회사를 소개한다.

눈 치료 전문 제약회사인 삼일제약은 문화와 예술을 활용한 '감성 회복을 위한 아름다운 시선' 캠페인으로 사회공헌 활동과 홍보가 접목된 이색적인 캠페인을 펼쳐 눈길을 끌고 있다. 매달 소설가 이외수, 판화가 이철수, 가수 윤도현, 사진작가 김중만 등 문화, 예술계 유명 인사로 구성된 '감성 멘토(스승)' 들과 함께 '마음의 눈' 인 감성을 치유하고 회복하자는 메시지를 알리는 사회공헌 캠페인이 그것이다. 감성 멘토들이 각자의 글과 그림, 사진과 연기, 자선과 이미지를 이용하여 닫힌 마음의 눈을 열 수 있도록 기획 기사, 전시회, 기부 활동, 적립 사업 등을 통해 구체적인 활동을 펼치고 있다. 삼일제약이 전면에 드러나지는 않지만 회사의 특성을 적절하게 살린 감성 마케팅의 일환으로 홍보 효과를 누리고 있다.

공공장소를 이용한 게임 회사의 이색 홍보도 있다. 공공장소는 게이머뿐만 아니라 일반인들에게까지 해당 게임에 대한 이미지를 전달할 수 있어 최적의 장소로 손꼽힌다. 일률적인 현수막이나 포스터로는 시선을 사로잡을 수 없기 마련. 그 중에서도 지하철역에 설치된 Xbox360 시연대는 누구나 그 자리에서 게임을 해 볼 수 있어 사람들의 관심을 끄는 데 성공했다. 무엇보다 게임 타이틀을 꾸준히 업데이트해서 지속적인 홍보 효과를 톡톡히 누리고 있다. 게임을 잘 하는 사람은 새 제품에 대한 궁금증을 해소하고, 구매까지 이어지는 계기를 마련하고, 게임을 잘 모르는 사람들에게는 '구경하는 재미' 를 제공해 게임에 대한 인식을 개선하는 두 가지 효과를 동시에 얻었다는 평가다. 무엇을, 누구에게 알리느냐도 중요하지만 어떻게, 언제 알리느냐의 문제도 중요하단 사실을 잊지 말자.